Heribert Haberhausen

Geschichtenbuch Religion

Heribert Haberhausen

Geschichtenbuch Religion

Band 1: Grundschule

Patmos

Die Deutsche Bibliothek – CIP-Einheitsaufnahme

Haberhausen, Heribert:
Geschichtenbuch Religion / Heribert Haberhausen.
– Düsseldorf : Patmos-Verl.
Bd. 1. Grundschule. – 1. Aufl. – 1999
ISBN 3-491-70310-7

1. Auflage 1999

Umschlagmotiv: Dorothea Meyer
Umschlaggestaltung: Volker Butenschön
Druck und Verarbeitung: Bercker, Kevelaer
Printed in Germany
ISBN 3-491-70310-7

Inhalt

Überall zu finden: die Spuren Gottes

Was wirklich hilft: dein Glaube

Schuldig werden - hoffen dürfen

Sich suchen - sich finden

Anders sehen - die anderen sehen

Eins nicht verlieren: das Staunen

Über die Grenze: Sterben und Tod

Stichwortregister

Überall zu finden: die Spuren Gottes

1 Verloren

„Nachts, wenn das Mondlicht scheint, kommen die Zwerge aus ihren Erdhöhlen und tanzen Ringelreihen. Der Zwergenkönig trägt ein goldenes Krönchen und schwingt zur Feenmusik sein silbernes Zepter", so hat es uns Großvater manchen Abend erzählt und wir Kinder saßen im dichten Kreis um seine Füße und lauschten.
„Der Freudentanz der Zwerge", hat Großvater versichert, „findet jeden Abend statt, zur Erinnerung an ihren Kampf gegen die mächtigen Riesen, die den sagenhaften Schatz der Zwerge stehlen wollten. Die Riesen haben zwar das Land verwüstet, aber die kleinen Kerle nicht besiegen können. Zu gut waren sie versteckt in den tiefen Spalten und dunklen Höhlen unter den Felsen. Wütend haben die Riesen die Felsbrocken durcheinander geworfen. Und doch mussten sie mit leeren Händen abziehen."
Am Eingang dieses Kampfplatzes, den man Felsenmeer nennt, stand mein Elternhaus und abends konnte ich von meinem Fenster zwischen den mächtigen Buchen hindurch die Felsen sehen. Aber so sehr ich spähte, die Zwerge, von denen Großvater so viel zu erzählen wusste, habe ich nie beobachten können und die Elfen, die über den Felsschluchten schweben sollen, schon gar nicht. Manchmal dachte ich daran, heimlich mit meiner Taschenlampe in der Dunkelheit loszuziehen, um den nächtlichen Tanz auf dem Moos zu beobachten. Aber nicht einmal am Tage durften wir Kinder das Felsenmeer betreten. Das hatten meine Eltern streng verboten.

„Wenn man von den Felskanten abrutscht", hat mein Vater uns gewarnt, „stürzt man in eine metertiefe Schlucht, aus der euch kein Mensch mehr herausholen kann."

Hätte ich doch auf meinen Vater gehört! An einem spätherbstlichen Nachmittag hatten alle das Haus verlassen. „Die Gelegenheit ist günstig", dachte ich und kletterte mit meiner Taschenlampe hinauf zu den großen Buchen, die am Eingang wuchsen. Ich wollte nicht in die Felsen steigen, das durfte ich auch gar nicht. Nur bis zu den ersten Gesteinsbrocken wollte ich gehen, um zu sehen, ob die Zwerge und Kobolde schon aus ihren Verstecken herausgekommen waren. So sehr ich auch schaute, die kleinen Gesellen erblickte ich nicht. „Ob sie wirklich alle kleine goldene Pantöffelchen tragen, wie Großvater erzählt hat?"

Ich schlich vorsichtig ein Stückchen weiter und noch ein Stückchen. Irgendwo mussten die Zwerge doch sein. Einen wollte ich unbedingt einmal sehen. Nur einen! Ich zwängte mich durch dichte Felsspalten, krabbelte einen schmalen, lehmigen Pfad hinauf. Von dort kroch ich auf meinen Knien und Händen zu einem großen Felsen. „Von diesem Platz", dachte ich, „habe ich bestimmt einen guten Ausblick." Ich richtete mich auf und blickte in alle Himmelsrichtungen.

Oh Unglück! Von der Kante rutschte ich ab und stürzte in die Schlucht.

Dunkelheit umgab mich. Ich lag auf einem riesigen Haufen modrigen Blattwerkes. Ganz oben konnte ich ein Zipfelchen des grauen Himmels sehen. Ich schrie und heulte, aber niemand hörte mich. Ich versuchte, an den feuchten Wänden hinaufzusteigen. Erfolglos! Nirgendwo fand ich Halt. Weinend setzte ich mich auf die nassen Blätter.

Was hatte mein Vater mir immer wieder gesagt: „Wenn einer von euch an den Felswänden abrutscht, stürzt er in eine Schlucht, aus der ihn niemand mehr herausholen kann."

Und niemand kam.

Ich schrie, ich weinte, ich jammerte, bis mir die Augen und der Hals wehtaten. Niemand kam. Voller Verzweiflung schlug ich

mit meinen Fäustchen gegen die Felswände. Niemand kam. Ich kauerte mich auf den Boden. Ich hatte Angst.
„Vati“, rief ich schluchzend, „Vati, du kannst mich bestrafen, nur finde mich.“
Niemand kam. Plötzlich hörte ich Stimmen. Leise Stimmen, weit entfernt.
„Vati!“, schrie ich. Die Stimmen verstummten.
„Vati!“, schrie ich noch lauter.
„Wo bist du?“
„Hier!“
„Wo?“
„Hier!“
Die Stimmen kamen näher. Ich brüllte: „Hier, hier bin ich!“
„Ich komme“, hörte ich meinen Vater rufen. Dann sah ich ihn auch schon. Er schaute über den Rand des Felsens. Ich zitterte vor Glück! Männer warfen eine Strickleiter hinunter. Mein Vater hastete hinab. Die letzten Sprossen ließ er aus und nahm mich in seine Arme.
Ich spürte Tränen auf seiner Wange.

Inhalt

Ein Junge wohnt in der Nähe eines Felsenmeeres, einer schluchtenreichen Gegend. Trotz des ausdrücklichen Verbotes der Eltern schleicht er in dieses Gebiet. Er rutscht in eine Felsspalte. Laub und Moos mildern zwar den Sturz, doch es dauert Stunden, bis er gefunden wird. Der Retter ist sein Vater.

Biblische Bezüge

Ps 38,22-23 Herr, verlass mich nicht, bleib mir nicht fern, mein Gott! Eile mir zu Hilfe, Herr, du mein Heil!
Lk 15,1-10 Die Gleichnisse vom verlorenen Schaf und von der verlorenen Drachme
Röm 8,38-39 Denn ich bin gewiss: Weder Tod noch Leben, weder Engel noch Mächte, weder Gegenwärtiges noch Zukünftiges, weder Gewalten der Höhe oder Tiefe noch irgendeine andere Kreatur können uns scheiden von der Liebe Gottes, die in Christus Jesus ist, unserem Herrn.
1 Joh 3,1 Seht, wie groß die Liebe ist, die der Vater uns geschenkt hat: Wir heißen Kinder Gottes und wir sind es.

Gesprächsanregungen

In der Freude, seinen Sohn unverletzt in die Arme nehmen zu können, kommt beim Vater der Gedanke an Strafe nicht auf. Das Glück überstrahlt alles. Er gleicht in diesem Punkt dem Vater „Im Gleichnis vom verlorenen Sohn“. Friedrich Rückert gibt allen Erziehern einen guten Rat: Ein Vater soll zu Gott an jedem Tag beten: Herr, lehre mich, dein Amt beim Kinde recht vertreten!

Themenkreise

Familie, Gehorsam, Gleichnis, Gott, Hilfe

Vorlesealter

ab 6 Jahre

2 Architekten

Die Stadtväter unseres kleinen Ortes haben beschlossen, einen Turm bauen zu lassen. Weit über hundert Meter hoch soll er sein, eine Attraktion für die Region werden und viele Touristen anlocken. Da ein solch hohes Bauwerk starken Schwankungen unterliegt, ist es nötig, ein Büro zu beauftragen, das in der Lage ist, die notwendige Statik zu berechnen. Als absolute Fachleute erweisen sich die Architekten im Unternehmen König und Partner. Es wird geplant, gerechnet, gezeichnet. Dann wird gegossen, gemauert, gehämmert, geschraubt - mit Hochdruck gearbeitet. Nach einem Jahr ist der Bau fertig. Ein Turm ist errichtet, der starkem Wind und jedem Wetter standhält und einen weiten Blick in das hügelige Land erlaubt.
Am Ende der Bauzeit kommt ganz in der Nähe des Turmes ein kleiner Keim aus der Erde. In wenigen Tagen ist daraus ein dicker, gelber Löwenzahn geworden. Unkraut würden viele sagen. Der millimeterdicke hohle Stängel trägt eine Blume, die zigfach breiter ist als er, und doch gibt er den Blütenblättern Leben. Wenn der Wind bläst oder gar ein Sturm aufkommt, drückt er die Blume fast bis auf die Erde. Doch sie richtet sich

immer wieder auf und hält allen Unbilden stand. Nach Wochen verblüht sie und es bilden sich die kleinen Fallschirme der Pusteblume, die ihren Samen hundertfach in die Welt tragen.

Inhalt

Menschen bauen einen Turm, der enormen Schwankungen standhält. An seinem Fuß wächst ein Löwenzahn, der im Verhältnis dazu das Zigfache vermag.

Biblische Bezüge

Gen 1,11-12 Das Land lasse junges Grün wachsen, alle Arten von Pflanzen, die Samen tragen, und von Bäumen, die auf der Erde Früchte bringen mit ihrem Samen darin. So geschah es. Das Land brachte junges Grün hervor, alle Arten von Pflanzen, die Samen tragen, alle Arten von Bäumen, die Früchte bringen mit ihrem Samen darin. Gott sah, dass es gut war.

Weish 13,1 Töricht waren von Natur alle Menschen, denen die Gotteserkenntnis fehlte. Sie hatten die Welt in ihrer Vollkommenheit vor Augen, ohne den wahrhaft Seienden erkennen zu können.

Hebr 3,4 Denn jedes Haus wird von jemand erbaut; der aber, der alles erbaut hat, ist Gott.

Gesprächsanregungen

Die Leistung des Architektenbüros soll nicht in Abrede gestellt, sondern vielmehr der Blick auf Gottes wunderbare Schöpfung gelenkt werden. Der Satz von Angelus Silesius entspricht dem Sinn der Geschichte: Die Schöpfung ist ein Buch. Wer's weislich lesen kann, dem wird darin gar fein der Schöpfer kundgetan.

Goethe schreibt: Blumen sind die schönen Worte und Hieroglyphen der Natur, mit denen sie uns andeutet, wie lieb sie uns hat.

Der russische Dichter Fjodor Dostojewski rät uns: Liebet die ganze Schöpfung Gottes, die ganze Welt und jedes Sandkörnchen auf der Erde! Jedes Blättchen, jeden Lichtstrahl Gottes habet lieb! Liebet die Tiere, liebet die Pflanzen, liebet jedes Ding! Wirst du aber jedes Ding lieben, dann wirst du auch Gottes Geheimnis in den Dingen erfassen.

Themenkreise

Achtung, Gott, Leistung, Schöpfung

Vorlesealter

ab 8 Jahre

3 Geistesleistung und Schöpferkraft

Vor einem Flug überfällt mich jedes Mal eine Unruhe. Eine Unruhe, die nicht in der Angst vor dem Abheben fußt, sondern die in der Ehrfurcht vor dem menschlichen Erfindergeist wurzelt.

Ich ahne, wie Fluglotse und Kapitän die letzten Informationen austauschen. Ich spüre, wie der riesige Koloss zur Startbahn rollt. Ich sehe die Menschenreihen vor mir. Im mächtigen Rumpf werden sie davongetragen. Langsam und schwerfällig bewegt sich noch der Riesenvogel, doch bald wird er schnell und scheinbar schwerelos durch die Luft gleiten.

Ich merke den kurzen Stopp vor der Startlinie. Ich höre das Heulen der Triebwerke, ich spüre das Zittern des Körpers. Das Flugzeug rollt los, nimmt Anlauf zum Aufsteigen.

Als es abhebt, schaue ich hinaus. Ein kleiner Spatz, aufgeschreckt von so viel Lärm, schwingt sich in die Luft mit federleichtem Flügelschlag.

Inhalt

Der Start eines Flugzeuges zeigt menschlichen Erfindergeist. Das Abheben eines Vögelchens offenbart Gottes Schöpferkraft.

Biblische Bezüge

Ps 40,6 Zahlreich sind die Wunder, die du getan hast, und deine Pläne mit uns; Herr, mein Gott, nichts kommt dir gleich.
Wollte ich von ihnen künden und reden, es wären mehr, als man zählen kann.
Weish 13,5 Denn von der Größe und Schönheit der Geschöpfe lässt sich auf ihren Schöpfer schließen.
Jes 55,9 So hoch der Himmel über der Erde ist, so hoch erhaben sind meine Wege über eure Wege und meine Gedanken über eure Gedanken.

Gesprächsanregungen

Das Vögelchen, das sich in die Lüfte erhebt, zeigt eine gewisse Leichtigkeit und offenbart die Genialität des Schöpfers. Das riesige Flugzeug, das vom Boden abhebt, zeugt von dem enormen Erfindergeist des Menschen.

Die Aussage der Geschichte brachte Johann Wolfgang von Goethe auf den Punkt, indem er am 23.02.1831 zu Eckermann sagte: Ich frage nicht, ob dieses höchste Wesen Verstand und Vernunft habe, sondern ich fühle: Es ist der Verstand, es ist die Vernunft selber. Alle Geschöpfe sind davon durchdrungen und der Mensch hat davon so viel, dass er Teile des Höchsten erkennen mag.

Themenkreise
Achtung, Leistung, Schöpfer, Schöpfung, Technik

Vorlesealter
ab 7 Jahre

4 Spuren Gottes

„Opa", fragt Friederike, „woher wissen wir denn, dass es den lieben Gott gibt? Ich kann ihn doch gar nicht sehen?"
„Es gibt so vieles, was du nicht sehen kannst, und doch ist es da", antwortet der Großvater, „komm mit!"
Hand in Hand gehen die beiden durch die kleine Reihenhaussiedlung, in der sie wohnen. Die Luft ist warm, der Wind weht lau. Beim Nachbarn blühen die Krokusse und die Blausternchen. Die Weidenkätzchen stecken schon ihre Spitzen heraus. Bei Kortes wecken die Osterglocken die anderen Frühblüher auf. Der Forsythienstrauch lauscht ihrem Klang. Auch die Tulpen haben die hellen Töne schon gehört und stecken ihre zarten Spitzen aus dem Boden. Bei Mohrs wachsen die meisten Blumen: die Christrosen und die Primeln, die Stiefmütterchen und die Vergissmeinnicht, aber auch die Veilchen und die Osterglocken. Und es scheint, als winken sie den beiden zu. Friederike schaut auf die Pflanzen, die den Winter vertrieben haben.
„Den Frühling", sagt der Großvater, „kann man nicht sehen, aber die Bäume, Sträucher und Blumen verkünden ihn dir, lassen ihn dich fühlen. So kann man auch Gott überall in dieser Welt spüren."

Inhalt
Die Frage nach der Existenz Gottes beantwortet der Großvater seiner Enkelin mit einem Gang durch die frühlingshafte Natur. Er macht ihr klar: So wie man das Frühlingserwachen in der Natur fühlen kann, so kann man Gott in all seinen Werken spüren.

Biblische Bezüge
2 Makk 7,28 Ich bitte dich, mein Kind, schau dir den Himmel und die Erde an; sieh alles, was es da gibt, und erkenne: Gott hat das aus dem Nichts erschaffen und so entstehen auch die Menschen.
Ps 135,5-6 Groß ist der Herr, unser Herr ist größer als alle Götter.
Alles, was dem Herrn gefällt, vollbringt er, im Himmel, auf der Erde, in den Meeren, in allen Tiefen.

Gesprächsanregungen
Die Bibel sagt, dass am Anfang des Schöpfungsaktes das Wort Gottes stand. Die Welt, ja das ganze Universum sind durch sein Sprechen entstanden. Darum muss der Schöpfer in all seinen Werken wiederzufinden sein. Darin ist dem Großvater zuzustimmen. Denn für Gott sind Worte Taten.
Gottfried Benn schreibt: Am Anfang war das Wort und nicht das Geschwätz und am Ende wird nicht die Propaganda sein, sondern wieder das Wort der Genesis ..., das Wort, das die Schöpfung trägt.

Themenkreise
Glaube, Gott suchen, Natur, Schöpfung

Vorlesealter
ab 7 Jahre

5 Wie Gott sich zeigt

Ein Schüler fragt seinen Lehrer: „Warum hat sich Gott den Menschen nicht deutlicher zu erkennen gegeben, so deutlich, dass keiner Zweifel an ihm haben kann?“
Der Lehrer antwortet: „Gott ist in seinen Werken zu finden. Er ist überall zu sehen: In der Mächtigkeit der Meere und in der

Winzigkeit des Wurmes, in der Einmaligkeit der Erde und in der Vielfalt der Vögel." Nach einer Pause setzt der Lehrer hinzu: „Seinen Willen aber erfahren die Menschen aus der Heiligen Schrift."
Der Schüler ist mit dieser Antwort noch nicht zufrieden und gibt zu bedenken: „Und doch hat sich Gott nicht so gezeigt, dass ihn jedermann sieht, denn sonst gäbe es nicht die vielen Ungläubigen, die zahllosen Zweifler, vor allem aber nicht die Vielfalt der Religionen."
Der Lehrer überlegt, dann sagt er: „Gott hat sich so den Menschen zugewandt, dass wir ihn erkennen können, aber nicht müssen. Denn Gott will, dass wir ihn suchen."

Inhalt

Ein Schüler will von seinem Lehrer wissen, warum Gott sich nicht deutlicher offenbart hat, so dass es an seiner Existenz keinen Zweifel gibt. Der Lehrer antwortet dem Schüler, Gott will, dass wir ihn erkennen können, nicht müssen. Wir finden ihn, wenn wir uns auf den Weg zu ihm machen.

Biblische Bezüge

Ps 53,2 Die Toren sagen in ihrem Herzen: „Es gibt keinen Gott."
Jer 29,13-14 Sucht ihr mich, so findet ihr mich. Wenn ihr von ganzem Herzen nach mir fragt, lasse ich mich von euch finden - Spruch des Herrn.
Mt 13,45-46 Auch ist es mit dem Himmelreich wie mit einem Kaufmann, der schöne Perlen suchte. Als er eine besonders wertvolle Perle fand, verkaufte er alles, was er besaß, und kaufte sie.

Gesprächsanregungen

Die Existenz eines lebendigen Gottes erfahren wir nur, wenn wir uns ihm zuwenden, das heißt, wenn wir nachdenklich werden in der Wahrnehmung unserer Innen- und Außenwelt. Gott ist in allen Dingen, mit denen wir wieder lernen müssen zu reden: in den Tieren und Pflanzen, im Wasser und im Berg, im Wind und in der Wolke, in der Erde und im All. Vor allem ist Gott in jedem Einzelnen von uns, in unseren Gedanken und Träumen, besonders in dem Bruder und der Schwester Mensch.
In einer kleinen Geschichte von Martin Buber sagt der Lehrer zu seinem Schüler am Schluss: Ich gebe dir zwei Gulden, wenn du mir sagen kannst, wo Gott nicht wohnt.

Der Jesuit Rupert Lay beantwortet die Frage nach Gott folgendermaßen: Wie in einem Rätsel oder einem Spiegelbild - vielleicht eines Zerrspiegels - ist Gott erfahrbar in jeder Form menschlicher Liebe und verschwindet in allen Formen menschlicher Ablehnung.
Aurelius Augustinus sagt über Gott: Ich würde dich nicht suchen, wenn du mich nicht schon gefunden hättest.

Themenkreise
Glaube, Gott, Gott suchen, Zweifel

Vorlesealter
9 Jahre

6 Der eine Gott

Iserlohn, 12. Oktober

Mein lieber Patenonkel,

in unserer Schule ist etwas Schlimmes geschehen und nun habe ich eine Frage an dich. Vorgestern setzte sich unser Klassenlehrer ans Pult und sagte: „Ulrike ist tot."
Sie war unsere Klassensprecherin. Wir mochten sie alle sehr. Wenn sie lachte, musste jeder mitlachen. Oft liefen dicke Tränen über ihr Gesicht. So konnte nur sie sich freuen. Nun ist sie tot und ihr Platz bleibt leer; ich glaube für immer. Diese schreckliche Nachricht haben wir erst gar nicht verstanden.
Aber gestern auf ihrer Beerdigung begriffen wir, dass sie nie wieder lachen, dass sie uns für immer fehlen wird. An ihrem Grab haben wir uns angefasst, alle Kinder meiner Klasse, auch die anderer Konfessionen. Wir haben gemeinsam gebetet.
Du weißt doch, dass in meiner Klasse viele Kinder verschiedener Religionen sind. Serkan, Chian und Hülya sind Muslime. Dennis gehört der griechisch-orthodoxen Kirche Kroatiens an.

David, der nur vorübergehend in unserer Klasse bleibt, ist Jude. Und Y-am, die aus Vietnam kommt, bekennt sich zum Taoismus - eine Religion, die ich nicht kenne. Ich weiß gar nicht mehr, ob es ein katholischer oder evangelischer Klassenkamerad war, der plötzlich mit schluchzender Stimme sprach: „Vater unser im Himmel ..." Alle beteten mit, auch Y-am, David, Serkan, Hülya und Dennis. Sie sprachen unsere Worte einfach nach, Hand in Hand.
Später, lieber Patenonkel, kam mir der Gedanke, ob wir denn alle zu einem Gott gebetet haben, den wir baten, er möge Ulrike nun so lieb haben, wie wir sie lieb hatten.

Bitte antworte mir!

Deine Jasmin

Inhalt
Jasmin erzählt in einem Brief ihrem Patenonkel vom plötzlichen Tod einer Mitschülerin. Am Grab haben die Kinder der verschiedenen Weltreligionen und Glaubensrichtungen gemeinsam gebetet. Nun fragt sie sich, ob denn alle zu ein- und demselben Gott gesprochen haben.

Biblische Bezüge
Ps 130,5-6 Ich hoffe auf den Herrn, es hofft meine Seele, ich warte voll Vertrauen auf sein Wort.
Meine Seele wartet auf den Herrn mehr als die Wächter auf den Morgen.
Mt 8,5-13 Der Hauptmann von Kafarnaum
Mt 16,16 Simon Petrus antwortete: Du bist der Messias, der Sohn des lebendigen Gottes!
Joh 4,43-54 Ein Heilungswunder in Galiläa

Gesprächsanregungen
Den großen Religionen liegt der Glaube an ein ewiges Wesen, an seine Allmacht und Gerechtigkeit zu Grunde, vor allem an seine grenzenlose Liebe zu seinen Geschöpfen.
Dies Verbindende herauszustellen ist in einer multikulturellen Gesellschaft wichtig und führt zu notwendiger Toleranz und gegenseitiger Achtung. Wie wird wohl der Patenonkel antworten?

Vielleicht im Sinne von Jan Amos Comenius, der schreibt: Wir sind alle in gleicher Weise Kinder Gottes, für uns alle, die wir in gleicher Weise in das Welttheater eingelassen worden sind, gilt das Wort: Kommet, zu sehen, die Werke des Herrn!

Themenkreise
Glaube, Gott, Konfessionen, Multikulturelle Gesellschaft, Ökumene, Weltreligionen

Vorlesealter
ab 9 Jahre

7 Das Dörfchen Terra

Ganz am Ende dieser Welt liegt Terra, ein kleines Dörfchen. Vor Jahren sind viele Menschen dorthingekommen: Australier und Afrikaner, Asiaten und Amerikaner. Sie sind gekommen, weil Terra zu einer großen Stadt ausgebaut werden sollte. Doch die breiten Straßen, die Terra mit vielen Städten verbinden sollten, wurden nicht gebaut. Und so blieb Terra ein kleines Dörfchen, weit entfernt von den anderen Städten dieser Welt. Die Menschen in Terra leben wie auf einer Insel. Kaum einer besucht sie, aber sie sind glücklich und zufrieden.
Da nun die Menschen in Terra alle Hautfarben dieser Welt haben, weil sie aus allen Ländern dieser Erde zusammengekommen sind, bleibt es nicht aus, dass sich Schwarze und Weiße, Rote und Gelbe mit den Braunen vermischen. Die Schwarzen heiraten aber auch die Roten und die Weißen die Gelben. Und die Kinder der Schwarzen und Roten ehelichen die Nachkommen der Gelben und Weißen. Die Enkelkinder lieben Braunrotgelbschwarzweiße. Bald haben die Menschen nur noch eine Hautfarbe und keiner weiß mehr, welche einmal seine Urururgroßeltern hatten. Die Menschen sind Terraner geworden. In diesem Dörfchen lebt auch das Mädchen Jessica mit seinen

Eltern. Die Umstände wollen es, dass seine Eltern Terra verlassen müssen. Jessica ist darüber sehr traurig. Sie muss in eine große Stadt ziehen, die hinter den hohen Bergen liegt, weit entfernt von ihrer Heimatstadt. In Terra besucht Jessica die dritte Klasse. Folglich geht sie auch in der großen Stadt in das dritte Schuljahr. Hier sitzen weiße und schwarze Kinder, aber nicht weißschwarzgelbbraunrotweiße Kinder wie in Terra.

Alle Kinder wundern sich über Jessica. Noch mehr staunt der Lehrer, als er Jessica fragt: „Welcher Religion gehörst du an?“ Jessica zuckt hilflos die Schultern, denn sie weiß keine Antwort auf diese Frage.

„Nun“, hilft der Lehrer, „du musst doch wissen, zu welchem Gott ihr gebetet habt, zu Allah oder zu Shiva, zu Manitou oder zu Jahwe?“

Da leuchten Jessicas Augen, denn diese Frage kann sie beantworten.

„Wir haben“, sagt sie, „zu Gott gebetet.“

„Aber zu welchem Gott?“, will der Lehrer wissen.

„Gibt es denn mehrere Götter?“, fragt Jessica verunsichert. Nun wird auch der Lehrer unruhig.

„Eigentlich nicht!“, brummt er, „alle Menschen beten zu Gott im Himmel.“

„Das haben auch wir getan“, strahlt Jessica, „in der kleinen Kirche in unserem Dorf, die mitten auf dem Marktplatz steht. Wir haben um Regen gebetet und für die Ernte gedankt.“ Der Lehrer schaut Jessica unwirsch an. Da er sich keinen Rat mehr weiß, führt er sie zum Direktor. Der stellt dieselben Fragen und Jessica gibt dieselben Antworten. Der Direktor schweigt, grübelt, dicke Falten bilden sich auf seiner Stirn. Plötzlich leuchten seine Augen, denn er hat eine Idee und er fragt: „Was haben dir deine Eltern und Lehrer von Gott erzählt?“

„Dass Gott alle Menschen in Terra lieb hat“, antwortet Jessica, dann sieht sie nachdenklich den Lehrer und den Direktor an. „Ich glaube“, fügt sie zögernd hinzu, „auch die Menschen, die nicht in Terra wohnen.“

„Und weiter“, drängt der Direktor.

„Weil Gott alle Menschen lieb hat, dürfen auch die Menschen ihn lieb haben. Und weil Gott die Menschen lieb hat, sollen auch die Menschen einander lieb haben."
Jessica schweigt, der Lehrer schweigt, der Direktor schweigt.

Inhalt
Jessica stammt aus Terra, einer Stadt, in der sich alle Rassen miteinander vermischt haben. Im Laufe der Jahre haben sich aber nicht nur die Menschen, sondern auch die Kulturen und Religionen angeglichen. Als Jessica in eine andere Stadt zieht und ihr die Frage nach ihrer Konfession gestellt wird, kann sie diese nicht beantworten.

Biblische Bezüge
Ps 18,32 Denn wer ist Gott als allein der Herr, wer ist ein Fels, wenn nicht unser Gott?
Mk 12,30-31 Darum sollst du den Herrn, deinen Gott, lieben mit ganzem Herzen und ganzer Seele, mit all deinen Gedanken und all deiner Kraft. Als Zweites kommt hinzu: Du sollst deinen Nächsten lieben wie dich selbst. Kein anderes Gebot ist größer als diese beiden.
Joh 8,41 Wir haben nur den einen Vater: Gott.

Gesprächsanregungen
Alle Religionen der Welt bekennen sich zu einem gütigen Gott, dem Schöpfer des Himmels und der Erde, gebieten die Liebe zu Gott und dem Nächsten, mahnen den Einzelnen, nach Vollkommenheit zu streben. Diese Gemeinsamkeit herauszustellen ist enorm wichtig, denn sie führt zu friedlicher Koexistenz. Erich Fromm hat einmal in einem Interview gesagt: Mit Religiös-Leben meine ich dasselbe, was die Propheten und was Jesus gemeint haben: Gerechtigkeit tun, die Wahrheit sagen, den Mitmenschen lieben. Das ist alles. Die Religion, das ist gewöhnlich etwas, was sich die Menschen als Institution hier auf die Seite stellen, um am Sonntag oder auch manchmal zu gewissen Zeiten des Tages auf sie zurückzukommen und dann religiös zu sein. Doch entweder man lebt religiös oder man lebt nicht religiös.

Themenkreise
Gemeinschaft, Glaube, Gott, Miteinander

Vorlesealter
ab 9 Jahre

8 Gottes Güte sehen!

Sie gehen in die erste Klasse. Eddi sitzt vorn, Thomas hinten. Eddi gehört zu den besten Schülern, Thomas zu den schlechtesten. Eddi schreibt eine Seite aus dem Lesebuch ab. Fehlerlos! Er rechnet jede Aufgabe, die der Lehrer stellt. Schnell und richtig, liest kleine Texte, ohne zu stottern! Wenn er aus der Schule kommt, macht er die Schularbeiten. Die hat er im Nu fertig. Hilfe braucht er nicht. Dann packt er die Hefte und Bücher in den Tornister und ist froh, den Kram erledigt zu haben.
Thomas kann den Stift noch nicht richtig halten. Immer wieder rutscht dieser auf den kleinen Zeigefinger. Er drückt ihn auch zu fest auf, so dass die Mine ständig abbricht. Wenn er sich viel Mühe gibt, bringt er ein Wort Buchstabe für Buchstabe richtig aufs Papier. Buchstabierend liest er auch. Die Rechenaufgaben kann er nur mit den Fingern lösen. Aber das schafft er, denn sie rechnen noch nicht über die Zahl Zehn hinaus.
An den Schularbeiten sitzt er stundenlang. Seine Mutter ist bei ihm, hilft, wenn er nicht weiterkommt. Das geschieht oft. Heute sagt die Mutter: „Thomas, toll! Du hast alle Rechenaufgaben richtig gelöst."
Thomas freut sich, freut sich so sehr, dass er seine Mutter umarmt. Und sie drückt ihn fest an ihre Brust.

Inhalt

Eddi ist ein guter Schüler, Thomas ein schlechter. Eddi fällt das Lernen leicht, Thomas quält sich jeden Tag aufs Neue. Doch als Thomas einmal seine Aufgaben fehlerlos erledigt hat, ist seine Freude riesengroß. Eine Freude, die Eddi versagt bleibt.

Biblische Bezüge

Mt 11,28-30 Kommt alle zu mir, die ihr euch plagt und schwere Lasten zu tragen habt. Ich werde euch Ruhe verschaffen. Nehmt mein Joch auf euch und lernt von mir; denn ich bin gütig und von Herzen demütig; so werdet ihr Ruhe finden für eure Seele. Denn mein Joch drückt nicht und meine Last ist leicht.

Röm 12,6-8 Wir haben unterschiedliche Gaben, je nach der uns verliehenen Gnade. Hat einer die Gabe prophetischer Rede, dann rede er in Übereinstimmung mit dem Glauben; hat einer die Gabe des Dienens, dann diene er. Wer zum Lehren berufen ist, der lehre; wer zum Trösten und Ermahnen berufen ist, der tröste und ermahne. Wer gibt, gebe ohne Hintergedanken; wer Vorsteher ist, setze sich eifrig ein; wer Barmherzigkeit übt, der tue es freudig.

Gesprächsanregungen
Eltern, die ein behindertes Kind haben, schenken diesem zwangsläufig mehr Aufmerksamkeit und oft auch mehr Liebe, weil es auf sie in jeder Beziehung angewiesen ist. Ähnlich ist das auch so bei Thomas und seiner Mutter.
Jean Paul schreibt: In der Natur ist keine Freude so erhaben rührend wie die Freude einer Mutter über das Glück eines Kindes.
Khalil Gibran meint: Die Kraft zu lieben ist Gottes größtes Geschenk an den Menschen, denn niemals wird es dem Gesegneten, der liebt, genommen werden.

Themenkreise
Anerkennung, Begabung, Erziehung, Familie, Gott, Leistung

Vorlesealter
ab 7 Jahre

9 Doppelte Buchführung

Herr Klein muss mit Entsetzen feststellen, seine Kreditkarten sind wertlos, er bekommt für sie nichts.
Und das, obwohl Herr Klein in seiner Stadt ein angesehener Bürger war. Ihm gehörten mehrere Geschäfte, sein Haus schmückten kostbare Dinge und auf der Bank lag ein beachtliches Vermögen.
Wenn aber die Sternsingerkinder vor seinem Gartentor musizierten, dann sperrte er die Haustür nicht auf. Denn sein Leitspruch war: Mir hat nie einer etwas geschenkt, so gebe ich auch keinem etwas.

Das stimmt. Herr Klein stammte aus ärmlichen Verhältnissen. Das Geld seines Vaters reichte nicht immer aus, die sechsköpfige Familie satt zu machen. Schon mit vierzehn Jahren begann der schmächtige Junge in einer Vorstadtfirma seine kaufmännische Lehre. Nach der Ausbildung machte er sich selbstständig. Zunächst war seine Firma ein Ein-Mann-Betrieb. Später kamen Angestellte hinzu.
Seine erste Sekretärin, Frau Kunze, erinnerte sich noch mit Schrecken an ihre Zeit in diesem Betrieb. Sie sagte: „Herr Klein war so knauserig, dass sich die Mitarbeiter beinahe für jeden Bogen Papier verantworten mussten. Über Gehaltserhöhungen ließ er nicht mit sich reden. Einmal war der etwas humpelnden Putzfrau beim Staubwischen eine Vase umgefallen und zerbrochen. Die Kosten für den Schaden zog er der armen Frau vom Lohn ab."
Herr Klein brachte es im Laufe der Jahre zu einem ansehnlichen Vermögen. Obwohl es ihm im hohen Alter an nichts mangelte und er Geld und Gut im Überfluss besaß, hielt er dennoch an seinem Leitspruch fest: Nichts verschenken!
So wurde er steinreich. Herr Klein glaubte nämlich, dass er im Himmel seine Kreditkarten genauso gebrauchen kann wie auf Erden. Er hatte zum Teil richtig vermutet.
Denn er stellt jetzt fest: Auch im Himmel hat jeder sein Konto. Nur auf diesem sind nicht die auf Erden angesammelten Schätze verbucht, sondern nur die verschenkten.

Inhalt

Herr Klein stammt aus ärmlichen Verhältnissen. Aber im Laufe seines Lebens hat er es zu Reichtum und Wohlstand gebracht. Sein Lebensmotto ist: Verschenke nichts, dir wird auch nichts geschenkt! So ist nach seinem Tod sein irdisches Konto zwar voll, sein himmlisches aber leer; denn dort werden nur die verschenkten Dinge gutgeschrieben.

Biblische Bezüge

Ps 49,7-11 Sie verlassen sich ganz auf ihren Besitz und rühmen sich ihres großen Reichtums.

Loskaufen kann doch keiner den andern noch an Gott für ihn ein Sühnegeld zahlen - für das Leben ist jeder Kaufpreis zu hoch; für immer muss man davon abstehn -, damit er auf ewig weiterlebt und niemals das Grab schaut.
Denn man sieht: Weise sterben; genauso gehen Tor und Narr zu Grunde, sie müssen andern ihren Reichtum lassen.
Mk 12,41-44 Als Jesus einmal dem Opferkasten gegenübersaß, sah er zu, wie die Leute Geld in den Kasten warfen. Viele Reiche kamen und gaben viel. Da kam auch eine arme Witwe und warf zwei kleine Münzen hinein. Er rief seine Jünger zu sich und sagte: Amen, ich sage euch: Diese arme Witwe hat mehr in den Opferkasten hineingeworfen als alle andern. Denn sie alle haben nur etwas von ihrem Überfluss hergegeben; diese Frau aber, die kaum das Nötigste zum Leben hat, sie hat alles gegeben, was sie besaß, ihren ganzen Lebensunterhalt.
Röm 13,8 Bleibt niemand etwas schuldig; nur die Liebe schuldet ihr einander immer. Wer den andern liebt, hat das Gesetz erfüllt.

Gesprächsanregungen
Gerade in vielen Ein-Kind-Familien kommt es oft zu egoistischem Verhalten. Soziale Umgangsformen zu trainieren wird heutzutage immer häufiger Aufgabe der Schule.
Mahatma Gandhi verurteilt Herrn Kleins Verhalten. Er sagt: Ein Mensch, der materiellen Reichtum anhäuft, vermag es nur mit Hilfe der anderen Glieder der Gesellschaft. Hat er dann das moralische Recht, das Angehäufte hauptsächlich zu seinem persönlichen Vorteil zu verbrauchen? Nein, dieses Recht hat er nicht.
Priester und Sozialreformer Adolf Kolping weiß, wovon er spricht, wenn er sagt: Wer Gutes unternimmt im Vertrauen auf Gott, hat doppelten Mut. Der Mut wächst mit dem Herzen und das Herz mit jeder guten Tat.

Themenkreise
Egoismus, Geiz, Himmelreich, Leistung, Reichtum

Vorlesealter
ab 7 Jahre

Was wirklich hilft: dein Glaube

10 Beten

Ein Indianer besichtigte mit einem Farmer eine Kirche, die die Siedler nach der Fertigstellung ihrer eigenen Häuser im Zentrum des Dorfes errichtet hatten. Nach dem Rundgang fragte der Indianer, der eine Weile einen Mann beobachtet hatte, welcher in der Ecke einer Bank saß und unaufhörlich die Worte einer Litanei flüsterte: „Was macht der Mann?"
Der Farmer antwortete: „Er spricht mit Gott. Wir nennen das Beten."
Als die beiden Besucher die Kirche verlassen hatten, fragte der Indianer seinen Begleiter: „Warum schaut der Mann bei seinem Gespräch mit Gott nicht in die Welt und warum sagt er seinem Vater nicht, was ihn bewegt? Das wäre doch besser, als ein paar Zeilen eines Textes zu flüstern."

Inhalt
Ein Indianer beobachtet einen Mann, der eine Litanei betet. Er fragt sich, warum der Mann sich nicht mit seinen eigenen Worten an Gott wendet.

Biblische Bezüge
Mt 6,7 Wenn ihr betet, sollt ihr nicht plappern wie die Heiden, die meinen, sie werden nur erhört, wenn sie viele Worte machen.
1 Kor 14,14 Denn wenn ich nur in Zungen bete, betet zwar mein Geist, aber mein Verstand bleibt unfruchtbar.
Phlm 1,4 Ich danke meinem Gott jedes Mal, wenn ich in meinen Gebeten an dich denke.

Gesprächsanregungen
Das gebundene Gebet soll nicht in Frage gestellt werden. Jesus selbst lehrte uns eins. Aber er lehrte uns auch den Glauben an einen persönlichen Gott, an einen gütigen Vater, an den wir uns mit unseren Freuden und Hoffnungen, Sorgen und Ängsten wenden können.
Johann Gottfried von Herder schreibt: Ein Wunsch, der still für uns und andere fleht, ein Seufzer, der dem Herzen leis entweht, den keine Lippe spricht, ist ein Gebet.
Seneca rät: Lebe so mit den Menschen, als ob Gott es sähe; sprich so mit Gott, als ob die Menschen es hörten.

Themenkreise
Beten, Gebet, Gott suchen

Vorlesealter
ab 8 Jahre

11 Gott erfahren

„Ob mit oder ohne Gebet, die Suppe schmeckt immer gleich", meint Veronika. Vater greift zum Löffel, um zu essen. Zur Bemerkung seiner Tochter sagt er nichts. Möglicherweise hat sie gar keine Antwort erwartet, denn sie redet schnell von etwas anderem, von der Schule und den bevorstehenden Sommerferien, vor allem von der gemeinsamen Wanderung, die ihr der Vater versprochen hat.
Schon am zweiten Ferientag machen sich beide auf den Weg mit dem Sonnenschein als Begleiter. Vater spielt Mundharmonika und Veronika singt dazu. Auf ihren Rücken baumeln kleine Rucksäcke mit Proviant. Veronika liebt es, durch den Wald und die Felder zu wandern, besonders im Sommer, wenn alles so saftig blüht und kräftig duftet. An einem Kreuz, das am Wegrand steht, stecken sie Blumen in eine Vase. Auf der Bank daneben rasten sie, um zu essen. Der Blick ins Tal ist erhebend.

Doch Vater verzehrt sein Brot in aller Eile und drängelt zum Aufbruch. Veronika ist enttäuscht, die Hetze missfällt ihr. Murrend schnallt sie ihren Rucksack auf den Rücken und trottet hinter dem Vater her.
Nach einiger Zeit bleibt er auf einer kleinen Wiese stehen, die ganz nach Veronikas Geschmack ist. Rosa Fingerhut leuchtet vor dunklen Bäumen. Ein laues Lüftchen bewegt hohe Gräser. Ein klarer Bach plätschert zwischen Hängeweiden.
„Hier wollen wir rasten", sagt Vater und setzt sich ins Gras. Veronika legt sich neben ihn. Schmetterlinge gaukeln, Bienen summen und Vögel zwitschern. So liegen sie zwischen Ehrenpreis, Löwenzahn, Storchschnabel und riechen den Duft der Kamille. Sie bleiben dort lange, lassen sich von der Sonne wärmen. Keiner spricht ein Wort. Keiner stört die Stille. Veronika spürt den Sommer.
„Nur in der Ruhe erlebt man die Natur", denkt sie.
Und als hätte der Vater ihre Gedanken erraten, sagt er: „Wie will man Gott im flüchtigen Gebet erfahren?"

Inhalt

Auf Veronikas Bemerkung, dass sich durch ein Tischgebet nichts in ihr verändert, geht ihr Vater zunächst nicht ein. Bei passender Gelegenheit zeigt er seiner Tochter, dass man die Natur nur in der Stille erleben kann, ähnlich kann man Gott nur in der Meditation erfahren.

Biblische Bezüge

Ijob 8,5-6 Wenn du mit Eifer Gott suchst, an den Allmächtigen dich flehend wendest,
wenn du rein bist und recht, dann wird er über dich wachen, dein Heim herstellen, wie es dir zusteht.
Ps 18,31 Vollkommen ist Gottes Weg, das Wort des Herrn ist im Feuer geläutert.
Ein Schild ist er für alle, die sich bei ihm bergen.
Ps 40,17 Alle, die dich suchen, frohlocken; sie mögen sich freuen in dir. Die dein Heil lieben, sollen immer sagen: Groß ist Gott, der Herr.
Ps 119,2-3 Wohl denen, die seine Vorschriften befolgen und ihn suchen von ganzem Herzen, die kein Unrecht tun und auf seinen Wegen gehen.

Gesprächsanregungen
Auch in der Grundschule sind Meditationsübungen durchaus möglich und angebracht. Die Gruppe sollte aber nicht zu groß sein. Mandala-Arbeiten führen zur inneren Ruhe. Sie richten den Menschen auf die eigene Mitte hin aus.
Antoine de Saint Exupéry schreibt: Die Größe des Gebetes beruht vor allem darauf, dass ihm nicht geantwortet wird und dass dieser Austausch nichts mit einem schäbigen Handel zu tun hat. Und ich ahnte, dass das Erlernen des Gebets im Erlernen des Schweigens besteht.
Zenta Maurina sagt: Beten ist mehr Lauschen als Sprechen.

Themenkreise
Erziehung, Familie, Gebet, Gott suchen, Meditation, Natur, Stille

Vorlesealter
ab 8 Jahre

12 Bittgebete

Einige Kilometer vor der Stadt Nimes steht ein altes Bauernhaus. Seit Generationen wohnt hier im Süden Frankreichs die Familie Rochel. Schon der Urururgroßvater vererbte das Land an seinen ältesten Sohn. Und so bekam es auch Vater Rochel und der wird es irgendwann an seinen Sohn Pascal weitergeben.
Oft schon hilft Pascal bei der Arbeit auf den Feldern. An diesem Abend aber geht Bauer Rochel allein über den Acker. Er hat Sorgen. Das Grün sprießt nicht, die Pflanzen wachsen nicht, zu lange hält schon die Trockenzeit an. Ein Frühjahr ohne Regen ist des Bauern Leid. Am Ende der Felder steht ein Kreuz. Der Bauer pflückt ein paar Zweige, an denen kaum Knospen zu sehen sind, und steckt sie in die kleine Vase, die am Fuß des Kreuzes befestigt ist. Dann faltet er seine Hände zum Gebet.
„Vater im Himmel“, bittet er, „schenke uns Regen. Die Pflanzen, die Tiere und wir Menschen brauchen ihn.“

Nach dem Gebet senkt er seinen Kopf, so wie ein Diener sich vor einem König verneigt. Mit einem flehenden Blick zum Kreuz dreht er sich um und kehrt zum Wohnhaus zurück.
An diesem Abend liegt Pascal in seinem Bett lange wach. Sorgen plagen auch ihn. Übermorgen muss er beweisen, was er kann. Dann findet das große Geländerennen statt. Pascal weiß, er gehört zu den besten. Aber gegen Marcel und Pierre hat er nur eine Siegeschance, wenn der Boden trocken bleibt. Bei Nässe sind ihm seine Konkurrenten überlegen.
Am Wochenende will er dann den Sieg und auch seinen Geburtstag feiern, und das mit vielen Gästen. Er möchte sie in die alte Scheune einladen. Dort kann er aber nur feiern, wenn es nicht regnet, zu löcherig ist das Dach.
Pascal faltet seine Hände zum Abendgebet.
„Vater im Himmel", bittet er, „lass in der nächsten Woche die Sonne scheinen."

Inhalt

Bauer Rochel lebt in Südfrankreich. Weil der Regen ausbleibt, geht er sorgenvoll durch seine trockenen Felder und betet händeringend um Niederschläge. An diesem Abend erfleht der Sohn aber weiterhin Sonnenschein, damit er das Geländerennen gewinnen und den Sieg an seinem Geburtstag mit vielen Gästen feiern kann.

Biblische Bezüge

Ps 86,6-7 Herr, vernimm mein Beten, achte auf mein lautes Flehen!
Am Tag meiner Not rufe ich zu dir; denn du wirst mich erhören.
Kol 4,2 Lasst nicht nach im Beten; seid dabei wachsam und dankbar!

Gesprächsanregungen

Beten als Sprechen mit Gott setzt den Glauben an einen persönlichen Gott voraus. Diesen Glauben haben Vater und Sohn. Ihn lehrt uns Jesus. Beide verstehen Beten als ein Sich-Aussprechen vor Gott. Sie tragen, was sie bedrängt und bedrückt, vertrauensvoll dem himmlischen Vater vor. Dabei ist die Bitte des Sohnes genauso verständlich wie das Flehen des Vaters. Gott ist aber kein „Erfüllungsgehilfe" des Menschen, der sich zwischen der einen und der anderen Bitte entscheiden muss. Letztlich entzieht sich uns Gottes Ratschluss.

Themenkreise
Beten, Gebet, Glaube, Gottvertrauen, Hoffnung

Vorlesealter
ab 8 Jahre

13 Das Abendgebet

Claudia wirft wütend die Schultasche auf den Boden, stützt zornig die Ellenbogen auf den Mittagstisch und sagt: „Mit Christoph rede ich kein Wort mehr."
„Und warum nicht?", fragt die Mutter, als sie die Linsensuppe auf den Tisch stellt.
„Er ist feige!"
„Christoph doch nicht", lacht die Mutter.
„Er ist feige, er hat nicht zu mir gehalten."
Claudia löffelt zornig die Suppe, ihr Lieblingsgericht, das ihr heute gar nicht so recht schmecken will.
„Die Toiletten in unserer Schule sind doch im Keller. Die Jungentoiletten waren heute dunkel, denn die Schächte der Kellerfenster waren mit Laub vollgestopft. André, Bernd und Thorsten haben behauptet, die Mädchen hätten das gemacht. Es waren auch einige von uns, aber ich nicht. Ich war nämlich mit Christoph auf dem hinteren Teil des Schulhofs. Ganz laut haben die drei mich niedergeschrien, als ich gesagt habe: ‚Ich war das nicht.' Und Christoph hat geschwiegen. Er hat mich nicht verteidigt. Vielleicht hat er befürchtet, dass sie ihn nicht mehr mitspielen lassen, wenn er zu mir hält."
Claudia nimmt einen Schluck Milch. Ihr Hals ist trocken vom Reden.
„Das war doch feige?"
Die Mutter zuckt mit den Schultern.
„Ich bin heute nicht mit Christoph nach Hause gegangen."

Die Mutter staunt. Die beiden sind für sie unzertrennlich. Schon im Kindergarten waren sie zusammen. Christoph, der nur ein paar Häuser weiter wohnt, hat Claudia jeden Morgen abgeholt. Vom Küchenfenster konnte sie die beiden stets Hand in Hand den Bürgersteig hinuntergehen sehen. Später sind sie zusammen in die Schule gekommen, dort sitzen sie seit dem ersten Schuljahr nebeneinander.
„Morgen werde ich auch Herrn Meister bitten, dass er uns auseinandersetzt."
„Nichts überstürzen", mahnt die Mutter, „sprich erst einmal mit Christoph, vielleicht klärt sich alles auf."
„Da ist alles klar", sagt Claudia und schluckt den letzten Rest der Linsensuppe hinunter. „Mit dem spreche ich kein Wort mehr."
Claudia räumt ab. Dann geht sie in ihr Zimmer. Als sie am späten Nachmittag der Mutter die Hausaufgaben zeigt, rät diese: „Ruf Christoph doch einmal an!"
„Nein!", trotzt Claudia und stürmt davon. Nach dem Abendbrot sieht die Mutter, wie Claudia im Bett liegt und telefoniert. Nach dem Gespräch setzt sich die Mutter auf die Bettkante, wie sie es jeden Abend macht und sagt: „Wir wollen beten."
„Ich habe schon gebetet."
„Du hast schon gebetet?", fragt erstaunt die Mutter.
„Ja", sagt Claudia, „ich habe mit Christoph telefoniert, das war heute mein Abendgebet."

Inhalt

Claudia will die Freundschaft zu Christoph, die seit dem Kindergarten besteht, beenden. Er hielt nicht zu ihr, als sie zu Unrecht beschuldigt wurde. Sie entschließt sich dann doch zu einem versöhnenden Gespräch und nennt dieses Telefonat ihr Abendgebet.

Biblische Bezüge

Ijob 22,21-22 Werde sein Freund und halte Frieden! Nur dadurch kommt das Gute dir zu.
Nimm doch Weisung an aus seinem Mund, leg dir seine Worte ins Herz.

Ps 34,14-15 Bewahre deine Zunge vor Bösem und deine Lippen vor falscher Rede!
Meide das Böse und tu das Gute; suche Frieden und jage ihm nach!
Ps 37,37 Achte auf den Frommen und schau auf den Redlichen! Denn Zukunft hat der Mann des Friedens.
Spr 15,4 Eine sanfte Zunge ist ein Lebensbaum, eine falsche Zunge bricht das Herz.
Lk 11,1 Herr, lehre uns beten.
Eph 4,32 Seid gütig zueinander, seid barmherzig, vergebt einander, weil auch Gott euch durch Christus vergeben hat.

Gesprächsanregungen
Kinder verstehen in aller Regel unter Beten das Sprechen von Wörtern, Beten ist mehr, es ist Leben mit Gott.
Wie man sein Dasein auf Gott hin ausrichtet, beschreibt Mohammed so: „Halte dich an die guten Eigenschaften." ... „Was sind die guten Eigenschaften, o Gesandter Gottes?", fragte ich.
„Es sind: mit demjenigen wieder eine Bindung herstellen, der sich von dir getrennt hat, demjenigen verzeihen, der dich ungerecht behandelt hat, und demjenigen geben, der dir etwas vorenthalten hat."
Claudia macht einen großen Schritt in diese Richtung.

Themenkreise
Beten, Christlich Handeln, Freundschaft, Versöhnen, Verzeihen

Vorlesealter
ab 8 Jahre

14 Lieber Gott, hilf!

„Miststück", schreit der Automechaniker Märtens und schlägt mit voller Wucht auf die Felge. Der Reifen rührt sich nicht. Er sitzt so fest, als sei er auf die Radnabe geschweißt.
„Es ist das erste Mal, dass ich die Räder wechseln lasse. Aber ich glaube, dieses Jahr ist es nötig. Es soll viel Schnee geben, da brauche ich schon Winterreifen", meint Schwester Claudia.

Sie ist Gemeindeschwester und ständig mit ihrem Auto unterwegs. Heute Nachmittag will sie noch die Familie Pieper besuchen. Die Großmutter ist ein Schwerpflegefall und dort wird sie aushelfen.
Dumpfe Schläge dröhnen durch die Werkstatt. Das Rad rührt sich nicht von der Stelle. Herr Märtens geht zum Werkzeugschrank und holt Rostlöser.
„Vielleicht hilft das Fett", überlegt er.
„Hoffentlich", denkt die Schwester.
Doch das Rad sitzt fest. Wieder greift Herr Märtens zum Hammer und klopft auf die Felge. Dabei stöhnt er: „Verdammtes Miststück, beweg dich schon!"
„Manchmal", meint die Schwester, „hilft beten mehr als fluchen."
„Gut", lacht Herr Märtens, „lieber Gott, lös das Rad von der Felge."
Herr Märtens rüttelt an dem Reifen. Er bewegt sich. Erst ein wenig, dann mehr und mehr. Schließlich kann er ihn abnehmen.
Als Schwester Claudia ums Auto geht, murmelt sie: „Das hätt' ich nicht geglaubt."

Inhalt

Der Automechaniker Märtens flucht bei einem Reifenwechsel fürchterlich, weil die Felge festsitzt. Schwester Claudia gibt ihm den Rat, zu beten statt zu schimpfen. Das tut Herr Märtens und das Rad löst sich. Das erstaunt sogar die Schwester.

Biblische Bezüge

Ps 19,15 Die Worte meines Mundes mögen dir gefallen; was ich im Herzen erwäge, stehe dir vor Augen, Herr, mein Fels und mein Erlöser.
Ps 71,5-6 Herr, mein Gott, du bist ja meine Zuversicht, meine Hoffnung von Jugend auf. Vom Mutterleib an stütze ich mich auf dich, vom Mutterschoß an bist du mein Beschützer; dir gilt mein Lobpreis allezeit.
Spr 15,8 Das Opfer der Frevler ist dem Herrn ein Gräuel, am Gebet der Rechtschaffenen aber hat er Gefallen.
Joh 16,23 Was ihr vom Vater erbitten werdet, das wird er euch in meinem Namen geben.

Gesprächsanregungen
Gott ist kein Monteur, aber der Humor ist ein guter Partner. Das erfährt Herr Märtens.
Theodor Kappstein sagt: Humor ist das Lächeln Gottes.
Anselm Feuerbach schreibt: Der Humor trägt die Seele über Abgründe hinweg und lehrt sie mit ihrem eigenen Leid spielen.
Friedel Beutelrock sagte einmal zu Freunden: Humor ist, mit einer Träne im Auge lächelnd dem Leben beipflichten.

Themenkreise
Gebet, Glaube, Humor

Vorlesealter
ab 6 Jahre

15 Beispielhaft

Ein regenreicher Tag neigt sich. Es war ein nasskalter Maientag, wie er häufig in unseren Breiten vorkommt. Herr Mühlhoff sitzt in seiner Stammkneipe und trinkt einen heißen Tee. Da hört er an dem Nachbartisch einen Mann sagen: „Ich genieße diesen erfrischenden Mairegen. Ich könnte stundenlang an der Reling stehen und Wind und Wasser um meine Ohren sausen lassen."
Der Mann nimmt einen kräftigen Schluck Bier aus seinem Glas, wischt sich danach den Schaum vom Mund. Dann fährt er fort: „Viele Jahre habe ich in der ehemaligen deutschen Kolonie Südwest, dem heutigen Namibia, gearbeitet. Die Trockenheit in manchen Jahren war zermürbend. Der Boden bekam breite Risse, die Pflanzen verwelkten, die Tiere wimmerten und die Menschen beteten.
Einmal wollte ich mit meiner Frau und unserer Tochter zur Kirche gehen, um mit den anderen Farmern eine Andacht abzuhalten.

Als wir vor der Haustür waren, fragte unsere Fünfjährige: „Wohin gehen wir?"
„In die Kirche!", gab ihr meine Frau zur Antwort. „Wir wollen Gott um Regen bitten."
Da drehte sich meine Tochter spontan um und lief zum Haus zurück.
„Was", rief meine Frau ganz erstaunt, „willst du denn im Haus?"
Die Fünfjährige antwortete mit größter Selbstverständlichkeit: „Den Regenschirm holen!"

Inhalt

Ein ehemaliger Farmer berichtet über die furchtbare Trockenheit in Namibia, die es dort häufig gibt. Auf dem Weg zur Kirche, wo er Gott um Regen bitten will, gibt ihm seine fünfjährige Tochter ein Beispiel ihres festen Glaubens.

Biblische Bezüge

Mk 11,22-23 Jesus sagte zu ihnen: Ihr müsst Glauben an Gott haben. Amen, das sage ich euch: Wenn jemand zu diesem Berg sagt: Hebe dich empor und stürz dich ins Meer! und wenn er in seinem Herzen nicht zweifelt, sondern glaubt, dass geschieht, was er sagt, dann wird es geschehen.
Lk 11,9-13 Darum sage ich euch: Bittet, dann wird euch gegeben; sucht, dann werdet ihr finden; klopft an, dann wird euch geöffnet. Denn wer bittet, der empfängt; wer sucht, der findet; und wer anklopft, dem wird geöffnet. Oder ist unter euch ein Vater, der seinem Sohn eine Schlange gibt, wenn er um einen Fisch bittet, oder einen Skorpion, wenn er um ein Ei bittet? Wenn nun schon ihr, die ihr böse seid, euren Kindern gebt, was gut ist, wie viel mehr wird der Vater im Himmel den Heiligen Geist denen geben, die ihn bitten.

Gesprächsanregungen

In den angegebenen Bibelstellen verspricht uns Jesus, dass der lebendige Gott und der gütige Vater unsere Gebete hört und erhört, auch wenn wir Menschen oft daran zweifeln oder den Glauben dieses Kindes verloren haben.
Geibel schreibt: Strecke die Hand nur empor im Gebet! Gott fasst sie von oben und die Berührung durchströmt dich mit geheiligter Kraft.
Ursula Hettich sagt: Gebet ist nicht nur, Worte zu formulieren. Gebet ist, sich auf Gott hin zu formieren und sich von ihm formen zu lassen.
Martin Buber meint: Glauben ist ein unbedingtes Vertrauen.

Themenkreise
Beten, Glaube, Gottvertrauen, Not, Vorbild, Zweifel

Vorlesealter
ab 7 Jahre

16 Stilles Gebet

„Großer Gott!“, stöhnt Herr Neumann und stützt sich auf den Arm seiner Frau.
„Jetzt bringt er sich selbst in Gefahr!“, murmelt sie.
In Windeseile zerrt der Jogger sich die Jacke vom Leib, wirft sie auf die morgennasse Wiese und eilt zum See.
Der Schrei eines Kindes hat die Aufmerksamkeit der Spaziergänger erregt. Alle bleiben stehen und starren. Nicht so der Jogger und seine Freundin! Während er zum eiskalten Wasser des Sees rennt, läuft sie zur nächsten Telefonzelle, um den Rettungsdienst zu alarmieren. Der junge Mann hastet am seichten Ufer entlang und drückt das zerbrochene Eis beiseite. Dann bückt er sich. Mit einem Kind im Arm taucht er wieder auf. Der Kleine hat die Größe eines Fünfjährigen. Der Mann läuft mit ihm zu seiner Jacke. Er legt ihn darauf. Während er eine Hand auf den Brustkorb des Kindes presst, reibt er mit der anderen den Körper trocken. Dabei drückt er immer wieder seine Lippen auf den Mund des Jungen, um ihn zu beatmen.
Alle Spaziergänger beobachten wie angewurzelt diesen Rettungsakt. Aus angemessener Entfernung nehmen sie die ersten Lebenszeichen des Kindes wahr. Der junge Mann umhüllt es mit seinen Kleidern. Er selbst zittert, denn es ist noch kühl an diesem Frühlingsmorgen. Flüchtig reibt sich der Jogger mit seinem Sweatshirt das Wasser vom Körper.
In der Ferne ertönt das Martinshorn des Rettungswagens. Wenig später quietschen Reifen. Helfer springen aus dem Auto,

werfen dicke Decken über die Zitternden. Sie bringen beide in den Wagen. Türen schlagen zu. Wieder schrillt das Martinshorn.
„Komm“, sagte der Mann und fasst seinen Krückstock fester an. Auch die anderen Spaziergänger entfernen sich. Für sie ist das Schauspiel vorbei.
Plötzlich dreht sich Herr Neumann um und geht zurück zu der Unglücksstelle. Seine Frau folgt ihm. Schweigend bleibt er vor dem kalten Wasser stehen, in dem Eisstücke schwimmen. Auch die Frau sagt kein Wort.
In diese Stille murmelt Herr Neumann: „Ich habe manches Gebet gehört, ich habe manches Gebet gesprochen, heute habe ich eins gesehen.“

Inhalt

Das Ehepaar Neumann beobachtet einen jungen Mann, der entschlossen handelt, um ein Kind zu retten, das in einen See eingebrochen ist. Für Herrn Neumann ist diese Tat der Nächstenliebe ein Gebet.

Biblische Bezüge

Röm 13,8 Bleibt niemand etwas schuldig; nur die Liebe schuldet ihr einander immer. Wer den andern liebt, hat das Gesetz erfüllt.
Röm 15,2-3 Jeder von uns soll Rücksicht auf den Nächsten nehmen, um Gutes zu tun und (die Gemeinde) aufzubauen. Denn auch Christus hat nicht für sich selbst gelebt.
1 Kor 14,15 Ich will nicht nur im Geist beten, sondern auch mit dem Verstand.

Gesprächsanregungen

Diese Geschichte basiert auf einem Ereignis in Münchens Olympiapark. Wochenlang berichteten die Medien über den tragischen Tod eines Kindes, das dort in den Teich eingebrochen war. Keiner der Passanten versuchte, das verunglückte Kind zu retten. Die Anklage wegen unterlassener Hilfeleistung scheiterte aus vielen Gründen, vornehmlich aber, weil die Zuschauer beim Eintreffen der Polizei fluchtartig verschwunden waren.
Herrn Neumanns Schlussaussage macht deutlich, dass er unter Beten nicht nur ein Reden mit Gott versteht, vielmehr ist für ihn Beten ein Leben mit Gott und den Mitmenschen.

Der Jogger handelt, wie Clemenceau es sich wünscht: Wenn die Christen nur einmal anfingen, Ernst zu machen mit ihrem Glauben, dann wäre das eine Revolution, wie die Weltgeschichte noch keine gesehen hat; es würde sich hernach nicht mehr lohnen, noch irgendeine Revolution zu machen.

Themenkreise
Gebet, Hilfe, Menschlichkeit, Mut, Nächstenliebe, Sensationslust

Vorlesealter
ab 9 Jahre

17 Das Gebet

Jeden Abend kniet Farmer Roy vor seinem kleinen Hausaltar und fleht zu Gott um Regen. Seit Monaten ist kein Tropfen vom Himmel gefallen und die jungen Pflanzen, die er in die Erde gesteckt hat, liegen halb verdorrt auf der Scholle.
Farmer Roy macht das Kreuzzeichen, erhebt sich und tritt vor die Tür. Am Horizont sieht er dunkle Wolken, die der Wind zusammentreibt. Noch einmal faltet der Farmer seine Hände.
Tropfen fallen zur Erde, erst vereinzelt, dann mehr und mehr, schließlich gießt es in Strömen. Roy dreht sich mit ausgestreckten Armen im Kreis, jubelt, als er die Nässe auf seiner Haut spürt. Zufrieden legt er sich schlafen.
Die ganze Nacht prasselt der Regen auf sein Dach. Am nächsten Tag regnet es und an den folgenden auch. Wassermassen überfluten das Feld und treiben die jungen Pflanzen zum Fluss, der unaufhörlich anschwillt.

Inhalt
Ein Farmer bittet Gott um Regen für seine Aussaat. Der Niederschlag kommt, Wassermassen fallen vom Himmel. Sie entwurzeln die jungen Pflanzen und schwemmen sie weg.

Biblische Bezüge
Mt 26,39 Aber nicht wie ich will, sondern wie du willst.
Röm 14,23 Alles, was nicht aus Glauben geschieht, ist Sünde.
Jak 1,6 Wer bittet, soll aber voll Glauben bitten und nicht zweifeln; denn wer zweifelt, ist wie eine Welle, die vom Wind im Meer hin und her getrieben wird.

Gesprächsanregungen
Der Ungläubige wird diese Geschichte mit einer gewissen Genugtuung lesen und sich bestätigt fühlen, dass alles Beten keinen Sinn hat. Die Bibel sagt anderes und weist daraufhin, dass ein gütiger Vater unser Flehen erhört. Dies darf aber nicht zu der Vorstellung führen, dass das Gebet als ein Mittel verstanden wird, dass man durch die Zusammenarbeit mit Gott zwangsläufig zu einer „Erlösung" kommt. Gott ist nicht Erfüllungsgehilfe des Menschen.
Dorothee Sölle schreibt in „Das entprivatisierte Gebet": Immer noch nicht gebannt ist die Gefahr, das Gebet mit Magie zu verwechseln, vielleicht darum, weil Magie dem Menschen schnellere und leichtere Hilfe verspricht, als der christliche Glaube es kann. Magisches Beten rechnet mit dem wunderbaren Eingreifen eines extramundanen Wesens, das unsere Schwierigkeit plötzlich und ohne unser Zutun löst ... Wir müssen lernen, vor allem im politischen, im öffentlichen Gebet, aufzuhören, die eigene Ohnmacht zu verklären und auf den Fetisch, den alles vermögenden, allmächtigen Papa, der die Sache schon in Ordnung bringen wird, zu starren. Denn Gott, jedenfalls der, mit dem Jesus lebte, hat keine anderen Hände als unsere.

Themenkreise
Beten, Glaube, Gott

Vorlesealter
ab 9 Jahre

18 Ein Heiliger

Herr Winner hat vor der Klasse sitzend vom Hl. Nikolaus erzählt. Plötzlich meldet sich Petra und fragt: „Haben Sie schon einmal einen Heiligen gesehen?"

Herr Winner überlegt einen Augenblick, dann schaut er auf das Bild des Rotschopfes, das an der Wand hängt. Es ist das Bild von Michael, der vor einem Jahr an einer schweren Krankheit gestorben ist.
Herr Winner sieht Petra wieder an und sagt: „Ich glaube, ich habe einen Heiligen gesehen."
„Und wen?", fragt Petra neugierig.
„Unseren Michael!" Die Kinder brüllen vor Lachen. Herr Winner macht oft Scherze.
„Michael", ruft Jasmin, „ein Heiliger, der nicht einmal Butterbrot schreiben konnte?"
„Ein Heiliger", schmunzelt Daniela, „der beim Kippeln mit dem Stuhl ständig umfiel?"
„Ein schöner Heiliger", sagt Manuel, „ein sommersprossiger Rotfuchs mit Quakmaulmund!"
Herr Winner lehnt sich zurück und wartet, bis es leiser in der Klasse wird.
„Vielleicht", sagt er zu den Kindern, die sich wieder beruhigt haben, „war Michael doch ein Heiliger. Er konnte nicht Butterbrot schreiben, aber er hat oft das eigene geteilt, wenn einer seins vergessen hatte. Das machte er schon seit dem ersten Schuljahr. Er hat zwar oft gekippelt, weil ihm das Stillsitzen so schwer fiel, aber er ist jedes Mal schuldbewusst aufgestanden. Meistens hat er noch gesagt, obwohl er sich weh getan hatte, ‚Entschuldigung, Herr Winner'. Und mit seinem breiten Mund hat er viel gelacht, dabei hat er seinen Mund so breit gemacht, dass man einfach mitlachen musste."
„Vielleicht", sagt Herr Winner nach einer Pause, „war er doch der Heilige aus der 3a."

Inhalt

Petra will von ihrem Lehrer wissen, ob er schon einmal einen Heiligen gesehen hat. Der Lehrer bejaht die Frage, nennt Michael, ein Kind der Klasse, das an einer schweren Krankheit verstorben ist. In der Klasse bricht ein brüllendes Gelächter aus. Der Lehrer beharrt auf seiner Meinung.

Biblische Bezüge
Ps 16,3 An den Heiligen im Lande, den Herrlichen, an ihnen nur hab' ich mein Gefallen.
Mt 7,12 Alles, was ihr also von anderen erwartet, das tut auch ihnen!
1 Kor 13,13 Für jetzt bleiben Glaube, Hoffnung, Liebe, diese drei; doch am größten unter ihnen ist die Liebe.

Gesprächsanregungen
Unter einem Heiligen verstehen die meisten Menschen - so auch die Kinder dieser Klasse - große Persönlichkeiten, die sich durch bedeutende Taten hervorgetan haben. Herr Winner macht seinen Schülern klar, dass nicht nur, wer Großes vollbracht hat, sondern auch der, der im Kleinen viel geschafft hat, ein gottesfürchtiges Leben geführt hat.
Gautama Buddha lehrt: Wer drei Eigenschaften besitzt, mit dem soll man Umgang pflegen. Welche sind es? Ein Mensch besitzt sie, der gibt, was es schwer fällt zu geben, der tut, was es schwer fällt zu tun, der erträgt, was es schwer fällt zu ertragen.

Themenkreise
Anerkennung, Heilige, Himmelreich, Leistung, Vorbild

Vorlesealter
ab 6 Jahre

19 Teilen wie Gott

Sie sind die Sieger: Sven, Robert und Martin. Sie sind die Besten auf dem Gemeindefest beim Ballwerfen, Sackhüpfen und Klettern.
Keuchend stehen sie vor dem Pfarrer und nehmen ihren Preis entgegen, den Hauptpreis, eine Wundertüte, voll mit Süßigkeiten und Spielsachen. Sie freuen sich.
Doch der Preis bringt ihnen kein Glück. Die Sieger streiten sich, zanken um Gummibärchen und Schokoladenbonbons, um Malstifte und Spielzeugautos. Verfeindet sitzen die drei auf der

Kirchentreppe und lassen die Köpfe hängen. Sie können sich nicht einigen, wer was bekommt.
„Was bedrückt euch?", fragt der Pfarrer, der vorbeigeht.
„Wir sind drei Sieger", erklärt Robert, „aber wir haben nur eine Tüte. Alle Dinge darin kommen auch nur einmal vor, wie können wir da gerecht teilen?"
Während Robert noch spricht, hat Sven eine Idee.
Strahlend schlägt er vor: „Am besten ist es, wenn Sie den Gewinn aufteilen." Die beiden anderen stimmen begeistert zu.
„Wie", fragt der Pfarrer, „soll ich denn teilen, wie ein Mensch oder wie Gott?"
„Wie Gott!", rufen die drei wie aus einem Mund.
Da greift der Pfarrer mit beiden Händen in die Wundertüte und gibt alles, was er gefasst hat, Martin. Dann holt er mit einer Hand ein paar Dinge aus der Tüte und reicht sie Sven.
„Und du, Robert", sagt er, als er fortgeht, „bekommst den Rest."

Inhalt

Drei Jungen gewinnen auf einem Gemeindefest den ersten Preis, eine Wundertüte. Da alle Gegenstände in der Tüte nur einmal vorhanden sind und nicht dreimal, kommt es zum Streit beim Aufteilen der Dinge. Die Jungen bitten den Pfarrer um Hilfe. Er soll teilen wie Gott.

Biblische Bezüge

Ps 19,10 Die Urteile des Herrn sind wahr, gerecht sind sie alle.
Koh 11,5 Wie du den Weg des Windes ebenso wenig wie das Werden des Kindes im Leib der Schwangeren erkennen kannst, so kannst du auch das Tun Gottes nicht erkennen, der alles tut.
Mt 20,1-16 Das Gleichnis von den Arbeitern im Weinberg

Gesprächsanregungen

Der Pfarrer verteilt die Dinge wahllos. Das muss die Jungen enttäuschen. Vielleicht erscheint ihnen sein Vorgehen sogar als Gotteslästerung. Er macht ihnen aber dadurch klar, dass Gottes Gerechtigkeit sich nicht menschlichem Denken und irdischen Vorstellungen unterwirft.
Jesus beschreibt dies auch im Gleichnis vom gütigen Herrn des Weinberges.

Themenkreise
Gleichnis, Gottes Gerechtigkeit, Güte, Teilen

Vorlesealter
ab 9 Jahre

20 Glück gehabt?

„Wir haben Glück", sagt Kai und schaut hinauf zu dem wolkenlosen Sommerhimmel.
„Mit dem Wetter schon", japst Andreas, der seinem Freund folgt. Die beiden gehen langsam, denn der Weg führt steil bergan.
„Wenn wir oben sind, machen wir Picknick", bestimmt Kai und Andreas steckt die Daumen hinter die Riemen seines Rucksackes und stapft voran.
Der Schweiß läuft beiden über die Stirn, als sie endlich die Rucksäcke ablegen. Andreas packt die Decke aus. Kai legt Butterbrote und Getränke darauf. Die Jungen setzen sich und essen. Wenn sie ins Tal schauen, sind sie stolz, den Anstieg geschafft zu haben.
Nach dem Essen verstauen sie die Abfälle in einem Beutel, so haben sie es gelernt. Kai will seinen Rucksack wieder aufsetzen, da greift Andreas nach einem dicken Stein.
„Ob der Brocken den Berg hinunterrollt?", fragt er neugierig.
„Versuche es!" Andreas wirft den Stein, doch der bleibt schon nach wenigen Metern in einer Mulde liegen.
„Du musst ihm mehr Anschwung geben", sagt Kai und nimmt selbst einen. Er stößt ihn fort. Doch viel weiter als der erste kullert er auch nicht.
„Ich habe eine Idee", ruft Kai und sucht einen dicken, fast kugelrunden Brocken. Er nimmt ihn in beide Hände und wirft ihn über den Kopf den Hang hinunter.

„Er rollt“, schreit er und klatscht vor Begeisterung in die Hände.
„Da!“, brüllt Andreas und zeigt auf das Auto, das auf der Talstraße um die Ecke biegt. Ein Cabriolet, dessen Verdeck offen ist, braust heran. In ihm sitzt ein junges Paar.
Der Stein wird schneller, der Wagen kommt näher. Totenstille herrscht. Die beiden sehen es kommen! Stein und Auto werden gleichzeitig eine Stelle der Straße passieren.
„Mein Gott“, wimmert Kai, „das habe ich nicht gewollt.“
Da geschieht es! Stein und Auto sind fast gleichauf. Unfassbares nimmt seinen Lauf! Der Stein springt im hohen Bogen über die kleine Straße, über den offenen Wagen, über das junge Paar.
Kai setzt sich, seine Knie zittern, mit keuchender Stimme murmelt er: „Wir haben Glück gehabt, unglaubliches Glück.“
Andreas greift nach seinem Rucksack. Er schnürt ihn fest zu. Nachdenklich sagt er: „Vielleicht hat uns auch jemand geholfen.“

Inhalt

Kai und Andreas sind auf einen Berg gestiegen. Nach dem Picknick werfen sie Steine ins Tal. Einer rollt auf die Straße zu, auf der ein Cabriolet fährt. Es ist zu sehen, dass Stein und Auto zur selben Zeit dieselbe Stelle passieren werden. Ein Unglück geschieht nicht, weil der Stein über den Wagen springt. Die Jungen bewerten den Vorgang unterschiedlich.

Biblische Bezüge

Ps 91,9-12 Denn der Herr ist deine Zuflucht, du hast dir den Höchsten als Schutz erwählt. Dir begegnet kein Unheil, kein Unglück naht deinem Zelt. Denn er befiehlt seinen Engeln, dich zu behüten auf all deinen Wegen. Sie tragen dich auf ihren Händen, damit dein Fuß nicht an einen Stein stößt.
1 Joh 5,14 Wir haben ihm gegenüber die Zuversicht, dass er uns hört, wenn wir etwas erbitten, das seinem Willen entspricht.

Gesprächsanregungen

Durch die Putten-Bilder sind bei Kindern wie Erwachsenen irrige Vorstellungen von Engeln entstanden.

Diese Darstellungen besonders in der Kunst des Barock haben nichts mit den machtvollen Erscheinungen der Engel in der Heiligen Schrift gemeinsam. Dort sind sie übermenschliche Wesen und werden wegen ihrer verbindenden Tätigkeit Engel, d.h. Boten, genannt. Viele Menschen bezweifeln ihre Existenz und besonders ihr Wirken in dieser Welt. Der Glaube der Christenheit, dass die zum Leib Jesu gehörenden Menschen unter dem besonderen Schutz dieser himmlischen Wesen stehen und dass der Einzelne einem besonderen Schutzengel anvertraut ist, entspricht der kirchlichen Lehre.

Themenkreise
Leichtsinn, Schutzengel, Übermut, Verantwortungslosigkeit

Vorlesealter
ab 7 Jahre

21 Im Himmel

„Was hast du wieder angestellt?“, fragt die Mutter, als sie sieht, dass ihre Tochter Susanne zehnmal in ihr Heft schreibt: Ich darf nicht unverschämt sein.
Susanne schaut auf, legt den Stift aus der Hand und sagt: „Frau Wortmann hat uns heute Morgen mitgeteilt, dass unsere Sportlehrerin Frau König in der letzten Nacht gestorben ist. Ich habe gesagt: ‚Nun hat sie es gut.‘ Da hat Frau Wortmann einen roten Kopf bekommen und hat furchtbar geschimpft und mir zum Schluss die Strafarbeit aufgegeben.“
„Mit Recht!“, kommentiert die Mutter, „wie kommst du nur dazu, so etwas zu sagen, wenn jemand gestorben ist?“
Susanne zieht den Kopf ein, schreibt ihre Sätze sauber auf und steckt dann ihr Heft in den Tornister. Danach legt sie die Filzstifte auf den Tisch und malt eine Wiese, darüber den Himmel mit der Sonne und den Wolken.
„Was“, fragt sie, als sie von ihrem Malblock aufschaut, „ist der Himmel?“

„Genau“, antwortet die Mutter, „wird dir das keiner sagen können. Wir glauben, dass wir bei Gott sind. Der Mensch ist dann selig.“
„Ich kann mir unter ‚selig‘ nichts vorstellen“, meint Susanne.
„Der Mensch hat Ruhe und Frieden, Glück und Geborgenheit gefunden“, erklärt die Mutter, „fühlt Liebe und Wärme.“
„Ist das denn nicht schön?“

Inhalt
Susanne kommentiert die Meldung vom Tod der Sportlehrerin mit „Jetzt hat sie es gut“ und wird dafür bestraft. Später lässt sie sich von der Mutter erklären, was es denn heißt, im Himmel zu sein. Die Mutter beschreibt einen Zustand, den man durchaus im Sinne der kindlichen Aussage bezeichnen kann.

Biblische Bezüge
Ps 15,1-3 Herr, wer darf Gast sein in deinem Zelt, wer darf weilen auf deinem heiligen Berg?
Der makellos lebt und das Rechte tut; der von Herzen die Wahrheit sagt und mit seiner Zunge nicht verleumdet;
der seinem Freund nichts Böses antut und seinen Nächsten nicht schmäht.
Ps 23,6 Lauter Güte und Huld werden mir folgen mein Leben lang und im Haus des Herrn darf ich wohnen für lange Zeit.
Mt 11,29 Nehmt mein Joch auf euch und lernt von mir; denn ich bin gütig und von Herzen demütig; so werdet ihr Ruhe finden für eure Seele.

Gesprächsanregungen
Auf kindliche Weise will Susanne eigentlich Richtiges sagen und eckt bei den Erwachsenen an. Sie könnten von der Kleinen aber viel lernen.
Schon Cicero wusste: Mors laborum ac miseriarum quies est. Der Tod ist ein Ausruhen von Mühe und Elend.
Seneca sieht es ähnlich: Bereite dich auf den Tod vor. Das will sagen: Bereite dich auf die Freiheit vor!

Themenkreise
Himmelreich, Missverständnis, Tod

Vorlesealter
ab 6 Jahre

22 Prozession

Gegen zehn Uhr nimmt Roland sein schwarz-gelbes Hemd, seine schwarz-gelbe Fahne und seinen Korb mit den schwarz-gelben Bierdosen. Dann macht er sich auf den Weg, um die Helden von München zu feiern. In Prozessionen pilgern die Menschen zum Friedensplatz, um den Gewinnern der Championsleague zu huldigen.
Das war schon ein Superspiel, das Borussia Dortmund gegen die Mannen von Turin gezeigt hat. Der Beste für Roland war Karlheinz Riedle, der mit zwei Weltklasse-Toren den Italienern den Schneid abkaufte. Riedle ist Rolands großes Vorbild, sein Idol.
So denken auch viele in seiner Clique, die jetzt mit ihm auf dem Marsch zum Friedensplatz sind, um dort mit Tausenden anderer Fans zu feiern. Obwohl die Stars aus dem Stadion noch nicht da sind, ist die Stimmung großartig.
Erst am Nachmittag kommt Kevin, Rolands Freund. „Wo warst du?“, fragt Roland entgeistert.
„Ich“, sagt Kevin, „bin erst bei der Fronleichnamsprozession mitgegangen.“

Inhalt
Roland feiert auf dem Friedensplatz mit seinen Freunden und tausenden BVB-Fans von morgens bis abends den Gewinn der Championsleague. Es ist Donnerstag, Fronleichnam. Kevin verbringt zunächst diesen Tag etwas anders.

Biblische Bezüge
1 Kor 10,14-16 Darum, liebe Brüder, meidet den Götzendienst! Ich rede doch zu verständigen Menschen; urteilt selbst über das, was ich sage. Ist der Kelch des Segens, über den wir den Segen sprechen, nicht Teilhabe am Blut Christi? Ist das Brot, das wir brechen, nicht Teilhabe am Leib Christi?
1 Kor 11,23-26 Jesus, der Herr, nahm in der Nacht, in der er ausgeliefert wurde, Brot, sprach das Dankgebet, brach das Brot und sagte: Das ist mein Leib

für euch. Tut dies zu meinem Gedächtnis! Ebenso nahm er nach dem Mahl den Kelch und sprach: Dieser Kelch ist der *Neue Bund* in meinem Blut. Tut dies, sooft ihr daraus trinkt, zu meinem Gedächtnis!
Denn sooft ihr von diesem Brot esst und aus dem Kelch trinkt, verkündet ihr den Tod des Herrn, bis er kommt.

Gesprächsanregungen
Ob Star auf dem Fußballplatz, Held auf der Leinwand, Leadsänger in einer Popgruppe - sie sind Idole für viele Jugendliche und oft Identifikationsfiguren. Ob diese Sternchen die Sterne sind, an denen sich unsere Jugendlichen orientieren sollten, ist fraglich. Gut wäre es, auf den Rat Franz von Sales zu hören: Wünsche nicht etwas anderes zu sein als du bist und versuche, das vollkommen zu sein.

Themenkreise
Glaube, Identifikation, Idol, Kult

Vorlesealter
ab 9 Jahre

23 Hauptsache, sie schmecken

Auf diese Einladung hat er sehr gewartet. Gestern hat Jan zu ihm gesagt: „Oliver, kommst du am Samstag zu meiner Geburtstagsfeier, zu einer Grillparty?"
Und ob Oliver will! Das war nicht nur eine Einladung zu einer Feier, das war eine Aufnahme in eine Clique. Jan, Mehmet und Martin, Norbert und Nurettin sind seit eh und je Freunde und nun gehört Oliver dazu.
Mit seinem Geschenk unterm Arm läuft er den Saatweg hinauf. Am Gartentor hört er schon das Lachen der anderen. Sie werfen die Bocciakugeln. Das ist ihr Lieblingsspiel. Oliver gratuliert, überreicht sein Geschenk, dann darf er mitmachen.
Stunden wird um jeden Zentimeter gekämpft, aber immer fair und freundschaftlich. Gegen Abend zündet Jan die Grillkohle

an. Oliver legt die Würstchen auf. Das macht er gern. Denn in ihrer Etagenwohnung darf er nicht grillen. In der Aufregung rollt ihm gleich die erste Wurst vom Rost. Bevor irgendjemand etwas bemerkt, hebt er sie auf und trägt sie zum Abfalleimer, der im Kellereingang steht.

Als er den Deckel anhebt, sieht er zwei Plastikhüllen. „Westfälische Grillwürstchen“ steht in großen Buchstaben darauf. Darunter klein: „Aus zartem Schweinefleisch.“ Auf beiden! Oliver rennt die Treppe wieder hinauf. Er überlegt. Mehmet und Nurettin dürfen kein Schweinefleisch essen. Sie sind Muslime. Er glüht, nicht nur, weil das Feuer so heiß ist.

Jan kommt und schaut. Oliver möchte sein Freund bleiben. „Wenn ich jetzt petze“, denkt er, „wird er mich nie wieder einladen.“

Darum flüstert er: „Das sind Schweinewürstchen, ich habe im Abfalleimer die Verpackung gesehen.“

Jan schaut ihn herausfordernd an: „Und wenn schon!“

„Mehmet und Nurettin dürfen sie nicht essen, das verbietet ihnen der Koran.“

„Quatsch, die haben Mägen wie wir. Es gab keine anderen und darum werden diese gegessen. Jetzt sei ruhig und grill weiter! Hauptsache, sie glauben, sie essen Rindswürstchen. Das habe ich ihnen gesagt.“

„Aber sie dürfen sie nicht essen.“

„Nerv mich nicht! Du wirst sehen, sie schmecken ihnen.“

Inhalt

Oliver darf zu Jans Geburtstagsfeier kommen. Er ist glücklich, denn die Einladung bedeutet gleichzeitig die Aufnahme in ihre Clique. Als er aber entdeckt, dass Schweinewürstchen auf dem Grill liegen, stellt er Jan zur Rede, sagt ihm, dass einige Freunde Schweinefleisch nicht essen dürfen. Sie sind Muslime. Jan verlangt von Oliver, sein Wissen für sich zu behalten.

Biblische Bezüge

Spr 6,16-19 Sechs Dinge sind dem Herrn verhasst, sieben sind ihm ein Gräuel: Stolze Augen, eine falsche Zunge, Hände, die unschuldiges Blut vergießen, ein Herz, das finstere Pläne hegt, Füße, die schnell dem Bösen nachlaufen, ein falscher Zeuge, der Lügen zuflüstert, und wer Streit entfacht unter Brüdern. Spr 17,9 Wer Fehler zudeckt, sucht Freundschaft; wer eine Sache weiterträgt, trennt Freunde.

Gesprächsanregungen
In vielen Religionen bestehen Speisegebote. Bei Tieren unterscheidet man zwischen reinen und unreinen. Auch im Judentum gelten als unrein bei den Vierfüßlern alle Tiere, die nicht gespaltene Klauen haben und nicht wiederkäuen. Das bekannteste Verbot des Islam ist der Genuss von Alkohol und das Essen von Schweinefleisch. Da durch den Verzehr von Schweinefleisch zur Zeit Mohammeds viele Krankheiten übertragen wurden, hatte das religiöse Gebot auch soziale Hintergründe. Bis heute wird von den gläubigen Muslimen diese Anweisung beachtet.

Themenkreise
Abhängigkeit, Freundschaft, Glaube, Koran, Lüge, Machtmissbrauch, Multikulturelle Gesellschaft, Täuschung, Weltreligionen

Vorlesealter
ab 8 Jahre

24 Kraft durch Glauben

Dies ist eine wahre Geschichte. Meine Großmutter hat sie mir erzählt. Sie ist ein Teil ihres Lebens. Großmutter beantwortete damit meine Überlegungen. Denn ich fragte mich oft, warum eine so kluge und umsichtige Frau nie das Gymnasium oder die Realschule besucht hatte. Sie wusste doch so viel; sie konnte uns Kindern bei den Hausaufgaben helfen, sie vermochte den Nachbarn Ratschläge zu erteilen und sie hatte auf die vielen Fragen eine passende Antwort.
„Warst du eine gute Schülerin?“, wollte ich wissen.
„Ja und nein!“
„Was denn nun?“

„Meine schulischen Leistungen“, sagte sie, „waren eng verbunden mit dem Schicksal meines Vaters.

Er arbeitete unter Tage. Als ich vier Jahre alt war, wurde er bei einem Grubenunglück schwer verletzt. Ein Steinschlag hatte einem Kumpel die Beine eingequetscht. Mein Vater eilte ihm zur Hilfe. Als er sich über den Verunglückten beugte, ihn unter den Armen griff, um ihn aus den Gesteinsmassen zu befreien, löste sich ein weiterer Brocken von der Decke und fiel in den Rücken meines Vaters. Andere Bergarbeiter schleppten die beiden im Schleifkorb bis zum Querschlag. Hastig, aber vorsichtig, legte man sie auf den Teckel und schob diesen zum Förderkorb im Schacht. Über Tage wartete schon der Krankenwagen, der die beiden ins Hospital fuhr. Wenig später erreichte meine Mutter die Nachricht vom Unglück. Sie eilte zum Vater, um ihm in schwerer Stunde nahe zu sein. Denn er konnte seit dem Unfall nie wieder gehen, er war querschnittgelähmt und deshalb an den Rollstuhl gebunden.

Für mich aber begann eine wunderschöne Zeit. Eine Zeit voller Wärme und Geborgenheit. Mein Vater war immer für mich da und ich für ihn. Ich fuhr ihn mit seinem Rollstuhl durch die Wiesen und Felder; bergab saß ich auf seinem Schoß und schmiegte mich an ihn und er legte seine Arme um mich. Manchmal standen wir an einem Bachlauf und mein Vater erzählte mir von der Arbeit im Bergwerk oder er las mir aus einem Buch etwas vor, oft lauschten wir auch nur dem Gesang der Vögel.

Wenn wir nach Hause kamen, holte ich stets aus dem Keller die Milch, dort stand sie Sommer wie Winter, um kalt zu bleiben. Meistens reichte ich dazu eine Scheibe Brot, die ich belegt hatte, oder es gab ein Stück von Mutters selbst gebackenem Kuchen. Sie kam immer erst spät nach Hause, denn sie arbeitete in der Nadelfabrik.

Als ich in die Schule kam, änderte sich nicht viel. Ich machte die Hausaufgaben, am liebsten im Rollstuhl auf dem Schoß meines Vaters sitzend. So schön es für mich war, meinen Vater immer bei mir zu haben, mit ihm die Hausaufgaben zu machen,

für ihn zu sorgen, mit ihm zu spielen, für ihn aber, denke ich heute, war das Leben bestimmt nicht leicht. Er war ein kräftiger Mann, voller Tatendrang, und er war zur Untätigkeit verdammt. Vielleicht hatte Gott ein Einsehen gehabt und er nahm ihn darum so früh zu sich. Mein Vater starb wenige Jahre nach seinem schweren Unfall an einer Lungenentzündung.
Da ich mit Freude gelernt hatte, weil mein Vater dabei saß, war ich eine gute Schülerin gewesen, denn alles, was man mit Freude macht, gelingt. Das änderte sich auch nach seinem Tod nicht. Es gab einen Grund.
Meine Mutter kontrollierte nun meine Hausaufgaben. Zuerst regelmäßig, dann seltener und seltener. Warum sollte sie auch, die Schularbeiten waren immer richtig und vollständig.
Es war alles gut, dachte ich. Und doch muss mein Lehrer Herr Klinger bemerkt haben, dass die Aufgaben, die ich in die Schule brachte, immer sehr schlecht und ungelenk geschrieben waren, während die Arbeiten, die ich in der Schule anfertigte, stets ordentlich und sauber waren. Darüber wird er mit meiner Mutter gesprochen haben. War es nun Instinkt oder Vorahnung? Meine Mutter sagte mir nichts, warnte mich nicht. Sie ging mir an einem Freitag einfach einmal von der Schule aus nach. Heimlich! Was sie zu sehen bekam, hatte sie vielleicht vermutet. Sie beobachtete, wie ich auf der Einfassung des Grabes meines Vaters Platz nahm. Wie ich meine Bücher und Hefte aus dem Tornister holte und anfing, meine Hausarbeiten zu machen. Ich schrieb meine Aufgaben in der Nähe meines Vaters. Es war alles so wie früher. Ich war ihm ganz nah. Und er half mir, das wusste ich, und darum waren meine Arbeiten auch immer richtig. Nur nicht so ordentlich, denn es ließ sich eben auf den Knien nicht so gut schreiben wie an einem Tisch.
Meine Mutter war entsetzt, verbot mir strikt, dort noch einmal die Hausaufgaben anzufertigen. Ich fügte mich. Aber seit diesem Tag wurden meine schulischen Leistungen schlechter, waren nur noch mittelmäßig und das blieb auch so in den späteren Jahren; denn mein Vater konnte mir ja nicht mehr helfen.
Das wenigstens glaubte ich damals."

Inhalt
Der Vater eines Mädchens arbeitet als Bergmann. Er wird bei einem Grubenunglück so schwer verletzt, dass er querschnittgelähmt ist. Für das Kind beginnt eine schöne Zeit, eine Zeit der Wärme und Geborgenheit, denn sein Vater ist nun ständig bei ihm. Das bleibt auch so, als das Kind eingeschult wird. In der Nähe des Vaters lernt es gut. Auch als der Vater plötzlich stirbt, verschlechtern sich die schulischen Leistungen nicht, weil es seine Hausaufgaben am Grab des Vaters anfertigt. In seiner Vorstellung hilft der Vater ihm wie zu seinen Lebzeiten. Erst als die Mutter dieses Tun unterbindet, werden die Leistungen des Kindes schlagartig schlechter.

Biblische Bezüge
Mk 9,23 Jesus sagte zu ihm: Wenn du kannst? Alles kann, wer glaubt.
Joh 11,25 Jesus erwiderte ihr: Ich bin die Auferstehung und das Leben. Wer an mich glaubt, wird leben, auch wenn er stirbt.
Röm 15,13 Der Gott der Hoffnung aber erfülle euch mit aller Freude und mit allem Frieden im Glauben, damit ihr reich werdet an Hoffnung in der Kraft des Heiligen Geistes.
2 Kor 13,4 Zwar wurde er in seiner Schwachheit gekreuzigt, aber er lebt aus Gottes Kraft. Auch wir sind schwach in ihm, aber wir werden zusammen mit ihm vor euren Augen aus Gottes Kraft leben.

Gesprächsanregungen
Das Mädchen hat eine durchaus christliche Einstellung zum Tod. Für es lebt der tote Vater und am Grab fühlt es sich mit ihm engstens verbunden. Dieser Auffassung müssten wir uns alle anschließen - auch in schweren Stunden; denn letztlich hat Jesus durch seine Auferstehung den Tod überwunden. Paulus lässt in seinen Briefen keinen Zweifel daran, dass die Auferstehung Jesu beweist, dass der Tod nicht das letzte Wort Gottes über den Menschen ist.
Hermann Hesse schreibt: Die Dahingegangenen bleiben mit dem Wesentlichen, womit sie auf uns gewirkt haben, mit uns lebendig, solange wir selber leben. Manchmal können wir sogar besser mit ihnen sprechen, uns besser mit ihnen beraten und uns Rat von ihnen holen als von Lebenden.
Emil Brunner sagt: Die Sichtbarkeit des Glaubens ist die Liebe, die Unsichtbarkeit der Liebe ist der Glauben.

Themenkreise
Auferstehung, Christentum, Glaube, Kirchliche Feiertage, Liebe, Tod, Vorbild

Vorlesealter
ab 9 Jahre

25 Christinas Weihnachtsgeschenk

Noch fünf Tage, dann ist Weihnachten, Hl. Abend. Nicht nur die Erwachsenen, auch viele Kinder kümmern sich um Geschenke. Nur Christina rührt keinen Finger, fragt die Mutter nicht, was soll ich der Großmutter schenken, soll ich ihr ein Bild malen oder einen Topflappen häkeln. Mutter sagt auch nichts. Doch sie ist unruhig. Für den Vater und für die Mutter hat Christina jedes Mal selbst ein Geschenk ausgesucht, sicher hat Großmutter mit Rat und Tat geholfen. Und das Geschenk für die Großmutter haben sie immer zusammen ausgedacht. Aber dieses Jahr hat Christina nicht gefragt, nichts gesagt.

Einen Tag vor Hl. Abend ist Mutter nervös, es wäre ihr wirklich peinlich, wenn bei der Bescherung die Großmutter kein Geschenk von ihrem Enkelkind bekäme.

„Hast du wirklich ein Geschenk für die Großmutter?"

„Ja", sagt Christina. Die Mutter schaut ihr Kind fragend an, doch Christina gibt keine weitere Erklärung ab, sondern übt auf der Blockflöte: „Komm, wir gehen nach Betlehem ..."

Am Hl. Abend spielt sie dieses Lied, ihr Bruder begleitet sie auf dem Keyboard, Großmutter und die Eltern singen dazu. Dann werden die Geschenke verteilt. Christina reicht der Großmutter einen Zettel. Die Mutter schaut entsetzt. Ihre Augen scheinen zu sagen: „Habe ich doch gewusst, dass unsere Tochter nichts Gescheites besorgt hat."

Doch Großmutter lächelt, drückt das Enkelkind fest an ihre Brust und flüstert: „Danke, für dieses Geschenk."

Die Mutter ist kribbelig vor Neugierde. Doch sie traut sich nicht zu fragen, was Christina geschenkt hat. Später, als alles ausgepackt auf dem Gabentisch liegt, schielt sie heimlich auf Christinas Zettel.

Sie liest: „Liebe Großmutter, dies ist mein Weihnachtsgeschenk für dich: Ich verspreche, ein Jahr lang werde ich jeden Abend für dich beten, dass der liebe Gott dich gesund bleiben lässt."

Inhalt
Bisher hat Christina das Weihnachtsgeschenk für die Großmutter immer mit der Mutter zusammen gefertigt. Dieses Jahr fragt die Tochter ihre Mutter nicht um Rat. Beim Verteilen der Geschenke reicht das Kind der Großmutter nur einen Zettel. Sie freut sich, doch die Mutter ist entsetzt. Christina verspricht, jeden Abend für die Gesundheit der Oma zu beten.

Biblische Bezüge
Ps 20,5 Er schenke dir, was dein Herz begehrt, und lasse all deine Pläne gelingen.
Joh 16,24 Bittet und ihr werdet empfangen, damit eure Freude vollkommen ist.
Kol 1,4-5 Denn wir haben von eurem Glauben an Christus Jesus gehört und von der Liebe, die ihr zu allen Heiligen habt, weil im Himmel die Erfüllung eurer Hoffnung für euch bereitliegt.

Gesprächsanregungen
Der Gott der Bibel ist ein Gott, der mich sieht und hört, so versteht ihn auch Christina. Einen solchen Gott kann man auch um etwas bitten. Wenn man für jemand anderen etwas erbittet, wird das Gebet zu einer Tat der Nächstenliebe. Romano Guardini sagt: Man kann auf die Dauer kein guter Christ sein, ohne zu beten - so wenig wie man leben kann, ohne zu atmen.

Themenkreise
Familie, Gebet, Glaube, Nächstenliebe, Schenken, Weihnachten

Vorlesealter
ab 6 Jahre

26 Die Legende vom Weihnachtsstern

Als der römische Statthalter Pontius Pilatus das Todesurteil über Jesus von Nazaret fällte und es vollstrecken ließ, da flüchteten viele Jünger des Gekreuzigten aus Jerusalem, um unterzutauchen in anderen Städten, weil sie fürchteten, auch sie könnten verhaftet und verurteilt werden.

Drei begaben sich nach Betel, zwei eilten nach Emmaus, einer, Philippus, versuchte sich in Betlehem zu verstecken. Um ganz sicher zu sein, begab er sich aber nicht in die Stadt, sondern suchte Unterschlupf in einem der Ställe, die auf den Feldern vor den Häusern standen. Er wusste nicht, dass es eben der Stall war, in dem vor mehr als dreißig Jahren ein Kind im Stroh gelegen hatte, das jetzt als Mann am Kreuz gestorben war.
Philippus hatte diesen Stall gewählt, weil Dornen und Gestrüpp ihn fast verbargen, unscheinbare grauweiße Blümchen den Eingang verschlossen. Trotz des sicheren Versteckes verbrachte Philippus eine unruhige Nacht. Er träumte immer wieder von Verfolgern und Häschern, die ihn aufspürten.
Das Licht der Morgensonne und der Gesang der Vögel weckten ihn aus dem Angstschlaf. Philippus erhob sich von seinem harten Strohlager und schlich vorsichtig zur Stalltür, um nachzusehen, ob wirklich niemand in der Nähe war.
Niemand war da! Dennoch erschrak Philippus sehr. Die kleinen Blumen, die vor dem Stall wuchsen, waren Sträucher geworden, hatten sternengroße Blätter bekommen und blühten rot. Das Versteck war gekennzeichnet, denn das Leuchten der Blätter war weithin sichtbar. Philippus strich sich nachdenklich über die Stirn, ging dann zurück in den Stall, suchte seine paar Habseligkeiten zusammen, stopfte sie in den mitgebrachten Beutel und warf ihn über seine Schulter. Entschlossen trat er vor die Tür, schaute hinüber nach Jerusalem.
„Ich gehe zurück“, sagte er zu sich selbst.
Der Weg war nicht weit, denn Jerusalem und Betlehem liegen nahe beieinander.

Inhalt

Wie andere Jünger flieht auch Philippus nach dem Tode Christi aus Jerusalem. Er will sich der möglichen Verfolgung durch die Hohenpriester entziehen. Auf dem Weg nach Betlehem versteckt er sich eben in dem Stall, in dem der Messias geboren wurde. Der unscheinbare Unterschlupf wird über Nacht zum leuchtenden Fanal, denn rote Weihnachtssterne umgeben ihn.

Biblische Bezüge
vgl. Mt 5,21-48:
Er ist der Weg über den Hass hinaus.
Er ist der Weg über die Begehrlichkeit hinaus.
Er ist der Weg über die Halbwahrheiten hinaus.
Er ist der Weg über die Vergeltung hinaus.
Er ist der Weg über das Freund-Feind-Denken hinaus.
Er ist der Weg in die Freiheit.
Mt 10,32 Wer sich nun vor den Menschen zu mir bekennt, zu dem werde auch ich mich vor meinem Vater im Himmel bekennen.
Lk 11,23 Wer nicht für mich ist, der ist gegen mich; wer nicht mit mir sammelt, der zerstreut.

Gesprächsanregungen
Der Schlusssatz „Jerusalem und Betlehem liegen nahe beieinander" ist bildlich zu verstehen. Mit der Geburt Jesu ist die Entscheidung des Menschen für oder gegen den Messias gefordert. Nicht die Entscheidung für den „Knaben im lockigen Haar", sondern für den Gekreuzigten und Auferstandenen.

Themenkreise
Glaube, Nachfolge Jesu, Weihnachten

Vorlesealter
8 Jahre

27 Das Schnuckeltuch

In jener Nacht, als das Kind im Stall geboren wurde, schlief Raphael bei den Schafen, die er tagsüber mit seinem Vater und seinen großen Brüdern auf den Feldern gehütet hatte. Es waren nicht ihre eigenen, sondern Schafe eines reichen Herrn.
Raphaels Familie war arm, denn der Lohn, den die Hirten bekamen, war gering. So kam es, dass Raphael sich abends oft auf sein Lager legte und hungerte. Damit er den Hunger nicht so spürte, kaute er auf seinem Schnuckeltuch, bis er einschlief.

In jener Nacht, als das Kind im Stall geboren wurde, hatte Raphael zwei dicke Schafe rechts und links von sich auf sein dünnes Strohlager gelegt. Sie wärmten ihn, denn die Nacht war kalt. Raphael hatte schon geschlafen, als Licht und Lärm ihn aufweckten. Seine Brüder liefen aufgeregt durcheinander.
Ephraim, der älteste, stürzte auf Raphael zu und rief: „Der Heiland ist geboren! Die Engel haben es uns gesagt."
Dann griff er ein kleines Lämmchen und rannte los, den Berg hinauf zu den Ställen, wo er das Kind vermutete.
„Ich schenke dem Kind ein Knäuel Wolle", rief Josef und eilte seinem Bruder nach. Raphael sah den Vater, der ein Stückchen Brot in seinem Gewand verschwinden ließ. Er kroch unter den Schafen hervor, griff sein Schnuckeltuch, das ihm während des Schlafens aus der Hand geglitten war, und folgte dem Vater und den Brüdern. Er rannte, so schnell er konnte, doch er verlor die Geschwister mehr und mehr aus den Augen.
Aber Raphael wusste, das Kind konnte nur in dem Stall sein, in dem er einen Ochsen und einen Esel gesehen hatte. Nur in diesem Stall lag noch Stroh, auf das die Mutter ihr Kind legen konnte. Raphael hatte sich selbst heute Mittag ein wenig davon für sein Nachtlager genommen.
Als er den Stall erreichte, sah er seine Brüder, die vor der Krippe, in der das Kind lag, knieten. Ihre Geschenke hatten sie auf den Boden gelegt. Raphael wunderte sich sehr, denn seine Brüder waren raue Gesellen, die sich eher rauften, als dass sie vor einem Kind zu Boden fielen.
„Es muss ein besonderes Kind sein", dachte Raphael und war traurig, dass er nichts mitgebracht hatte. Er war mit leeren Händen den anderen gefolgt.
„Aber nicht mit ganz leeren Händen", überlegte er und schaute auf sein Schnuckeltuch.
Auf Zehenspitzen trat er neben die Krippe, in der das Kind schlief. Vorsichtig, um es nicht zu wecken, legte Raphael neben den Kopf des Kindes seinen einzigen Besitz, sein Schnuckeltuch.

Inhalt
Raphael läuft mit seinen Brüdern zu dem Kind im Stall, dem Erlöser der Welt. Als er sieht, dass der Vater und die Geschwister den Neugeborenen beschenken, gibt er ihm sein Schnuckeltuch. Das ist alles, was er hat.

Biblische Bezüge
Lk 2,8-12 In jener Gegend lagerten Hirten auf freiem Feld und hielten Nachtwache bei ihrer Herde. Da trat der Engel des Herrn zu ihnen und der Glanz des Herrn umstrahlte sie. Sie fürchteten sich sehr, der Engel aber sagte zu ihnen: Fürchtet euch nicht, denn ich verkünde euch eine große Freude, die dem ganzen Volk zuteil werden soll: Heute ist euch in der Stadt Davids der Retter geboren; er ist der Messias, der Herr. Und das soll euch als Zeichen dienen: Ihr werdet ein Kind finden, das, in Windeln gewickelt, in einer Krippe liegt.
Lk 2,15 Als die Engel sie verlassen hatten und in den Himmel zurückgekehrt waren, sagten die Hirten zueinander: Kommt, wir gehen nach Betlehem, um das Ereignis zu sehen, das uns der Herr verkünden ließ. So eilten sie hin und fanden Maria und Josef und das Kind, das in der Krippe lag.

Gesprächsanregungen
Die Hirten gehörten zu den Ärmsten der Armen, denn wie in der Geschichte gesagt wird, waren die Schafe in aller Regel nicht ihr Besitz. Nicht nur die Bewachung der Tiere bei Tag und Nacht war ihre Aufgabe, auch die Aufzucht und Pflege. Mit langen Stöcken und der traditionellen Schleuder schützten sie außerdem die Schafe vor wilden Tieren. Wenn der Hirte am Abend feststellte, dass eines der Tiere fehlte, war er verpflichtet, es zu suchen.
Das Ansehen der Hirten in der Bevölkerung war sehr gering. Sie standen auf einer Stufe mit Banditen, Betrügern und Zöllnern. Viele Gebote, die dem strengen Juden heilig waren, konnten sie nicht befolgen, weil sie fernab von den menschlichen Ansiedlungen lebten. Unrein wurden sie, weil sie tote Tiere anfassen mussten, was sich nicht vermeiden ließ. Auch die Reinigungsvorschriften konnten sie häufig wegen Wassermangel nicht einhalten.
Und eben an diese Außenseiter der Gesellschaft geht zuerst die Botschaft von der Geburt des Messias.

Themenkreise
Armut, Hilfsbereitschaft, Nächstenliebe, Schenken, Weihnachten

Vorlesealter
ab 6 Jahre

28 Nur eine Puppe?

Noch nie ist ein Lastwagen durch die Südstraße gedonnert. Noch nie! Ausgerechnet heute ist ein solch tonnenschwerer Brummer eingebogen, hat am Wendehammer gedreht und ist wieder davongebraust. Ausgerechnet heute hat Birgit ihre Bronni vergessen, sie hat sie mitten auf dem Fahrdamm liegen gelassen. Die dicken Reifen haben sie zerquetscht und zerfetzt. Übrig blieben nur ein Knäuel dreckiger Stoff und ein paar Splitter Plastik. Birgit weint und jammert.

„Halb so schlimm", tröstet Vater, „Bronni ist eben nur eine Puppe gewesen und diese ist zu ersetzen."

„Aber das stimmt nicht", denkt Birgit, „Bronni war meine Lieblingspuppe."

Sie hatte sie bemuttert von früh bis spät. Morgens durfte sie mit am Frühstückstisch sitzen, mittags im Sandkasten liegen und abends in ihren Armen einschlafen.

„Wirf sie in den Müll", rät Vater, „sie ist nicht mehr zu reparieren. Es ist eben nur eine Puppe, ohne Gefühl und ohne Herz."

Schluchzend rennt Birgit in ihr Zimmer, wirft sich aufs Bett und trauert um Bronni.

Da öffnet sich leise die Tür, Vater steckt seinen Kopf ins Zimmer und schlägt vor: „Wir waschen jetzt unseren Fridolin, dann fahren wir in die Stadt und kaufen dir eine neue Puppe."

Fridolin ist Vaters neues Auto. Als Birgit den Lack poliert, erklärt Vater: „Fridolin spürt, wenn er gepflegt wird. Dann fährt er besonders gut."

Inhalt

Birgits Lieblingspuppe wird von einem Lastwagen überrollt. Ihr Vater meint, nur etwas Plastik sei zerbrochen, ein Stück ohne Seele. Er werde in die Stadt fahren und eine neue kaufen. Aber erst müssten sie den Wagen waschen, der spüre nämlich, wenn man gut zu ihm sei.

Biblische Bezüge
Weish 13,10 Unselig aber sind jene, die auf Totes ihre Hoffnung setzen und Werke von Menschenhand als Götter bezeichnen, Gold und Silber, kunstvolle Gebilde und Tiergestalten oder einen nutzlosen Stein, ein Werk uralter Herkunft.
Off 9,20 Aber die übrigen Menschen, die nicht durch diese Plagen umgekommen waren, wandten sich nicht ab von den Machwerken ihrer Hände: Sie hörten nicht auf, sich niederzuwerfen vor ihren Dämonen, vor ihren Götzen aus Gold, Silber, Erz, Stein und Holz, den Götzen, die weder sehen, noch hören, noch gehen können.

Gesprächsanregungen
Nicht nur Naturvölker und Kinder glauben, dass Dinge eine Art Seele haben, auch viele zivilisierte Erwachsene sprechen Gegenständen einen „guten Geist“ zu. In der Religionstheorie geht dieser Animismus auf den englischen Anthropologen Edward Burnett Taylor (1832-1917) zurück, der den Begriff 1867 einführte. In der Anima (Seele) sah er ein schattenhaftes Gebilde, das Dingen einwohnen und sie beleben konnte. In der Geschichte der Medizin schreibt der Animismus jedem Organ selbstständige Lebenskraft zu. Im Okkultismus werden parapsychologische Erscheinungen auf Kräfte lebender Personen zurückgeführt.

Themenkreise
Aberglaube, Animismus, Spielzeug, Trauer

Vorlesealter
ab 7 Jahre

29 In Gottes Hand

Frau Richter hat große Angst vor dem Fliegen. Selbst die ständige Bitte ihres Sohnes, ihn einmal in Kanada zu besuchen, wo er seit acht Jahren lebt, lehnte sie stets ab.
Ein besonderes Argument ihres Sohnes brachte sie dann doch dazu, ein Flugzeug zu besteigen. Er meinte am Telefon, sie hätten sich doch so viele Briefe per Luftpost geschrieben und alle

seien angekommen. Dies schließlich überzeugte Frau Richter. Als das Flugzeug nun aber über dem Atlantik in Turbulenzen geriet, bekam sie Angst. In Panik geriet sie, als der Hinweis „Bitte anschnallen“ aufleuchtete. Sie rief mit zitternder Stimme den Steward zu sich und fragte besorgt: „Steht es schlimm um uns?“

Für diesen gehörten derartige Schwankungen zum Alltag. Darum sagte er, um die Ängstliche zu beruhigen: „Gnädige Frau, wir sind alle in Gottes Hand.“

Mit diesen Worten entfernte er sich.

Frau Richter griff zu ihrem Gebetbuch und murmelte: „So schlimm steht es also um uns.“

Inhalt

Frau Richter überwindet ihre Flugangst und besucht ihren Sohn in Kanada. Turbulenzen, in die die Maschine gerät, versetzen sie in Schrecken.

Biblische Bezüge

Sir 7,10 Sei nicht kleinmütig beim Gebet und nicht säumig beim Wohltun!
Lk 24,38 Da sagte er zu ihnen: Was seid ihr so bestürzt? Warum lasst ihr in eurem Herzen solche Zweifel aufkommen?
2 Kor 3,4-5 Wir haben durch Christus so großes Vertrauen zu Gott. Doch sind wir dazu nicht von uns aus fähig, als ob wir uns selbst etwas zuschreiben könnten; unsere Befähigung stammt vielmehr von Gott.

Gesprächsanregungen

Immer wieder werden uns Menschen Katastrophen und Schicksalsschläge treffen. Wer sich aber in Gottes Hand fühlt, der glaubt fest daran, dass selbst im Unglück der himmlische Vater alles zum Guten lenkt.
Ursula Hettich meint: Glaube ist der Sinnentwurf des Lebens.
Mutter Teresa sagt: Ich wäre eher bereit, mein Leben herzugeben als meinen Glauben.

Themenkreise

Glaube, Kleinmut, Mut

Vorlesealter

ab 9 Jahre

30 Rückkehrglücksbändchen

Lucia legt wie immer ihre Decke auf den Bürgersteig und breitet darauf kleine farbige Bändchen. Sie legt sie sorgfältig nebeneinander. So haben es schon ihre Mutter und Großmutter gemacht, die heute die kleinen Bändchen flechten. Früher verkauften die beiden viele davon, heute sieht Lucia nur Beine, die an ihr vorbeischlendern. Kaum ein Urlauber würdigt sie eines Blickes. Ledergürtel, Silberreifen und Perlmuttanhänger sind eine zu große Konkurrenz für die kleinen Baumwolldinger. An manchen Tagen ist Lucia nicht ein einziges Bändchen losgeworden, obwohl sie stundenlang in der sengenden Sonne gesessen hat und den Staub der vorbeitrabenden Touristenscharen einatmen musste.

An einem Sonntag im Juli ändert sich alles. Gegen Mittag bleibt eine Frau mit einem großen Sonnenhut stehen und fragt: „Was bedeuten diese Bändchen?"

Darüber hat Lucia noch nie nachgedacht. Noch nie hat ihr jemand eine solche Frage gestellt. Die meisten haben die Bändchen gekauft und den Kindern um die Handgelenke gebunden. Lucia will schon mit den Achseln zucken, doch da sagt sie und sie weiß gar nicht warum: „Wenn Sie das Bändchen Tag und Nacht an Ihrem Handgelenk tragen, werden Sie gesund und glücklich aus Ihrem Urlaub heimkehren."

„Bestimmt?", fragt zweifelnd die Fremde.

„Bestimmt!", erwidert Lucia. „Das sind Rückkehrglücksbändchen."

Die Frau sucht sich eins aus und kauft es, ohne zu handeln. Lucia überlegt eine Weile, dann schreibt sie auf einen Zettel mit großen Buchstaben: RÜCKKEHRGLÜCKSBÄNDCHEN. Jetzt geschieht für Lucia etwas Merkwürdiges. Die Vorbeischlendernden, die sie unbeachtet gelassen haben, bleiben auf einmal stehen, betrachten die kleinen, bunten Armbändchen und kaufen. Am Abend ist Lucias Beutel leer, aber ihre Geld-

tasche voll. Die nächsten Tage verkauft sie so viele Bändchen, dass Großmutter und Mutter mit dem Knüpfen kaum nachkommen. Lucia weiß sich keinen Rat mehr, doch den einen, sie setzt den Preis für die Rückkehrglücksbändchen drastisch nach oben. Aber das hat genau den gegenteiligen Effekt. Noch mehr Urlauber verlangen nach den bunten Dingern.
Lucia glaubt an ein großes Wunder mit den kleinen Bändchen.

Inhalt
Lucia verkauft am Straßenrand Armbändchen. Ihre Geschäfte gehen schlecht. Auf die Frage einer Touristin nach ihrer Bedeutung sagt sie, es seien Rückkehrglücksbändchen. Die Touristin kauft ohne um den Preis zu feilschen. Das macht Lucia stutzig. Sie legt ein Schild zu ihren Bändchen, auf dem ihre angebliche Bedeutung steht. Fortan boomt ihr Geschäft, auch dann noch, als sie die Preise heraufsetzt.

Biblische Bezüge
Mt 17,19-20 Als die Jünger mit Jesus allein waren, wandten sie sich an ihn und fragten: Warum konnten denn wir den Dämon nicht austreiben? Er antwortete: Weil euer Glaube so klein ist. Amen, das sage ich euch: Wenn euer Glaube auch nur so groß ist wie ein Senfkorn, dann werdet ihr zu diesem Berg sagen: Rück von hier nach dort! und er wird wegrücken. Nichts wird euch unmöglich sein.

Gesprächsanregungen
Wie jeder Werbefachmann weiß, verkauft man dem Kunden nicht nur eine Ware, sondern dazu einen ideellen Wert. Lucia macht durch Zufall die Entdeckung, wie sehr ein solcher das Geschäft belebt. Die Analyse einiger Werbespots zeigt Schülern, dass der Kunde beim Kauf einer Ware nicht nur ein Produkt, sondern auch den Glauben an etwas Besonderes erwirbt.
Ein Aberglaube! Dennoch hoffen viele Menschen, dass sie durch außergewöhnliche Handlungen oder ungewöhnliche Gegenstände, wie Talismane, Einfluss auf übersinnliche Mächte gewinnen können.

Themenkreise
Aberglaube, Menschenkenntnis, Tourismus, Werbung

Vorlesealter
ab 8 Jahre

Von den Kindern geliehen: unsere Erde

31 Eine Mutter klagt

Liebevoll füllt Andreas die Blumenerde in die Schale, presst sie mit den Händen fest und drückt mit den Fingern kleine Löcher hinein. In diese pflanzt er Blumen. An den Rand setzt er ein immergrünes Efeu, das über die Schale ragt. In die Mitte stellt er ein Vergissmeinnicht, ein fleißiges Lieschen und Engelstrompeten. Sorgfältig bedeckt er die schwarze Erde mit grünem Moos.

„So gefällt mir mein Geschenk", nickt er zufrieden und stellt das Fähnchen dazu, auf dem geschrieben steht: Alles Gute zum Muttertag!

Andreas weiß, dass seine Mutter sich freuen wird, wenn morgen diese Schale auf dem gedeckten Frühstückstisch stehen wird. Mutter liebt Blumen, selbst gefertigte Blumengestecke besonders. „Sie verwelken nicht so schnell", sagt sie immer, „und darum hat man lange etwas davon." Dann riecht sie jedes Mal an den Blütenkelchen.

Vorsichtig schiebt Andreas das Geschenk unter sein Bett, Mutter soll es heute noch nicht entdecken, denn erst morgen ist ihr Ehrentag.

Andreas runzelt die Stirn. Irgendetwas fehlt noch. Etwas Besonderes!

„Vielleicht ein Gedicht oder eine Geschichte, die ich vorlesen kann, müsste ich noch finden", denkt er und schon wühlt er in

seinem Bücherschrank, durchblättert seine Lesebücher, durchkramt Kalenderblätter. Aber ein Gedicht zum Muttertag findet er nicht.
Andreas gibt nicht auf. Er hat Zeit, die Eltern sind nicht daheim, sein Freund ist verreist. So steigt er die Treppe zum Dachboden hinauf. Der ist eine wahre Fundgrube. Zwar wollte Vater schon längst den Kram dort zur Sperrgutabfuhr geben, doch Mutter wehrte sich immer dagegen.
„Die Sachen sind von der Großmutter", meint sie. „Es hängen so viele Erinnerungen daran. Und dort oben stören sie niemanden."
Andreas klettert über den wackligen Schaukelstuhl, schiebt den dreirädrigen Kinderwagen beiseite, wühlt sich durch ein Knäuel bunter Lumpen und steht endlich vor einem Berg alter Bücher. Manche sind so alt, dass Andreas die Schrift nicht einmal lesen kann. Andere haben Lederumschläge oder Metallkanten. Andreas blättert, legt beiseite, sucht erneut. Bei manch einer schönen Zeichnung oder einer vergilbten Fotografie verweilt er ein wenig, doch etwas Passendes findet er nicht.
Als er aber die Überschrift „Klage einer Mutter" sieht, stutzt er und beginnt zu lesen.
„Ich bin noch jung und werde doch bald sterben. Meine Kinder haben mir keine Ruhe gegönnt, haben mich nicht geschont, haben nur genommen und genommen. Und ich habe ihnen alles großherzig und liebevoll gegeben, wie nur eine Mutter geben kann. Ich schenkte ihnen das Leben, ich lehrte sie leben und nährte sie. Doch meine Kinder griffen mit gierigen Händen nach mehr und mehr. Sie waren unersättlich."
Andreas schaut mit traurigen Augen über den Rand des Buches. „Was müssen das für Kinder sein?", überlegt er. Dann liest er weiter.
„Vielleicht vergessen Kinder zu leicht, dass auch der Atem einer Mutter stockt, wenn man sie nicht schont, wenn man ihr keine Ruhe gönnt, wenn man sie nicht gern hat. Manchmal glaube ich wirklich, meine Kinder lieben mich nicht." Betroffen klappt Andreas das Buch zu.

Als er die Dachbodentreppe hinuntersteigt, denkt er immer wieder an die Unterschrift des Klagebriefes. Dort stand:
Mutter aller Kinder, Mutter Erde.

Inhalt
Ein Junge fertigt ein Blumengesteck, das er zum Muttertag verschenken will. Auf der Suche nach einer kleinen Beigabe findet er in einem alten Buch einen Text, der ihn sehr nachdenklich stimmt. Eine Mutter klagt ihre Kinder an. Es ist die Mutter Erde.

Biblische Bezüge
Gen 2,15 Gott, der Herr, nahm also den Menschen und setzte ihn in den Garten von Eden, damit er ihn bebaue und hüte.
Ps 8,6-10 Du hast ihn nur wenig geringer gemacht als Gott, hast ihn mit Herrlichkeit und Ehre gekrönt.
Du hast ihn als Herrscher eingesetzt über das Werk deiner Hände, hast ihm alles zu Füßen gelegt:
All die Schafe, Ziegen und Rinder und auch die wilden Tiere,
die Vögel des Himmels und die Fische im Meer, alles, was auf den Pfaden der Meere dahinzieht.
Herr, unser Herrscher, wie gewaltig ist dein Name auf der ganzen Erde!

Gesprächsanregungen
Um das überraschende Ende vielleicht noch zu steigern, ist der Einsatz der Geschichte vor dem offiziellen Muttertag angebracht.
Mahnende Worte sind zahlreich und sie gibt es nicht erst seit heute: Schon Martin Luther sagte: Unser Fehler ist, dass wir Gottes Werk nach unserem Fühlen richten und nicht nach seinem Willen sehen.
Ein unbekannter Verfasser hat geschrieben: Mit den ersten Bäumen, die gefällt werden, beginnt die Kultur. Mit den letzten Bäumen, die gefällt werden, endet sie.
Die Fernsehserie „Mittendrin“, die in vielen Bildstellen und Medienzentren zu entleihen ist, hilft, das Ausmaß der Umweltbelastung zu verdeutlichen.

Themenkreise
Familie, Natur, Schenken, Schöpfung, Umweltschutz

Vorlesealter
ab 8 Jahre

32 Ein wichtiges Haus

Herr Feldmann hat eine spiegelblanke Glatze, einen dicken Bauch und eine tiefe Stimme. Wenn er „Ruhe!“ schreit, dann zucken die Kinder der Klasse 2c zusammen und wagen sich nicht mehr zu rühren, wenigsten die nächsten zwei Minuten nicht. Heute braucht Lehrer Feldmann nicht um Ruhe zu bitten. Die Kinder sitzen mäuschenstill auf ihren Stühlen. Sie haben aus ihren Schulfächern ihre Zeichenblöcke geholt und schauen mit fragenden Augen ihren Lehrer an. Herr Feldmann tritt hinter seinem Pult hervor und stellt sich vor die Klasse.
„Kinder“, sagt er mit seiner tiefen Stimme, „heute dürft ihr ein Haus malen. Mit Wachsmalstiften!“
Das können alle Kinder, selbst Sven, der ungern rechnet, und Karoline, der das Lesen so schwer fällt. Die Kinder malen. Sarahs Wolkenkratzer überragt alle anderen Häuser. Aus dem Fenster des obersten Stockwerkes schaut sie auf die Dächer der Stadt. Jennifer malt ihren Bungalow mit einem schönen Garten, in dem sie mit ihrem Hund Sina spielt. Murat streicht gerade sein Haus blau an, als Herr Feldmann sich von seinem Stuhl erhebt und durch die Klasse geht.
„Schön“, brummt er zufrieden, „sehr schön“, und nickt mit dem Kopf. „Wir werden alle Bilder aufhängen.“ Dann zeigt er auf Dianas Haus und sagt: „Dein Bild wird die Vitrine im unteren Schulflur schmücken.“ Das ist das höchste Lob.
Lehrer Feldmann sieht sich weitere Bilder an, bis er neben Stefans Bank stehen bleibt. Er starrt auf dessen Blatt, denn er kann nicht fassen, was er sieht. Plötzlich ergreift er den Zeichenblock und ruft: „Seht, was Stefan gemalt hat!“
Die Kinder schauen auf und staunen. Murat und Karoline fangen an zu lachen. Herr Feldmann schnauzt den Schüler an: „Hast du Bohnen in deinen Ohren?“
Stefan schaut verwundert seinen Lehrer an, der noch immer das Bild hochhält, das einen Baum zeigt, einen großen Baum, mit

langen Wurzeln und vielen Zweigen und kleinen Ästen. Stefan schweigt und das Gelächter in der Klasse schwillt an. Plötzlich klettert er auf seinen Stuhl und greift nach seinem Zeichenblock.
„Ich habe ein Haus mit vielen Wohnungen gemalt", sagt er mit trotziger Stimme.
Die Kinder lachen noch lauter und der Lehrer schaut noch böser. Stefan zeigt auf die Wurzeln seines Baumes und führt aus: „Hier ist der Keller, er ist die Wohnung für die Asseln und Tausendfüßler, die Regenwürmer und Raupen. Oft besucht sie dort das Eichhörnchen und schaut nach seinen Wintervorräten."
Er fährt mit seinem kleinen Finger die Wurzeln entlang und meint: „Das sind die Leitungen, sie versorgen jeden Tag das Haus mit frischem Wasser."
Dann tippt er mit seinem Finger auf den Stamm und erklärt den Mitschülern, die mäuschenstill geworden sind: „Im Erdgeschoss und in der ersten Etage leben unter der Rinde die Käfer, in dem Stamm hat der Specht mit der Familie seine Wohnung gebaut. Darüber liegt in einer Astgabel das Nest der Meise. Hier singt auch der Buchfink, hier zwitschert der Zilpzalp. Zu Besuch kommen die Schmetterlinge und Nachtfalter. Oben auf dem Dach sitzt der Eichelhäher und wacht über das Haus."
Herr Feldmann schaut auf Stefan, der sich wieder auf seinen Platz gesetzt hat, und streicht bedächtig seinen Bart. Danach legt er seine große Hand auf Stefans Schulter und sagt: „Ich denke, Stefans Bild kommt auch in die Vitrine."

Inhalt

Die Kinder der Klasse 2c sollen ein Haus malen. Das tun sie auch, nur Stefan nicht. Er zeichnet einen Baum. Auf die erstaunte Frage des Lehrers, was das solle, erklärt Stefan, dass auch er ein Haus gemalt habe.

Biblische Bezüge

Gen 2,9 Gott, der Herr, ließ aus dem Ackerboden allerlei Bäume wachsen, verlockend anzusehen und mit köstlichen Früchten, in der Mitte des Gartens aber den Baum des Lebens und den Baum der Erkenntnis von Gut und Böse.

Ps 84,4.5 Auch der Sperling findet ein Haus und die Schwalbe ein Nest für ihre Jungen. Wohl denen, die wohnen in deinem Haus, die dich allezeit loben.

Gesprächsanregungen
Bäume liefern den Sauerstoff, den Tiere und Menschen zum Atmen brauchen. 20 Fichten decken den Sauerstoffverbrauch eines Menschen. Bei der Fotosynthese werden mit Hilfe der Sonnenenergie in den grünen Blättern Kohlendioxid und Wasser zu Traubenzucker verbunden. Dabei wird Sauerstoff freigesetzt.
Der Wald ist nicht nur Sauerstofflieferant, er spielt auch eine wichtige Rolle im Wasserhaushalt der Landschaften. Wälder schützen vor Erosionen, Erdrutschen und Lawinen, verbessern das Klima und schützen vor Lärm. Sie sind Rohstofflieferant für die Holzindustrie und Erholungsgebiete.
Der Wald gehört zu den bedrohten Lebensräumen. Zu den wichtigsten Regulatoren des Weltklimas zählen die tropischen Regenwälder, deren Zerstörung erschreckende und bedrohliche Ausmaße angenommen hat.

Themenkreise
Natur, Umweltschutz, Wohnen

Vorlesealter
ab 6 Jahre

33 Die Welt gehört allen!

„Was bist du für ein komischer Vogel?", fragt die Lerche.
„Ich bin kein Vogel", widerspricht der Drachen.
„Aber du fliegst am Himmel wie wir Vögel", sagt die Lerche.
„Nicht wie ihr Vögel", entgegnet der Drachen, „ihr Vögel könnt fliegen, wohin ihr wollt."
„Du nicht?", wundert sich die Lerche.
„Nein", brummt der Drachen, „ich muss machen, was die Menschen wollen. Sie haben mich an eine lange Schnur gebunden. So können sie bestimmen, wie hoch ich aufsteigen darf und wohin ich fliegen soll."

„Dann gehörst du den Menschen“, überlegt der kleine Vogel. „Ja“, sagt der Drachen, „sie haben mich aus Papier und Holz gebaut. Sie haben mir die großen Augen aufgeklebt, einen schönen Mund gemalt und den langen Schwanz angebunden.“
Nach einer Pause setzt er hinzu: „Den Menschen gehört alles auf der Welt.“
„Alles“, wundert sich der kleine Vogel, „auch der Wald, das Wasser und die Luft?“
„Alles“, versichert der Drachen.
„Wirklich alles?“, zweifelt die Lerche.
„Oh ja“, erklärt der Drachen, „den Menschen gehört die Welt. Sie bebauen die Felder, bearbeiten die Wälder, befahren die Meere und fliegen durch die Luft.“
„Darf ich mich auf deinen Rand setzen?“, fragt der kleine Vogel. „Dann kann ich mich besser mit dir unterhalten.“
„Nur zu!“, ruft der Drachen und der kleine Vogel lässt sich auf der Holzkante des Drachens nieder. Er schaute hinunter auf die Erde. „Warum wackelst du?“, wundert sich der Vogel, der ein plötzliches Zucken des Drachen gespürt hat.
„Jemand zieht an meiner Leine, das bedeutet, dass ich noch höher aufsteigen soll“, erklärt der Drachen.
„Wenn du aber noch höher fliegst, kannst du abstürzen“, sorgt sich der Vogel.
„Ich gehöre den Menschen. Sie können machen, was sie wollen, mit den Dingen, die ihnen gehören.“
„Ich dachte“, zwitschert der kleine Vogel, „die Welt gehört uns allen“, und erhebt sich in die Lüfte.

Inhalt

Ein Drachen und eine Lerche unterhalten sich. Der Drachen behauptet, dass den Menschen alles auf dieser Erde gehört. Das bezweifelt die Lerche.

Biblische Bezüge

Gen 1,28 Gott sprach zu ihnen: Seid fruchtbar und vermehrt euch, bevölkert die Erde, unterwerft sie euch und herrscht über die Fische des Meeres, über die Vögel des Himmels und über alle Tiere, die sich auf dem Land regen.

Sir 16,28 Keines seiner Werke verdrängt das andere und bis in Ewigkeit widerstreben sie seinem Befehl nicht.
Sir 17,1.2.4 Der Herr hat die Menschen aus Erde erschaffen und lässt sie wieder zu ihr zurückkehren.
Gezählte Tage und eine bestimmte Zeit wies er ihnen zu und gab ihnen Macht über alles auf der Erde.
Auf alle Wesen legte er die Furcht vor ihnen, über Tiere und Vögel sollten sie herrschen.

Gesprächsanregungen
Zu Gottes Schöpfung zählt nicht nur der Mensch, sondern auch jeder Wurm, jede Fliege und jeder Wasserfloh. Ihr Existenzrecht will die Lerche sichern, wenn sie sagt: „Ich dachte, die Erde gehört uns allen."
Von Hildegard von Bingen stammen die mahnenden Worte: Wer seinem Gott vertraut, wird auch den Bestand der Welt ehren; den Lauf der Sonne, Wind und Luft, Erde und Wasser, alles, was Gott um der Ehre des Menschen willen geschaffen hat und zu seinem Schutz. Einen anderen Halt hat der Mensch nicht; gibt er diese Welt auf, dann wird er von Dämonen vernichtet und aus dem Schutze der Engel entlassen.

Themenkreise
Natur, Schöpfung, Umwelt

Vorlesealter
ab 6 Jahre

34 Mutterliebe

Herr Genau macht seinem Namen alle Ehre. Wenn er eine Briefmarke auf den Umschlag klebt, dann nicht irgendwo rechts oben in der Ecke, nein, er platziert sie 1,5 cm vom oberen und 1,5 cm vom rechten Rand. Deckt er den Tisch, befinden sich Geschirr und Gedeck so akkurat auf den Sets, dass man glauben könnte, der Werbefotograf kommt jeden Moment.
Auch Frau Genau ist sehr penibel. Täglich putzt sie das Haus von oben bis unten, nie würde ein Staubkörnchen oder eine

Fluse irgendwo zu sehen sein. Kein Kind bringt auch nur ein Klümpchen Schmutz ins Haus. Herr und Frau Genau sind nämlich kinderlos. Nie haben sie erlebt, dass Brei auf die Tischdecke kleckert, dass jemand mit unsauberen Schuhen über den Teppich flitzt oder dass in einem Kinderzimmer alles drunter und drüber, kreuz und quer liegen kann.
Wenn Herr Genau von der Arbeit kommt, geht er, wann immer das Wetter es zulässt, in den Garten, harkt oder jätet, pflanzt oder beschneidet. Die Wege verlaufen, als seien sie mit dem Lineal gezogen, die Blumen wachsen in Reih und Glied. Das war immer so und wäre auch immer so geblieben, wenn es nicht diesen Samstag im Frühjahr gegeben hätte.
An diesem Morgen will Herr Genau den Kaffee aufsetzen. Plötzlich vernimmt er noch vor der Küchentür seltsame Geräusche. Er lauscht, für ihn steht fest, Einbrecher sind am Werk. Lautlos schleicht er zurück ins Schlafzimmer, um seine Frau zu wecken und die Polizei zu rufen. Doch das geht nicht, denn das Telefon ist in der Küche. So schleichen beide auf Zehenspitzen zur Küchentür und horchen. Es ist mäuschenstill. Doch nicht! Wieder ist ein dumpfer Ton zu hören, in den sich diesmal helles Vogelgezwitscher mischt. Herr und Frau Genau schauen sich sprachlos an. Ein Vogel in ihrer Küche? Energisch reißt der Mann die Tür auf und stürmt hinein. Seine Frau folgt ihm. Sie schauen nach oben und unten, nach links und rechts. Kein Vogel ist zu sehen. Aber es piepst und zwitschert im Raum.
„Da!“, sagt plötzlich Frau Genau und zeigt auf das Rohr der Dunstabzugshaube.
„Da!“, wiederholt sie und ist sich sicher, dort in der Röhre, die nach draußen führt, nistet ein Vogel mit seinen Jungen. Diese müssen heute Morgen ausgeschlüpft sein.
„Das ist unglaublich“, stöhnt Herr Genau und es stehen ihm die Haare zu Berge. Bei dem Gedanken, dass Tiere fast in seiner Wohnung weilen, nur durch eine dünne Holzverkleidung von ihm getrennt, graut ihm.
„Und der Lärm, den die Kleinen machen“, sagt sie und hält sich die Ohren zu.

„Und der Dreck, den sie hinterlassen", sagt er und hält sich die Augen zu. „Wahrscheinlich bekleckern sie die weiße Hauswand."

Es steht außer Frage: Die Tiere müssen weg, und zwar sofort! Was verändert es diese Welt, ob auf ihr drei oder vier Meisen mehr leben? Und warum haben sie sich unerlaubt als Untermieter bei Genaus eingenistet? Das bezahlt der Nachwuchs mit dem Leben.

Herr Genau rennt in den Keller und holt die Aluminiumleiter, wickelt sie aus der Originalverpackung, in die sie nach jedem Gebrauch zurückgesteckt wird. Mit der Leiter auf der Schulter stapft er hinaus, fest entschlossen, dem Spuk ein Ende zu setzen.

Frau Genau stellt die Kaffeemaschine an und deckt den Frühstückstisch. Auch für sie ist der Fall erledigt. Doch in das Gluckern des Kaffeewassers mischt sich immer wieder das Piepsen der Jungvögel. Nach einer Weile kommt ihr Mann zurück.

„Und?", fragt sie und lauscht in Richtung Abzugsrohr, „da lärmt doch noch immer etwas."

„Ja", sagt er, „die Tiere hocken dort noch in ihrem Nest."

Frau Genau schaut ihren Mann fragend an, als erwarte sie einen umfassenden Bericht.

Herr Genau schluckt, dann stottert er wie ein Schulkind, das bei einer Untat erwischt wird: „Ich kann das Nest nicht herausnehmen."

„War es dir zu schwer?", fragt sie spottend.

„Nein", sagt ihr Mann und stellt jetzt mit resoluter Stimme fest, „die Vögel wachsen dort auf. Als ich die Leiter an die Hauswand lehnte, flog die Meisenmutter vor der Öffnung der Röhre wie wild hin und her und versperrte mir den Zugang zu ihren Kindern. Mit ihrem kleinen Körper schützte sie ihren Nachwuchs. Sie hatte Angst, aber sie kämpfte um ihre Brut. Sie hat gesiegt. Wir müssen warten, bis die Kleinen flügge sind."

Frau Genau schaut aus dem Fenster. Auf dem Zweig des Apfelbaumes sitzt die junge Mutter und singt zum Dank.

Inhalt
Das Ehepaar Genau ist äußerst reinlich. Täglich kümmert es sich um Haus und Garten. Um so mehr ist es überrascht, als es eines Morgens feststellen muss, dass in seiner Dunstabzugshaube, die ins Freie führt, ein Vogel mit seinen Jungen nistet. Dass die junge Brut verschwinden muss, ist für die Genaus keine Frage. Doch die Vogelmutter kämpft um den Nachwuchs.

Biblische Bezüge
Ps 119,19 Ich bin nur Gast auf Erden. Verbirg mir nicht deine Gebote!
Spr 12,10 Der Gerechte weiß, was sein Vieh braucht, doch das Herz der Frevler ist hart.
Spr 14,31 Wer den Geringen bedrückt, schmäht dessen Schöpfer, ihn ehrt, wer Erbarmen hat mit dem Bedürftigen.

Gesprächsanregungen
Die Mutterliebe des kleinen Vogels zwingt die übermächtigen Genaus zum Einlenken. Dass der Ehemann diese Liebe achtet, ist ihm hoch anzurechnen, denn er springt dabei über seinen eigenen Schatten. Die Natur belohnt ihn dafür mit herrlichem Vogelgezwitscher.
Peter Coryllis hat einmal gesagt: Mütter sind Brot im Hunger der Welt.
Das gilt für jede Mutter, auch für diese kleine Vogelmutter.

Themenkreise
Achtung, Mutterliebe, Natur, Reife, Selbstlosigkeit, Tierwelt

Vorlesealter
ab 7 Jahre

35 Der traurige Feuerbusch

Einen Lieblingsplatz hat jeder. Einen Lieblingsplatz wie Rosi und Rudi hat kaum einer. Der liegt nämlich direkt hinter ihrem Haus. Sie brauchen nur ein paar Schritte durch den Tannenwald zu gehen, dann stehen sie schon auf einer kleinen Lichtung.
Dort wächst ein Busch, kein gewöhnlicher mit grünen Blättern und dunklen Zweigen. Auf der Lichtung leuchtet ein Feuer-

busch, mit kleinen roten Beeren, die im Sonnenlicht flimmern, als würden winzige Flammen brennen. Oft sitzen Rosi und Rudi vor diesem Busch und erzählen Geschichten, geheimnisvolle wie der Feuerbusch. Wenn die Geschichten besonders spannend werden, glühen die roten Beeren wie Drachenaugen. Und in der Abendsonne, wenn die Zeit zum Abschied gekommen ist, funkeln sie wie Katzenaugen.
Wenn die Kinder einmal längere Zeit nicht zu ihrem Busch kommen, dann leuchten die Beeren zur Begrüßung wie die Morgenröte. Aber lange lassen die beiden ihn nie allein.
Nur einmal geschah das, im letzten Monat vor ihrer Einschulung. Da sind sie mit ihren Eltern weggefahren. Weit weg, auf einen Bauernhof in der Heide. Über Pferden und Kühen, Hühnern und Schweinen vergaßen die Kinder den Feuerbusch. Doch als sie zurückkamen, eilten sie gleich zu ihm.
Oh Unglück! Er leuchtete nicht. Die kleinen Beeren begrüßten die Kinder nicht wie die Morgenröte. Nein, die Zweige hingen herab. Rosi und Rudi standen fassungslos vor ihm und sahen sich ratlos an. Ihr Feuerbusch war leblos.
„Ob Pflanzen auch traurig sein können?“, fragte Rosi und schaute auf die Zweige, die Kummer zeigten.
„Sicher, so wie alle anderen Lebewesen“, überlegte Rudi, „nur wir sehen es nicht. Hunde können ihre Trauer zeigen und um Liebe betteln, Kinder können weinen und ihre Arme ausstrecken. Die Pflanzen aber können weder wimmern noch weinen. Sie sterben still.“
„Setz dich!“, sagte Rosi und hockte sich vor den Trauerbusch und fing an zu erzählen.

Inhalt

Der Lieblingsplatz von zwei Kindern ist in der Nähe eines Feuerbusches. Die Kinder lassen ihren Busch nie lange allein. Da sie aber vor der Einschulung Urlaub machen, können sie ihn längere Zeit nicht besuchen. Als die beiden zurückkommen, lässt ihr Busch traurig die Zweige hängen.

Biblische Bezüge
Ijob 12,10 In seiner Hand ruht die Seele allen Lebens und jeden Menschenleibes Geist.
Ps 111,2 Groß sind die Werke des Herrn, kostbar allen, die sich an ihnen freuen.

Gesprächsanregungen
Alle Lebewesen haben Empfindungen, auch Pflanzen. Dies beweisen wissenschaftliche Untersuchungen. Tiere und Menschen können diese besser zum Ausdruck bringen als Pflanzen. Die Kinder aber erleben die Trauer ihres Busches über ihr Fernbleiben.
Der Seneca-Indianer Sotsiowah hat einmal gesagt: Alles in der Welt braucht die Gewissheit, anerkannt zu werden. Es ist wahr, dass Pflanzenwesen vom Boden und der Luft genährt werden, doch man weiß auch, dass ihre Gesundheit und ihr Wohlergehen von unseren Worten abhängt. Aus diesem Grund gingen unsere Großeltern auch durch das Korn und redeten mit ihm, ermutigten es zu wachsen. ... Die Menschen, die in Einklang mit der Natur leben, zeigten einander Anerkennung und gute Laune. Sie schenkten den Dingen, die ihnen zum Leben halfen, Grüße und Danksagungen und aus den gleichen Gründen grüßten sie sich.

Themenkreise
Freundschaft, Natur

Vorlesealter
ab 6 Jahre

36 Klage einer Kreatur

Heute haben sie mich getötet. Obwohl ich keinem Menschen je ein Leid zugefügt habe.
Und doch mögen die Menschen mich nicht. Ja, manche fürchten sich vor mir, obwohl ich nicht einmal größer bin als ein Kinderpantöffelchen, aber tausendmal schöner, denke ich. Mein Fell ist samtweich, meine Äuglein hellwach, mein Schnäuzchen spitzbübisch. Ich bin nicht groß, nicht stark, aber

mäuschenflink. Meine Schnelligkeit ist meine einzige Waffe gegen meine vielen natürlichen Feinde. Sie lauern in der Luft, hocken auf Bäumen, pirschen auf der Erde. Aber sie kenne ich, sie kämpfen mit ihren Waffen, ihrer Geschmeidigkeit, ihrer Lautlosigkeit und ihrer Sprungkraft. Die Menschen aber, das habe ich erfahren müssen, mit Hinterlist.
Dies in einer Zeit, in der meine Not ins Unermessliche wuchs. Die Welt war bitterkalt, der Schnee lag meterhoch und der Wind heulte tagelang. Da habe ich mich in den Keller eines großen Hauses verkrochen. Es war so groß, dass alle Platz hatten, die Menschen und ich, dachte ich - und irrte. Die Menschen, die manchmal ein solch gutes Herz für uns Tiere haben, überlisteten mich. Gewiß, sie füttern die Vögel mit Meisenringen, Maiskolben und Sonnenblumenkernen. Sie helfen dem Wild mit Heu, Kastanien und Stroh. Sie verwöhnen die Tiere, die sie in ihren Wohnungen halten, mit zahllosen Leckereien. Nur mir in dem dunklen Keller gaben sie nichts. Tagelang nichts! Und dann geschah ein Wunder. Plötzlich roch es nach Käse und Speck. Meine Füßchen zitterten vor Freude. Die Menschen sind gut, dachte ich - und irrte. Sie hatten mir ein Mahl bereitet. Doch als ich essen wollte, zerschlug eine Eisenstange mein Genick.

Inhalt

Eine Maus beklagt sich über die heimtückische Art der Menschen. Sie hat viele Feinde, aber gegen die meisten auch eine Chance. Den Verlockungen einer Mausefalle erliegt sie, denn für diese Hinterlist hat sie kein Warnsystem.

Biblische Bezüge

Ps 37,1-2 Errege dich nicht über die Bösen, wegen der Übeltäter ereifere dich nicht!
Denn sie verwelken schnell wie das Gras, wie grünes Kraut verdorren sie.
Ps 51,6 Gegen dich allein habe ich gesündigt, ich habe getan, was dir missfällt.
1 Kor 16,14 Alles, was ihr tut, geschehe in Liebe.

Gesprächsanregungen
Der Mensch greift ständig in die Natur ein. Dabei macht er sich zum Maß aller Dinge. Er beurteilt, welche Geschöpfe nützlich oder schädlich sind und vernichtet entsprechend. Es sollte für uns aber oberstes Gebot sein, mit der Natur nur äußerst behutsam umzugehen. Davon ist aber sehr wenig zu spüren, weder bei der Vernichtung der Regenwälder noch bei Zersiedlung der Landschaften.
Es gibt für den Menschen gute Gründe, gewissen Lebewesen den Kampf anzusagen wie der Malaria-Fliege. Ob aber eine kleine Maus zu diesen Tieren gehört, ist fraglich. Denn jeder Eingriff stört auch oft das natürliche Gleichgewicht.

Themenkreise
Schöpfung, Tierwelt, Verantwortung

Vorlesealter
ab 6 Jahre

37 Passiert halt!

Heute haben sie ihn getötet und er war noch so jung. Sein Leben hatte erst begonnen.
Aber heute hat ihn ein Auto überfahren. Die dicken Reifen haben ihn zerquetscht.
Er wollte die Welt kennen lernen, die Blumenwiese hinauflaufen, das Quellwasser trinken.
Doch das Gewicht des Autos hat ihm das Rückgrat zermalmt, hat ihm die Glieder zerschmettert.
Er wollte groß werden, eine Familie gründen, seine Kinder ernähren.
Der Autofahrer hat nicht einmal angehalten. Die Rücklichter haben nur für Sekunden geflackert.
Dabei hatte er alles richtig gemacht. Als er die Gefahr spürte, hat er sich zusammengerollt. Seine Stacheln, sonst Schutz vor Adler und Fuchs, sichere Abwehr vor dem bissigen Hund, ha-

ben ihm nichts genutzt. Er musste sterben. Seinen Leichnam hat der Täter nicht einmal beseitigt. Er hat ihn auf der Straße liegen lassen. Andere Autos haben den kleinen Körper breitgewalzt. Keiner weint eine Träne um ihn und doch wurde ein Geschöpf Gottes getötet.

Inhalt
Ein Igel ist überfahren worden. Der Leichnam bleibt auf der Straße liegen. Andere Autos walzen ihn breit.

Biblische Bezüge
Gen 1,20-21 Dann sprach Gott: Das Wasser wimmle von lebendigen Wesen und Vögel sollen über dem Land am Himmelsgewölbe dahinfliegen. Gott schuf alle Arten von großen Seetieren und anderen Lebewesen, von denen das Wasser wimmelt, und alle Arten von gefiederten Vögeln.
Ijob 33,4 Gottes Geist hat mich erschaffen, der Atem des Allmächtigen mir das Leben gegeben.
Röm 8,19-22 Denn die ganze Schöpfung wartet sehnsüchtig auf das Offenbarwerden der Söhne Gottes. Die Schöpfung ist der Vergänglichkeit unterworfen, nicht aus eigenem Willen, sondern durch den, der sie unterworfen hat; aber zugleich gab er ihr Hoffnung: Auch die Schöpfung soll von der Sklaverei und Verlorenheit befreit werden zur Freiheit und Herrlichkeit der Kinder Gottes. Denn wir wissen, dass die gesamte Schöpfung bis zum heutigen Tag seufzt und in Geburtswehen liegt.

Gesprächsanregungen
Der Tod vieler Tiere gehört leider zum alltäglichen Straßenbild. Aber auch sie sind Geschöpf Gottes, und Achtung vor ihrem Leben, vor allem ihrem Ableben, müsste doch selbstverständlich sein.
Margarete Seemann fordert: Menschen sollen die Schutzengel der Tiere sein.
Friedrich Theodor Vischer behauptet: Dem Tiere ist der Mensch sein Gott.

Themenkreise
Schöpfung, Tierwelt, Umweltschutz

Vorlesealter
ab 7 Jahre

38 Versprochen

„Ein Vogel macht viel Arbeit", sagt die Mutter.
„Ich werde ihm immer frisches Wasser geben, seinen Futtertrog füllen und regelmäßig den Käfig reinigen. Bestimmt!", verspricht Verena.
Der Vater ist skeptisch.
„Ein Tier braucht Zuwendung und Pflege", meint er, „Tag für Tag."
„Ich werde mich liebevoll um ihn kümmern", gelobt Verena.
„Wir werden es sehen", meint die Mutter ein wenig skeptisch.
„Dann bekomme ich also zum Geburtstag einen Vogel?", fragt Verena erwartungsvoll.
„Aber wir suchen ihn aus", bestimmt Vater, „eine kleine Überraschung muss bleiben."
Am Geburtstagsmorgen steht auf dem Küchentisch der Käfig, in dem ein blaugrüner Wellensittich piepst.
„Ist der schön!", jubelt Verena.
Sie hängt einen kleinen Spiegel, ein helles Glöckchen und eine hölzerne Schaukel hinein. Diese Dinge hat sie schon tags zuvor besorgt. Auch den Wetzstein für das Schnäbelchen hat sie nicht vergessen.
In den nächsten Wochen verbringt Verena viel Zeit mit ihrem Wellensittich. Nachmittags lässt sie ihren Hansi, so hat sie ihn genannt, durch das Zimmer fliegen. Mit der Zeit wird er immer zutraulicher. Erst hockt er sich nur auf ihre Schulter, dann kann Verena ihn sogar auf dem Finger aus dem Käfig nehmen. Später gibt er sogar Küsschen. Verena versucht ihm das Sprechen beizubringen. Aber das gelingt nicht. Der kleine Hansi hat immer frisches Wasser, ausreichend Futter und der Käfig ist stets sauber. Manchmal steckt Verena auch einen Hirsekolben zwischen die Gitterstäbe.
Im Laufe der Zeit aber vergisst sie hin und wieder, Wasser nachzugießen oder Futter aufzufüllen. Erst kommt das selten

vor, dann öfter und öfter. „Du vernachlässigst deinen Vogel", mahnt die Mutter, „denk an dein Versprechen!"
„Ich musste in der letzten Zeit so viele Schularbeiten machen", entschuldigt sich Verena, „dann war ich zu Annas Geburtstag eingeladen und die Musikschule konnte ich auch nicht ausfallen lassen."
„Das wusstest du vorher", protestiert der Vater energisch. Verena gelobt Besserung. Sie will sich wieder mehr um ihren Hansi kümmern.
Aber sie hält ihr Versprechen nicht und so muss das kleine Vögelchen oft hungern und dürsten. Es sitzt traurig auf seiner Stange. Verena dagegen ist dauernd unterwegs, unternimmt viel, ist glücklich und vergnügt. Böse wird sie nur, als sie bemerkt, dass die Mutter ihr Zimmer vernachlässigt. Seit Tagen ist nicht mehr gesaugt worden, auf den Bücherregalen liegt Staub und Verenas saubere Wäsche wird knapp.
„Mutti", ruft sie ärgerlich, „ich habe kein reines T-Shirt mehr."
„Entschuldigung", sagt die Mutter, „ich habe vergessen, deine Wäsche zu waschen. Aber morgen ist bestimmt alles fertig."
Aber als Verena am nächsten Tag von der Schule nach Hause kommt, ist die Wäsche wieder nicht gewaschen; schlimmer noch, es gibt auch kein Mittagessen.
„Du musst entschuldigen", sagt die Mutter, „aber die Nachbarin hat mich so lange aufgehalten. Sie hatte so viel zu erzählen."
„Was schert mich die Nachbarin", schreit Verena wütend, „ich habe Hunger!"
„Du kannst wenigstens schreien", sagt die Mutter, „andere können trotz ihrer Not nur singen."

Inhalt

Verena wünscht sich ein Vögelchen. Dem Einwand der Eltern, dass ein Tier viel Arbeit bereitet, begegnet sie mit dem Versprechen, sich gut um ihren Wellensittich zu kümmern. Das aber hält sie nicht. Die Mutter lässt sie am eigenen Leib spüren, was das bedeutet.

Biblische Bezüge
Spr 19,17 Wer Erbarmen hat mit dem Elenden, leiht dem Herrn; er wird ihm seine Wohltat vergelten.
1 Tim 6,20 Timotheus, bewahre, was dir anvertraut ist. Halte dich fern von dem gottlosen Geschwätz.

Gesprächsanregungen
Die Tierliebe vieler Kinder ist groß. Aber es sollte ihnen auch klar sein, dass sie mit der Anschaffung eines Tieres Verantwortung übernehmen müssen. Denn ein Tier braucht Hege und Pflege, viele sogar einen entsprechenden Auslauf. Dies geben auch Verenas Eltern zu bedenken. Doch begegnet die Tochter den skeptischen Argumenten mit der Zusage, sich um alles zu kümmern. Dass dennoch die guten Vorsätze später vergessen werden, ist bedauerlich. Nur konsequent handelt darum der Mutter. Denn wie der Titel sagt, hat Verena etwas versprochen und hat sich hoffentlich nicht versprochen.

Themenkreise
Erziehung, Tierwelt, Verantwortung, Versprechen, Wünsche

Vorlesealter
ab 6 Jahre

39 Gast

„Das muss noch schneller gehen“, schreit Ulf, der älteste der drei Brüder, und die beiden jüngeren klettern gleich noch einmal die Bäume hinauf. Sie beeilen sich. „Schon besser!“, ruft Ulf, als sie den Wipfel erreichen. Chris und Carsten steigen mit Freudengeheul wieder hinab. Ihr Gebrüll hallt durch den Wald. „Wenn uns jemand angreift, müssen wir flink wie die Eichhörnchen die Bäume erklettern können. Jeder Handgriff muss sitzen. Ich mache es euch noch einmal vor“, sagt Ulf und schwingt sich auf den unteren Ast. So üben die drei. Unentwegt!
Plötzlich sagt Carsten, der jüngste: „Wir müssen heim. Wir wollen heute noch mit Vati zu Onkel Rainer.“

„Au“, sagt Ulf nach einem Blick auf die Uhr, „dann wird es aber Zeit.“ Dabei sieht er auch auf seine Hand. Ein Schrecken fährt ihm durch die Glieder. Auch die anderen betrachten sich jetzt genauer.
„Wie bekommen wir das wieder ab?“, fragt Carsten kleinlaut. Die älteren Brüder zucken mit den Schultern. An ihren Händen, Hemden und Hosen klebt Harz. Sie reiben und reiben, doch alles Mühen ist vergeblich. Auch das Wasser des kleinen Baches hilft nicht. Das Harz hängt an ihnen wie das Pech an der Marie. Ohne Scheuermittel lässt es sich nicht entfernen. Verdreckt wie kleine Wildschweine gehen sie nach Hause.
Der Vater wartet schon ungeduldig auf der Treppe. Er schlägt die Hände über dem Kopf zusammen, als er die drei sieht.
„Was habt ihr gemacht?“
„Wir haben gespielt!“
„Gespielt?“, fragt der Vater und schaut zornig auf seine Kinder. Die eilen ins Haus. Auch die Mutter ist fassungslos. Sie wirft die Hemden und Hosen in den Müll.
„Sie sind nicht mehr zu gebrauchen“, schimpft sie.
Fast eine halbe Stunde dauert es, bis die drei die Hände leidlich gesäubert haben. Viel zu spät fahren sie zum Onkel. Im Auto herrscht frostiges Schweigen. Bevor sie aussteigen, sagt Vater: „Wenn man irgendwo zu Besuch ist, benimmt man sich anständig. Man lärmt nicht, stört den andren nicht, vor allem klettert man nicht über Tische und Bänke.“
„Das wissen wir doch!“, antwortet Chris.
„Ich glaube nicht“, widerspricht der Vater.
„Wir haben uns immer benommen“, protestiert Ulf.
„Auch heute im Haus der Tiere?“

Inhalt

Drei Brüder haben sich im Wald wie Wilde benommen. Der Vater meint, sie hätten sich nicht wie Gäste verhalten. Sie waren nämlich zu Besuch im Haus der Tiere.

Biblische Bezüge
Ps 50,10-11 Denn mir gehört alles Getier des Waldes, das Wild auf den Bergen zu Tausenden.
Ich kenne alle Vögel des Himmels, was sich regt auf dem Feld, ist mein eigen.
Ps 95,4-5 In seiner Hand sind die Tiefen der Erde, sein sind die Gipfel der Berge.
Sein ist das Meer, das er gemacht hat, das trockene Land, das seine Hände gebildet.
Mi 6,8 Es ist dir gesagt worden, Mensch, was gut ist und was der Herr von dir erwartet.

Gesprächsanregungen
Ludwig van Beethoven schreibt in einem Brief: Es ist, als ob jeder Baum auf dem Lande zu mir spräche: Heilig, heilig!
Von dieser Auffassung sind die drei Jungen noch meilenweit entfernt. Für sie sind die Bäume nichts anderes als Tummelplätze für ihre Indianerspiele. Dass die Bäume wichtige Wohnräume für die Tiere und Grundvoraussetzung für das Leben auf diesem Planeten sind, müssen sie erst noch lernen.

Themenkreise
Natur, Schöpfung, Umweltschutz

Vorlesealter
ab 6 Jahre

40 Man kann das nicht verstehen

„Manchmal versteht man die Menschen nicht“, meint Mutter und zeigt auf die Dose, die unter der Rotbuche liegt. Gleich daneben hängt im Farnkraut eine leere Plastiktüte. „Geh und hol den Unrat dort weg!“, bittet die Mutter und ihr Sohn rennt los und sammelt den Abfall ein. Mutter und Tochter setzen sich auf eine kleine Bank. Hier verweilen sie gern. Von dieser Höhe haben sie einen herrlichen Blick über die ganze Stadt. Selbst das Haus, in dem sie wohnen, können sie sehen. Dort leben sie in

einer kleinen Mietwohnung. Darum gehen sie oft in den nahen Wald und machen Picknick. Mutter hat für die Kinder immer kalte Getränke dabei, für sich eine Thermoskanne Kaffee und für jeden ein Stück Kuchen. Selbstverständlich nehmen sie ihren Abfall wieder mit.
„Der Wald ist doch keine Müllhalde", sagt Regina.
„Wie alt ist unsere Erde?", fragt Marcel.
„Es gibt sie schon Milliarden Jahre."
„So alt!"
„Sie ist noch jung, unsere Erde", erklärt die Mutter, „sie kann noch lange leben, wenn wir sie schonen. Erinnere dich an deinen Freund Ringo. Du hast mir selbst erzählt, dass er sein Rad nach drei Jahren wegwerfen musste, weil er es nie gepflegt hat. Und deins ist genau so alt und sieht aus, als hätten wir es gerade gekauft. So ist es auch mit unserer Erde. Wenn wir sie schonen, dann können noch viele Generationen auf ihr leben und die Erde würde sie ernähren."
„Jetzt habe ich Hunger", meint Marcel. Die Mutter verteilt das Essen. Sie schenkt sich Kaffee ein. Den Kindern gibt sie Saft. Sie lassen es sich schmecken.
Auch ihr kleiner Besucher trinkt. An dem Rand einer Pfütze hat sich nämlich ein Rotkehlchen niedergelassen. „Und jetzt setzt es sich auf einen Stein und sonnt sich, fast wie wir Menschen", staunt Regina. Ganz ohne Scheu hockt das kleine Tierchen dort. Erst als die Mutter und die Kinder ihre Becher im Korb verstauen, fliegt es fort.
„Kürzen wir auf dem Heimweg wieder ab?", fragt Regina.
„Klar", ruft Marcel, „wir gehen wieder durch die Schonung."

Inhalt

Eine Mutter macht mit ihren beiden Kindern Picknick im Wald. Die drei ärgern sich über den Unrat, der hier herumliegt. Sie selbst nehmen ihren Abfall immer wieder mit. Doch auf dem Heimweg gehen die Kinder mit der Natur achtlos um.

Biblische Bezüge
Mt 7,3 Warum siehst du den Splitter im Auge deines Bruders, aber den Balken in deinem Auge bemerkst du nicht?
Lk 18,13 Der Zöllner aber blieb ganz hinten stehen und wagte nicht einmal, seine Augen zum Himmel zu erheben, sondern schlug sich an die Brust und betete: Gott, sei mir Sünder gnädig!

Gesprächsanregungen
Die Familie erkennt zurecht, dass es Menschen gibt, die sich in der Natur nicht korrekt benehmen. Die Kinder verhalten sich aber auf dem Rückweg auch gedankenlos gegenüber den jungen Pflanzen. Welchen Weg die Mutter wählt, bleibt offen. Es ist zu hoffen, den richtigen. Trotzdem wäre es notwendig, dass sie eingreift. Marcel sagt: „Wir gehen wieder durch die Schonung." Es ist also schon öfter vorgekommen und von der Mutter nicht unterbunden worden. Leider sehen wir die Fehler anderer besser und kritischer als die eigenen.

Themenkreise
Erziehung, Natur, Schöpfung, Umweltschutz

Vorlesealter
ab 6 Jahre

41 Der Wald weint

„Du musst mehr Schwung nehmen!", schreit Ingo und Karsten saust mit seinem Mountainbike durch die Mulde. Den gegenüberliegenden Steilhang schafft er so eben. Er lacht.
„Jetzt ich!", ruft Ingo und tritt in die Pedalen. Auch er fährt durch die Mulde.
„Und jetzt keiner mehr", sagt plötzlich eine Männerstimme. In ihrem Eifer haben beide gar nicht bemerkt, dass sich ihnen jemand genähert hat.
Ingo und Karsten drehen sich um. Vor ihnen steht der Förster. Ingo denkt an Flucht.

„Bleibt stehen!“, sagt der Förster und fasst an die Lenkräder. „Seht, was ihr angerichtet habt!“
Ingo und Karsten schauen auf die tiefen Spuren, die ihre vielen Versuche in dem Waldboden hinterlassen haben.
„Der Schaden, den ihr an diesem Nachmittag der Natur zugefügt habt, wird noch nach Jahren zu sehen sein. Die Wunden des Waldes heilen nur sehr langsam“, erklärt der Förster.
Die beiden Jungen sehen erst jetzt die umgeknickten Pflanzen, die abgebrochenen Äste und den zerfurchten Boden.
„Schiebt eure Räder, bis ihr den Weg erreicht habt!“, verlangt der Förster. Bevor er die Lenker loslässt, schaut er die Jungen noch einmal ernst an.
Dann sagt er ihnen: „Es gibt Menschen, die tragen Schuhe, deren Spitzen nach oben zeigen. Das machen sie, um beim Gehen die Mutter Erde nicht zu verletzen.“

Inhalt

Ingo und Karsten rasen mit ihren Mountainbikes durch den Wald, auf der einen Seite den Hang hinunter, auf der anderen wieder hinauf. Der Schaden, den sie dem Wald zufügen, ist groß.

Biblische Bezüge

Gen 1,1 Im Anfang schuf Gott Himmel und Erde.
Gen 1,11 Dann sprach Gott: Das Land lasse junges Grün wachsen, alle Arten von Pflanzen, die Samen tragen, und von Bäumen, die auf der Erde Früchte bringen mit ihrem Samen darin.
Weish 11,26-12,1 Du schonst alles, weil es dein Eigentum ist, Herr, du Freund des Lebens.
Denn in allem ist dein unvergänglicher Geist.
1 Kor 3,9 Denn wir sind Gottes Mitarbeiter.

Gesprächsanregungen

Der Förster verurteilt das Treiben der beiden Jungen und rät ihnen, sich an den Menschen ein Beispiel zu nehmen, die behutsamer mit der Mutter Erde umgehen. Das ist ein guter Rat, denn die Erde hat kein dickes Fell. Das werden wir alle noch zu spüren bekommen. Und dazu braucht man nicht einmal ein Prophet zu sein. Darum ist jeder Beitrag, auch der kleinste, der dem Schutz der Umwelt dient, wichtig.

Albert Schweitzer würde den beiden Jungen sagen: Naturfreund ist derjenige, der sich mit allem, was in der Natur lebt, innerlich verbunden weiß, an dem Schicksal der Geschöpfe teilnimmt, ihnen so viel er kann, aus Leid und Not hilft und es nach Möglichkeit vermeidet, Leben zu schädigen oder zu vernichten.

Themenkreise
Natur, Schöpfung, Umweltschutz

Vorlesealter
ab 6 Jahre

42 Eine Welt für alle

„Der Platz ist schön", sagt Svenja und zeigt auf eine kleine Wiese zwischen schlanken Birken.
„Dort haben wir auch viel Schatten", meint Iris.
„Gut", entscheidet die Mutter, „den nehmen wir."
Der Aufbau geht rasch. Alle Handgriffe sind eingespielt. Vater koppelt den Wohnwagen ab. Mutter und Svenja helfen beim Zurechtrücken. Iris rennt mit der 50-m-Trommel zum Stromkasten. Sie braucht ein solch langes Kabel, denn hier auf den tschechischen Campingplätzen sind Stromanschlüsse rar. Als sie wiederkommt, werden schon die Stühle, die Liegen und der Tisch ausgeladen.
„Das ist wirklich ein herrliches Fleckchen Erde", sagt die Mutter, als sie Platz genommen hat und schaut auf den kleinen See. Das Wasser ist nicht klar, doch sauber. Auf der Oberfläche spiegelt sich der wolkige Himmel. Im Schilf schwimmen die Blesshühner mit ihren Jungen. Sumpfregenpfeifer flöten am Ufer, Libellen schwirren über das Wasser.
„Sucht ein wenig Holz", bittet der Vater und die Kinder eilen in den nahen Wald und sammeln eifrig. Die Holzscheite wollen sie nämlich am Abend verbrennen.

Als es dunkel wird, stellt der Vater in die Feuerstelle, die er zuvor ausgehoben hat, das Holz und zündet es an. Erst qualmt es ein wenig. Dann züngeln die Flammen. Die Kinder schauen in ihr Licht.
„Romantisch!“, sagt Iris und sieht zum See hinüber. Überall an seinem Ufer brennen kleine Feuer, um die Menschen sitzen und reden.
„Warum“, fragt Svenja, „ist es bei uns in Deutschland verboten, auf den Campingplätzen Feuer anzuzünden? Das ist doch so schön.“
„Aber es belastet auch ganz schön die Umwelt“, erklärt Vater. „Der Rasen wird zerstört, der Qualm belästigt den Nachbarn und der Rauch verschmutzt die Luft.“
„Hier nicht?“

Inhalt
Eine Familie macht Urlaub in Tschechien. Dort ist es erlaubt, auf dem Campingplatz Feuer anzuzünden. Ein Vater steckt Holz an, obwohl er weiß, dass dadurch die Umwelt belastet wird.

Biblische Bezüge
Ps 104,14 Du lässt Gras wachsen für das Vieh, auch Pflanzen für den Menschen, die er anbaut,
damit er Brot gewinnt von der Erde.
Sir 15,14 Er hat am Anfang den Menschen erschaffen und ihn der Macht der eigenen Entscheidung überlassen.
Sir 17,2 Gezählte Tage und eine bestimmte Zeit wies er ihnen zu und gab ihnen Macht über alles auf der Erde.

Gesprächsanregungen
Jugendliche, aber leider auch Erwachsene, nehmen verantwortungslose Handlungsweisen vor, wenn sie nicht unter Strafe stehen. Das Wissen um die Umweltbelastung durch die Lagerfeuer müsste den Vater eigentlich dazu bringen, auf das Anzünden des Holzes zu verzichten, auch wenn es die anderen machen. In der Vorpubertät wie Pubertät betrachten Kinder und Jugendliche ihre Eltern und Erzieher zunehmend kritischer. Der Vater versäumt es, seinen Kindern ein gutes Beispiel zu geben und umweltbewusst zu handeln. So muss er sich am Schluss die provozierende Frage seiner Tochter gefallen lassen.

Themenkreise
Familie, Gesetz, Gewissen, Natur, Rücksichtslosigkeit, Tourismus, Umweltschutz, Vorbild, Zerstörung

Vorlesealter
ab 8 Jahre

43 Sportsgeist

„Ich habe Hunger“, klagt der kleine Fisch.
„Der Fluss enthält kaum etwas Essbares“, antwortet die Mutter, „die Menschen haben ihn zu sehr verdreckt.“
„Da!“, schreit der kleine Fisch und stürzt sich auf einen dicken Wurm.
„Nein!“, warnt die Mutter. Doch der kleine Fisch hat schon zugeschnappt. Im selben Augenblick fühlt er einen stechenden Schmerz in seinem Oberkiefer. Ein spitzer Haken bohrt sich in sein Maul und sein Blut fließt in den Fluss. Der Haken zerrt den kleinen Fisch nach oben, dringt dabei immer tiefer in sein Fleisch. Die Schmerzen werden unerträglich. Der kleine Fisch schreit nach seiner Mutter. Doch der Haken lässt ihn nicht mehr los, zieht ihn aus dem Wasser. Kräftige Hände packen ihn, reißen den Widerhaken aus seinem Mund, so gefühllos, dass der kleine Fisch vor Schmerzen fast ohnmächtig wird. Dann wirft man ihn auf den Boden. Der kleine Fisch kämpft um sein Leben. Er windet seinen Körper, er schlägt mit dem Schwanz. Er schreit, weint und jammert. Doch mehr und mehr fehlt ihm das Wasser zum Leben. Sein Aufbäumen lässt nach. Er zappelt nur noch und wimmert. In seinem Todeskampf hört er jemanden sagen: „Schade, dass man die kleinen Dinger nicht essen kann.“
„Unwichtig“, antwortet ein anderer, „die meisten sind ohnehin zu bleihaltig. Wichtig bei diesem Sport ist, dass er die Nerven beruhigt.“

Inhalt
Ein Fisch beißt an einem Angelhaken an. Er wird aus dem Wasser gezogen und auf den Boden geworfen. Sein Todeskampf beginnt. Sein Mörder war ein Sportangler.

Biblische Bezüge
Ps 33,15 Der ihre Herzen gebildet hat, er achtet auf all ihre Taten.
Ps 64,6 Sie sind fest entschlossen zu bösem Tun, sie planen, Fallen zu stellen, und sagen: „Wer sieht uns schon?"
Ps 89,12 Dein ist der Himmel, dein auch die Erde; den Erdkreis und was ihn erfüllt, hast du gegründet.
Phil 2,5 Seid untereinander so gesinnt, wie es dem Leben in Christus Jesus entspricht.

Gesprächsanregungen
Dass der Mensch von den Tieren lebt, wird weithin akzeptiert. Wenn ein Tier aber nur getötet wird, um die Jagdlust des Menschen zu befriedigen, muss dies aufs Schärfste verurteilt werden. Dazu gehört auch jeder Missbrauch der Tierwelt, sei es beim Stierkampf, beim Hahnenkampf oder anderen grausamen, schöpfungsverachtenden „Sportarten".
Mitleid mit den armen Geschöpfen haben die beiden Angler nicht. Ihnen fehlt das Almosen des Herzens.

Themenkreise
Missbrauch, Schöpfung, Tierwelt

Vorlesealter
ab 6 Jahre

44 Nur geliehen!

Bert ist böse. Er ist wütend auf seine Mutter, weil sie ihm sein neues Auto weggenommen hat, nur weil er es im Sandkasten liegen ließ. Aber schließlich ist es sein Auto und er kann damit machen, was er will.
Bert hat aus Wut seinem Teddy ein Bein ausgerissen.
Da sitzt er nun neben dem Stoffkerl und zürnt.

„Ist das dein Teddy?", fragt ein alter Mann, der plötzlich hinter dem Jungen steht. Bert nickt.
„Das ist nicht gut, was du gemacht hast", tadelt der Mann den Schmollenden, „denn der Teddy gehört dir nicht."
„Das ist meiner und ich kann damit machen, was ich will", trotzt Bert und reißt einigen Gänseblümchen die Köpfe ab.
„Auch die Pflanzen gehören uns nicht", mahnt der Mann, „weder die Pflanzen noch die Dinge, alles ist uns nur geliehen."
Bert sieht den Mann mit großen Augen an. Er versteht ihn nicht.
„Weißt du", sagt der alte Mann, als er seinen Weg fortsetzt, „auch die Zeit ist dir nur geliehen, auch die, die du jetzt im Zorn vertust. Vor allem diese Zeit!"

Inhalt
Bert fühlt sich von seiner Mutter ungerecht behandelt. Darum ist er bockig und voller Zerstörungswut. Ein alter Mann mahnt das Kind, mit den Dingen dieser Welt sorgfältig umzugehen.

Biblische Bezüge
Ps 24,1 Dem Herrn gehört die Erde und was sie erfüllt, der Erdkreis und seine Bewohner.
Hebr 4,13 Vor ihm bleibt kein Geschöpf verborgen, sondern alles liegt nackt und bloß vor den Augen dessen, dem wir Rechenschaft schulden.

Gesprächsanregungen
Die Erde ist uns Menschen vom Schöpfer anvertraut worden. Ihm gegenüber werden wir uns auch einmal für alles verantworten müssen. Dazu gehört auch die Zeit. Ein schwieriger Gedanke für Kinder, die davon so unendlich viel zu haben scheinen.
Benjamin Franklin stellt aber zu Recht fest: Ist die Zeit das Kostbarste unter allem, so ist die Zeitverschwendung die allergrößte Verschwendung.

Themenkreise
Besitz, Familie, Schöpfung, Zeit

Vorlesealter
ab 9 Jahre

45 Leihgabe

Der Morgentau hängt noch in den Gräsern, als Cha aus seiner Bambushütte kriecht und zum Fluss schlendert, der wenige Fuß entfernt vorbeifließt. Der Fluss gibt ihm Wasser. Die Wiese schenkt ihm ein paar Blumen, die Cha in eine Tonvase stellt. Den kleinen Strauß bringt er zu dem selbstgefertigten Holztisch, auf dem Blätter einer Fächerpalme als Tischdecke dienen. Mit schlurfenden Schritten begibt Cha sich zu seiner Ziege, krault liebevoll ihren Hals, bevor er sie melkt. Die Hühner begrüßen ihn gackernd, als er die Eier einsammelt. Aus seiner Hütte holt er einen Laib Brot, den er tags zuvor in seinem Lehmofen gebacken hat. Er trinkt die lauwarme Milch, als die Eier in der Pfanne über dem Holzkohlenfeuer brutzeln.

„Sawadee khrap", grüßt plötzlich eine dunkle Stimme und ein Fremder tritt hinter der alten Hütte hervor. Cha erwidert den Gruß. Unaufgefordert setzt sich der Fremde zu ihm. Cha reicht ihm ein Stück Brot und eine Schale Milch. Der Fremde bedankt sich mit einem Kopfnicken. Während er isst und trinkt, betrachtet er die magere Ziege, das mausernde Federvieh, die verfallene Hütte, die trockene Wiese und das lehmige Gemüsefeld.

„Das Gemüse wächst nicht gut in diesem Jahr", sagt er und zeigt auf das Feld, das am Ende der Wiese angelegt ist.

„Nicht gut", murmelt Cha und deutet auf die Gurken, die halb vertrocknet sind.

„Und zu klein ist Ihr Anwesen", überlegt der Fremde, „um Trockenheit und Dürre wettzumachen."

„Mir reicht es zum Leben", antwortet Cha. „Ich bin froh, dass dieses Zipfelchen Ödland jenseits des Waldes von niemandem beachtet wird. Ich habe einen Fleck Erde gefunden, auf dem ich leben darf."

„Der Ihnen aber nicht gehört", meint der Fremde, „sondern dem Fürsten, der Herr über das ganze Land in dieser Gegend ist."

„Dann ist es eben geliehen", erwidert Cha gleichgültig.

„Armer Mann", murmelt der Fremde, „dem nichts auf der Welt gehört. Nicht das Haus, das er bewohnt, nicht der Boden, den er bearbeitet, nicht die Wiese, auf der seine Tiere weiden."
„Arm", erwidert Cha und dehnt das Wort, „arm bin ich nicht. Ich habe ein Haus, das mich wärmt, und Beete und Tiere, die mich nähren. Satt werde ich jeden Tag."
Er schweigt, schlürft zufrieden seine Milch. Nachdenklich reibt er sich die Augen, in denen sich die Morgensonne spiegelt.
„Ich bin so reich wie der Fürst, auch er kann sich jeden Tag nicht mehr als satt essen."
Da lacht der Fremde: „Sie vergessen, der Fürst hat Ländereien und Schlösser, Pferde und Elefanten, Gold und Edelsteine."
„Sie sind auch nur geliehen", antwortet Cha und begibt sich an seine Arbeit.

Inhalt
Chas Anwesen ist klein, aber es ernährt ihn. Ein Fremder bedauert Cha, als er feststellt, dass nicht einmal dieses armselige Fleckchen Erde dessen Besitz ist.

Biblische Bezüge
Mk 10,21 Da sah ihn Jesus an und weil er ihn liebte, sagte er: Eines fehlt dir noch: Geh, verkaufe, was du hast, gib das Geld den Armen und du wirst einen bleibenden Schatz im Himmel haben; dann komm und folge mir nach!
Lk 12,16-21 Auf den Feldern eines reichen Mannes stand eine gute Ernte. Da überlegte er hin und her: Was soll ich tun? Ich weiß nicht, wo ich meine Ernte unterbringen soll. Schließlich sagte er: So will ich es machen: Ich werde meine Scheunen abreißen und größere bauen; dort werde ich mein ganzes Getreide und meine Vorräte unterbringen. Dann kann ich zu mir selber sagen: Nun hast du einen großen Vorrat, der für viele Jahre reicht. Ruh dich aus, iss und trink und freu dich des Lebens! Da sprach Gott zu ihm: Du Narr! Noch in dieser Nacht wird man dein Leben von dir zurückfordern. Wem wird dann all das gehören, was du angehäuft hast? So geht es jedem, der nur für sich selbst Schätze sammelt, aber vor Gott nicht reich ist.

Gesprächsanregungen
Cha strahlt Zufriedenheit aus, da er mit dem, was er hat, auskommt. Sein Denken kreist nicht um irdischen Besitz; er weiß, dass dieser nur Leihgabe ist. Yehudi Menuhins Worte sollten wir stets berücksichtigen: Wir sind nicht der

Eigentümer unseres Körpers, unseres Lebens, unserer Kinder, unseres Besitzes, unseres Landes, der Luft, des Wassers, der Erde - wir sind nur deren bevorrechtigte Treuhänder.

Themenkreise
Armut, Besitz, Reichtum, Weltreligionen, Zufriedenheit

Vorlesealter
ab 8 Jahre

46 Das Fahrrad

Welche Freude, welch riesengroße Freude! Da steht er nun, Tobias' Traum. Alle anderen Geschenke interessieren das Geburtstagskind wenig. Tobias hat nur Augen für das Rennrad, das er sich so sehr wünschte. Ein Rennrad mit einundzwanzig Gängen!
„Komm", sagt der Vater, „wir probieren es aus." Der Geburtstagskuchen muss warten. Vater und Sohn radeln am See entlang, Tobias ist überglücklich. Das war vor einem Jahr.
Aber mit der Zeit ändert sich vieles. „Renni", so nannte Tobias damals liebevoll sein Geburtstagsgeschenk, liegt häufig verlassen auf der Straße, lehnt vergessen an irgendeiner Hauswand oder steht verschmutzt auf dem Schulhof.
Am Freitagmorgen geschieht Unerwartetes: Tobias fährt wie immer mit seinem Fahrrad zur Schule. Die Pedale, der Sattel und der Gepäckträger quietschen, so laut, dass die Passanten entsetzt stehen bleiben, sich die Ohren zuhalten oder fassungslos die Köpfe schütteln. Tobias aber sitzt auf seinem Rad, lacht und pfeift, die Hände hinter seinem Kopf gekreuzt. Es freut ihn, dass sich alle über ihn ärgern.
Doch dann beginnt das Unheil für ihn. Tobias biegt in die Luisenstraße. Sie ist sehr abschüssig. Er zieht die Bremsen. Sie fas-

sen nicht. Weder die Vorder- noch die Hinterradbremse. Noch nie sind sie nachgestellt worden. Das Rad wird schneller und schneller. Der Schrecken fährt in Tobias tiefer und tiefer. Er sucht einen Ausweg. Er sieht einen, keinen guten. Ein Misthaufen, ein großer Misthaufen liegt am Straßenrand. Gartenarbeiter haben ihn tags zuvor dort abgeladen. Tobias steuert ihn an, saust hinein, hebt ab, fliegt im hohen Bogen wie ein Unglücksrabe über das Lenkrad - mitten hinein in den feuchten Dreck. Ein paar Meter rutscht er noch bäuchlings. Dann liegt er still da. Regungslos wie fassungslos!
Nach einiger Zeit rappelt er sich wutschnaubend auf und reibt sich den Schmutz aus den Augen. Was er sieht, ist höchst unerfreulich. Von oben bis unten ist er mit Gartenmist und Erde beschmiert. Die Hose ist zerrissen, das Rad verbogen. So verbogen, dass er es tragen muss, ob er will oder nicht.
Auf Händen muss er es nach Hause tragen!

Inhalt
Tobias' sehnlichster Wunsch nach einem Rennrad erfüllt sich an seinem Geburtstag. Ein Jahr später liegt das Traumrad ungeputzt und ungeliebt überall herum. Die mangelnde Pflege hat für den Jungen schlimme Folgen.

Biblische Bezüge
Ps 28,4-5 Vergilt ihnen, wie es ihrem Treiben entspricht und ihren bösen Taten. Vergilt ihnen, wie es das Werk ihrer Hände verdient. Wende ihr Tun auf sie selbst zurück! Denn sie achten nicht auf das Walten des Herrn und auf das Werk seiner Hände.
Jer 21,14 Ich zahle euch heim, wie es eure Taten verdienen.

Gesprächsanregungen
Alle Dinge bedürfen der Pflege und des sachgerechten Umganges. Geschieht dies nicht, kann es zu fatalen Folgen kommen. So versagen an Tobias' Rad die Bremsen im entscheidenden Augenblick und dies hat für den Jungen höchst lehrreiche Auswirkungen - hoffentlich. In einer Wegwerfgesellschaft ist die Pflege der Gegenstände nicht sehr gefragt. Doch Tobias' Beispiel zeigt, sie ist nicht Selbstzweck, sondern dient oft dem Schutz des eigenen Wohls. Das Versagen der Bremsen hätte auch viel schlimmer ausgehen können.

Themenkreise
Besitz, Leichtsinn, Verantwortung, Wertschätzung, Zerstörung

Vorlesealter
ab 6 Jahre

47 Großstadtkind

„Vitamine sind lebenswichtig für unseren Körper. Sie erhalten unsere Gesundheit. Weil sie vom Körper nicht selbst gebildet werden, müssen wir sie mit der Nahrung aufnehmen", erklärt Herr Berg seinen Schülern.
Dann setzt er noch hinzu: „Fleisch, Milch, Obst, aber ganz besonders Gemüse enthalten viele Vitamine. Darum wollen wir eine Collage erstellen, die uns die wichtigsten Arten vor Augen hält. Jeder von euch malt eine Gemüsesorte. Wenn er fertig ist, schneidet er sein Bild aus und klebt es auf diesen Bogen."
Bei diesem Satz hebt Herr Berg Tonpapier in die Höhe. Die Schüler stimmen begeistert zu. Jeder holt sein Malzeug aus der Ablage und beginnt mit seiner Arbeit.
Nach einiger Zeit tragen sie ihre kleinen Kunstwerke zum Pult, um sie aufzukleben. Schöne Bilder sind entstanden, die Rosen-, Grün-, Blumenkohl zeigen, aber auch dicke Tomaten und reife Gurken sind dabei, selbst ein Bund Radieschen und ein Bündel Möhren werden abgegeben. Als Torben aber eine viereckige Schachtel auf das Papier kleben will, hält Lehrer Berg ihn am Arm fest. „Wir wollten doch Gemüsesorten hier aufkleben", sagt er vorwurfsvoll, „und was bringst du an?"
„Gemüse!"
„Gemüse?", lacht Herr Berg. „Was für ein Gemüse soll das denn sein?"
„Das wissen Sie nicht?", wundert sich das Kind.
„Nein!"

„Sie haben es bestimmt auch schon gegessen. Meine Mutter kocht es oft!“, erklärt Torben.
„Nun sag schon, was ist es?“, will der Lehrer wissen.
„Na, Spinat!“

Inhalt
Nach einem Unterrichtsgespräch über die Bedeutung der Vitamine für den menschlichen Körper lässt Lehrer Berg verschiedene Gemüsesorten malen. Ein Schüler zeichnet einen viereckigen Kasten. Er erklärt dem Lehrer, dass er Spinat gemalt habe.

Biblische Bezüge
Koh 1,8 Alle Dinge sind rastlos tätig, kein Mensch kann alles ausdrücken, nie wird ein Auge satt, wenn es beobachtet, nie wird ein Ohr vom Hören voll.
Koh 8,16-17 Als ich mir vorgenommen hatte zu erkennen, was Wissen wirklich ist und zu beobachten, welches Geschäft eigentlich auf der Erde getätigt wird, da sah ich ein, dass der Mensch, selbst wenn er seinen Augen bei Tag und Nacht keinen Schlaf gönnt, das Tun Gottes in seiner Ganzheit nicht wiederfinden kann, das Tun, das unter der Sonne getan wurde. Deshalb strengt der Mensch, danach suchend, sich an und findet es doch nicht wieder. Selbst wenn der Gebildete behauptet, er erkenne - er kann es doch nicht wiederfinden.

Gesprächsanregungen
Dies hat sich in einer Bochumer Grundschule so ereignet und verdeutlicht eindrucksvoll, wie sehr manchem Großstadtkind natürliche Dinge fremd sind.
Richard Schirrmann, der Vater der Jugendherbergen, hat sein Engagement einmal so begründet: Ich will junge Menschen heraus aus den engen Schulstuben in die freie Natur führen. Sie sollen Land und Leute kennen lernen, die Natur lieben lernen, vor allem Freundschaft und Kameradschaft erfahren.
Vielleicht gewinnen diese Worte für unsere Fernsehkinder erneut an Aktualität. So pointiert ein Witz die geschilderte Situation so: Papa, Papa, ich habe eine Kuh gesehen, die war nicht lila.

Themenkreise
Erziehung, Natur, Verstädterung, Wirklichkeit

Vorlesealter
ab 8 Jahre

48 Nur ein Esel?

„Mensch, Mike, du musst dich besser einölen", sagt Elvira und reicht ihrem Freund die Sonnenmilch mit dem Schutzfaktor einundzwanzig. Dieser reibt sie noch einmal auf Brust, Bauch und Beine. Gegenseitig cremen sie sich den Rücken ein. Dann breiten beide ihre Handtücher auf dem feinen Sandstrand aus und legen sich in die Sonne, um sich zu bräunen. Rechts und links von ihnen ruhen weitere Urlauber. Sie alle genießen so ihre Freizeit.

Nur hundert Meter vom Strand entfernt, eng an einen Stamm gedrückt, so dass ihn nicht der kleinste Sonnenstrahl trifft, schlummert im kühlen Schatten eines Olivenbaumes - ein Esel.

Inhalt

Menschen liegen in der heißen Sonne am Strand. Tiere suchen schattige Plätzchen im Hain auf.

Biblische Bezüge

Ps 119,37 Wende meine Augen ab von eitlen Dingen; durch dein Wort belebe mich!

Spr 12,11 Wer nichtigen Dingen nachjagt, ist ohne Verstand.

Gesprächsanregungen

Die Eitelkeit ist oft größer als die Vernunft. Anders kann man das Verhalten von Mike und Elvira wie vieler anderer Touristen nicht erklären, die ihre Haut stundenlang der prallen Sonne aussetzen, obwohl alle Medien zu Beginn der Hauptreisezeit immer wieder vor den Gefahren des Sonnenbadens warnen.

Friedrich Nietzsche behauptet: Jedermann hat gerade so viel Eitelkeit, wie es ihm an Verstand fehlt.

Jean-Jacques Rousseau meint: Mit Ausnahme der Eitelkeit gibt es keine Torheit, von der man einen Menschen, der nicht ein vollkommener Narr ist, heilen könnte.

Jean Paul schreibt: Eitelkeit ist darum so schwer abzulegen, weil man sie, unter allen Lastern allein, den ganzen Tag genießen kann.

Themenkreise
Eitelkeit, Freizeit, Leichtsinn, Tourismus

Vorlesealter
ab 8 Jahre

49 Weit gereist

Sommerferien! Noch zwei Tage - dann ist es so weit. Die Kinder sprechen nur noch vom Verreisen. Murat will in seinen Heimatort in der Türkei fliegen, Tanja möchte die Großmutter im Schwarzwald besuchen, Gerdi wird mit ihren Eltern an die Ostsee fahren. Ob Grunewald oder Gardasee, Hamburg oder Hamminkeln, in alle Himmelsrichtungen wollen die Kinder der vierten Klasse aufbrechen.
Aber nicht alle! Einige können nicht verreisen. Christians Vater bekommt keinen Urlaub, Thomas' Vater hat gesagt: „Du hast ein neues Kinderzimmer bekommen, da können wir uns keine Reise mehr leisten.“ Thomas hat das auch eingesehen.
Und doch sollte er in diesen Sommerferien eine Reise machen, die größte seines Lebens.
Am vorletzten Schultag schreibt Lehrer Klein diesen Merksatz an die Tafel: „Mit Verstand erledigt man jede Sache und nie planlos.“
Mit dem langen Zeigestock tippt er auf die Anfangsbuchstaben und sagt zu seinen Schülern: „**M** it soll euch an Merkur erinnern, **V** erstand an Venus, **e** rledigt an Erde und die anderen Anfangsbuchstaben dieses Satzes an Mars, Jupiter, Saturn, Uranus, Neptun und Pluto. Mit dieser Eselsbrücke könnt ihr euch die Namen und Reihenfolge der Planeten unseres Sonnensystems einprägen.“
Herr Klein nimmt rote Kreide und malt eine große Kugel an die Tafel.

„Das ist die Sonne", sagt er, „sie sendet ihre Strahlen Tag und Nacht zur Erde. Zwar treffen uns nur ein paar, ein winziger Bruchteil von der unvorstellbaren Hitze, die sie in das All treibt, und doch genug, um uns Licht und Wärme zu schenken. Licht und Wärme bedeuten Leben. Würden aber alle Strahlen der Sonne auf unsere Erde fallen, wäre in wenigen Sekunden das Wasser der Meere verdunstet und das Eis der Pole geschmolzen."

Lehrer Klein umkreist seine Sonne mit dem Zeigestock und erklärt dann den Kindern: „Die Sonne leuchtet nicht nur - und das seit Milliarden Jahren -, sondern sie hält auch Millionen Himmelskörper gefangen: Kometen, Meteoriten, Planetoide, Monde und Planeten. Sie umkreisen diesen Riesenball auf gleich bleibenden Bahnen. Einer davon ist unsere Erde."

Thomas hört nicht, dass es zur Pause klingelt, so gespannt lauscht er. Sonst ist er immer der Erste, der von seinem Sitz aufspringt und auf den Schulhof stürmt.

An diesem Nachmittag zieht es Thomas in die Stadtbücherei. Auch das ist neu. Am liebsten klettert er in die Weinberge oder saust mit seinem Rennrad an der Mosel entlang. Heute aber hockt er in der Stadtbücherei und sucht nach Büchern und Bänden, die über das Sonnensystem berichten.

Die ersten Ferientage verbringt Thomas ausschließlich in der Wohnung. Nicht weil das Wetter so schlecht ist, nein, Thomas liest und liest. Mars und Jupiter, Venus und Merkur haben ihn in ihren Bann gezogen.

Sie haben ihn auch auf seine große Reise gelockt. Freitagnacht beginnt sie. Er sitzt in einem Raumschiff, in einem Superraumschiff, das schneller ist als alle, die die Kinder der vierten Klasse kennen. Thomas ist Kapitän und Steuermann zugleich. Er ist eben der einzige Passagier an Bord. Seine Reise beginnt beim Planeten Merkur, dem kleinsten, der der Sonne am nächsten steht. Thomas steuert zunächst an der Venus vorbei, die er kaum sieht, zu dicht ist die Wolkendecke, die sie umhüllt. Durch das kleine Fenster seines Raumschiffes erblickt er weit am Horizont einen Planeten, der wie ein blauer Diamant auf

schwarzem Samt liegt. Thomas ist ein erfahrener Astronaut. Er weiß, welcher Planet vor ihm liegt. Der schönste von allen! Die Erde! Thomas erspäht die großen Meere und hält dabei Kurs auf den roten Planeten Mars. Diesem kommt er so nah, dass er die weißen Polarkappen ohne Fernglas erkennen kann.
Die langen Gräben des Planeten fesseln ihn so sehr, dass er beinahe das Leuchten der Messinstrumente seines Raumschiffes übersehen hätte. Sie blinken. Gefahr ist im Anzug. Thomas fasst das Steuer fest an. Sein ganzes Können muss er aufbieten, um nicht zerschmettert zu werden. Viele kleine Steinbrocken und Planetoiden fliegen seinem Raumschiff entgegen. Nur in letzter Sekunde kann er ihnen oft erst ausweichen, so schnell sind sie. Thomas ist geschickt. Sicher steuert er sein Raumschiff.
So plötzlich wie die Gesteine gekommen sind, so plötzlich sind sie auch wieder verschwunden. Thomas wischt sich den Schweiß von der Stirn und stellt die Steuerung auf „Autopilot". Er lehnt sich zurück, eine Pause hat er sich verdient. Das Raumschiff gleitet durch die Dunkelheit. In weiter Ferne ortet Thomas den nächsten Planeten. Noch ist er klein und doch ist er ein Riese. Der größte von allen Planeten, Jupiter!
Thomas schaut auf seine Instrumente. Er sieht, dass er mit seinem Raumschiff schon zehn Mal weiter von der Sonne entfernt ist als seine Eltern auf der Erde, die hoffentlich gut schlafen. Thomas weiß, er ist noch lange nicht am Ende seiner Reise. Auf den merkwürdigsten Himmelskörper wird er als nächstes treffen: Saturn.
Zuerst erkennt Thomas nur die großen Ringe, die ihn umgeben. Sie versperren ihm auch die Sicht auf die Oberfläche. Beim Vorbeifliegen ist es ihm, als höre er ein dumpfes Doooooong. Weiter geht der Flug! Die entferntesten Planeten sind noch lange nicht erreicht. Uranus ist gut zu erkennen, er leuchtet in dieser Nacht besonders hell, so, als wolle er dem nächtlichen Reisenden den Weg weisen. Ein Blick auf das Thermometer, das die Außentemperaturen anzeigt, sagt Thomas, dass es bitterkalt geworden ist. Wäre sein Raumschiff nicht so gut geheizt, würde

er in Sekunden erfrieren. Trotzdem ist ihm kalt. Er zieht sich die Bettdecke fest über seine Ohren. So fest, dass er beinahe keine Luft mehr bekommen hätte. Darum strampelt er sich frei und wacht auf.

„Schade“, denkt er, „die Planeten am Rande unseres Sonnensystems habe ich nicht gesehen. Vielleicht besuche ich sie Samstagnacht.“

Inhalt

Angeregt durch den Unterricht, beschäftigt sich Thomas intensiv mit unserem Sonnensystem. In einer Nacht fliegt er im Traum mit einem kleinen Raumschiff an den Planeten vorbei.

Biblische Bezüge

Gen 1,1-2,4a Die Erschaffung der Welt

Ps 136,1-9 Danket dem Herrn, denn er ist gütig, denn seine Huld währt ewig! ..., der die großen Leuchten gemacht hat, ... die Sonne zur Herrschaft über den Tag, ... Mond und Sterne zur Herrschaft über die Nacht.

Jes 40,25-26 Mit wem wollt ihr mich vergleichen? Wem sollte ich ähnlich sein?, spricht der Heilige. Hebt eure Augen in die Höhe und seht: Wer hat die (Sterne) dort oben erschaffen?

Gesprächsanregungen

Obwohl unser Sonnensystem nur ein winziger Ausschnitt des gesamten Universums ist, lässt Thomas’ Flug die unvorstellbare Größe und Schönheit des Alls erahnen und Ehrfurcht vor dem Schöpfer aufkommen. Denn unser Sonnensystem ist nur eine winzige Insel in dem riesigen Sternsystem, zu dem es gehört: die Milchstraße. Sie enthält 200 Milliarden Fixsterne, Sonnen wie auch unsere eine ist, die auch wieder von Planeten umkreist werden. Aber auch die Milchstraße ist nur ein Körnchen im Universum. Es gibt einige Milliarden solcher Sternsysteme, Galaxien genannt. Jede Galaxie hat wieder Milliarden von Sonnen und diese haben wieder ihre Planeten ... Wie groß muss der Schöpfer sein!

Themenkreise

Schöpfung, Sonnensystem, Traum

Vorlesealter

ab 7 Jahre

Lebenswichtig: Liebe, Licht und Regenbogen

50 Lebenswichtig

Als der Häuptling Wanhu spürte, dass sein Geist sich anschickte, den letzten Weg anzutreten, der in das Reich Manitus führt, rief er seine drei Söhne zu sich und sagte zu ihnen: „Ich weiß, dass keiner euch an Mut und Tapferkeit gleichkommt. Aber auch keiner von euch den anderen in diesen Tugenden überbieten kann. Dennoch muss ich eine Entscheidung treffen. Nur einen kann ich zu meinem Nachfolger bestimmen. Ich muss ihn auswählen, so ist es seit eh und je Brauch." Nach einer Pause deutete er auf die drei Hütten, die am Fluss standen.
„Jeder fülle eine mit dem, was er für das Leben unseres Stammes am wichtigsten hält."
Nach diesen Worten entfernten sich die Söhne und jeder begab sich zu einer Hütte, um sie nach des Vaters Geheiß auszustatten.
Am Nachmittag suchte der alte Häuptling seine Söhne auf. Der Älteste öffnete die Tür und sagte: „Ich habe Bambus hineingetragen. Es ist die Pflanze, aus der wir unsere Wohnungen bauen. Für einen Stamm ist es sehr wichtig, dass er immer ein Zuhause hat." Der Vater lobte die Wahl des Ältesten.
„Ich", erklärte der Zweitgeborene, „habe Mais gesammelt. Es ist die Pflanze, aus der wir die meisten Speisen herstellen. Ich hoffe, dass unser Stamm nie Hunger leiden muss." Der Vater meinte, dass auch der Zweitgeborene klug gehandelt habe.

Dann ging der jüngste Sohn mit den anderen zu seiner Hütte. Sie war leer. Wenigstens konnten der Vater und die Brüder im Halbdunkel nichts erkennen. Man ahnte aber im Dämmerlicht ihre fragenden Gesichter. Langsam schritt der Jüngste zum Fenster und öffnete es. Das Licht der Sonne flutete herein und füllte die Hütte bis in den letzten Winkel.
Der alte Häuptling legte dem Jüngsten die Hand auf die Schulter und sagte: „Dich ernenne ich zu meinem Nachfolger."

Inhalt
Ein Häuptling spürt seinen nahen Tod. Traditionsgemäß muss er einen seiner drei Söhne zum Nachfolger bestimmen. Darum stellt er ihnen eine Aufgabe. Jeder soll eine Hütte mit dem anreichern, was er für das Leben des Stammes am wichtigsten hält. Der Älteste schafft Bambus hinein, die Pflanze, aus der sie ihre Hütten bauen; der Zweite hat Mais gesammelt, die Pflanze, die ihr Grundnahrungsmittel ist. Der Jüngste öffnet das Fenster und lässt das Sonnenlicht herein. Der alte Häuptling bestimmt ihn zu seinem Nachfolger.

Biblische Bezüge
Joh 1,4 In ihm war das Leben und das Leben war das Licht der Menschen.
Joh 8,12 Ich bin das Licht der Welt. Wer mir nachfolgt, wird nicht in der Finsternis umhergehen, sondern wird das Licht des Lebens haben.
Eph 5,9 Das Licht bringt lauter Güte, Gerechtigkeit und Wahrheit hervor.

Gesprächsanregungen
In den meisten alten Kulturen wurde die Sonne als Licht-, Wärme- und Lebensspenderin verehrt. Der jüngste Sohn geht damit an den Ursprung allen Lebens zurück. Ohne sie würden Bambus und Mais nicht wachsen. Licht ist aber auch Zeichen göttlicher Macht, Gott offenbart sich Mose im flammenden Dornbusch, Engel sind Wesen des Lichtes, Licht ist Sinnbild der Heiligkeit, das Entzünden des Lichtes ist ein Triumph über böse Mächte. Licht schafft Leben.

Themenkreise
Advent, Lebensweisheit, Licht, Weihnachten

Vorlesealter
ab 8 Jahre

51 Wasser!

Wasser bedeutet Leben. Zum Lebensinhalt wurde es für zwei Gefangene auf der Burg Waldeck. Man hatte den beiden die Freiheit versprochen, wenn es ihnen gelänge, im Burgverlies einen Brunnen auszuheben, der tatsächlich Wasser liefere.
Mehr als zehn Jahre gruben sich die Männer in den Schoß der Erde ein, wobei der eine im Schacht arbeitete, während der andere Lehm, Geröll und Steine nach oben beförderte. Weit über hundert Meter buddelten sie sich so in die Tiefe, bis sie fündig wurden. Zum Dank gewährte man ihnen die versprochene Freiheit, die ihnen jedoch kein Glück bringen sollte.
Der eine erblindete, als er nach so langer Zeit wieder ans grelle Tageslicht kam, der andere starb an Erschöpfung wenige Wochen nach seiner Freilassung. Seine letzten Worte sollen gewesen sein: „Wasser, Wasser!"
Einem weiteren Menschen sollte dieser Brunnen kein Glück bringen, ja zum Verhängnis werden. Dieser Mann nämlich erzählte dem Feind von der Existenz des Brunnens. Er verriet ein über Jahrzehnte gehütetes Geheimnis. Als Strafe sperrte man ihn in das Burggefängnis und gab ihm nur Speisen, die trocken waren.
Doch der menschliche Körper braucht Wasser. Um zu überleben, leckte der Gefangene den feuchten Fußboden ab oder steckte das Brot in die Ritzen der Wände, damit es sich voll Wasser sog.
Der Sage nach soll er so sieben Jahre überlebt haben, dabei lernte er das Wasser als Lebensspender schätzen.
Auch seine letzten Worte sollen gewesen sein: „Wasser, Wasser!"

Inhalt

Auf der Burg Waldeck sollten Menschen auf schmerzliche Weise die ungeheure Bedeutung des Wassers für unser Leben erfahren. Zum einen die beiden

Gefangenen, die in mehr als zehn Jahren den Brunnen aushoben, zum anderen derjenige, der die Existenz des Brunnens verriet. Ihn warf man in den Kerker und verköstigte ihn nur mit trockenen Speisen.

Biblische Bezüge

Sir 16,12 Sein Erbarmen ist so groß wie sein Strafen, jeden richtet er nach seinen Taten.

Sir 19,8 Rede weder über Freund noch Feind; wenn du einen Freund hast, enthülle nichts über ihn!

Sir 27,21 Eine Wunde lässt sich verbinden, ein Streit beilegen, doch wer ein Geheimnis verrät, hat keine Hoffnung.

Gesprächsanregungen

Wasser ist ein wertvolles Gut, denn es ist ein Nahrungsmittel. Zwar sind auf unserer Erde 1,38 Milliarden Kubikkilometer Wasser vorhanden, doch der weitaus größte Teil liegt als Salzwasser in den Meeren, nämlich 97,4%. Der Rest ist zwar Süßwasser, von dem aber vier Fünftel festgefroren im Eis der Pole, Meere und Gletscher lagern. Süßwasser, von dem unsere Existenz abhängt und das für die Trinkwassergewinnung in Frage kommt, macht nur 0,27% der Gesamtwassermenge aus. Das sind immerhin noch 3,6 Millionen Kubikmeter. Aber ein Fünftel des in den Gewässern gespeicherten Süßwasser enthält allein der 1600 Meter tiefe Baikalsee, das „Blaue Auge" Sibiriens. So gesehen ist lebenswichtiges Wasser knapp auf diesem Planeten.

Themenkreise

Freiheit, Leistung, Licht, Tod, Wasser

Vorlesealter

ab 8 Jahre

52 Der himmlische Vater ernährt sie

„Er hat die Länge von vier Omnibussen und das Gewicht von fast dreißig Elefanten oder einhundertundfünfzig Autos", erklärt Herr Neumann und die Schüler schauen staunend auf das Bild des Blauwals, das am Kartenständer hängt.

„Er ist damit das größte und schwerste Tier auf diesem Planeten, ein Riese des Meeres."
„Allein die Zunge hat das Gewicht eines Elefanten und das Herz könnte nur mit einem Lastwagen befördert werden", weiß Stephan zu berichten, dessen Lieblingsfach Biologie ist und der kaum eine Tiersendung versäumt, die das Fernsehen ausstrahlt. Stephan weiß auch, dass Wale keine Fische sind, sondern Säugetiere, sie werden nur fälschlich Walfisch genannt; sie sind also Warmblüter und atmen Luft ein. Wie bei allen anderen Säugetieren bringt auch das Walweibchen lebende Junge zur Welt. Diese sind Riesenbabys! Ein Junges ist schon bei der Geburt sieben Meter lang und acht Tonnen schwer.
Herr Neumann tippt auf das Bild und stellt fest: „Die Kraft der Wale ist enorm. Ein harpuniertes Blauwalweibchen hat einmal ein siebenundzwanzig Meter langes, stählernes, mit zwei Schrauben ausgerüstetes Fangboot acht Stunden mit sich gezogen. Dabei entwickelte es eine Geschwindigkeit von fünf Knoten, das sind neun Kilometer in der Stunde. Und das, obwohl in ihrem Körper eine Harpunengranate von einem Viertelzentner steckte."
Stephan hat in einer Zeitschrift gelesen, dass ein wütender Pottwal einmal die stählerne Seitenwand eines Fangbootes so eingedrückt hat, dass dieses innerhalb von drei Minuten gesunken ist.
„Was und wie viel braucht ein Körper, der über solche Kräfte verfügt?", fragt Martin. Stephan meldet sich.
„Das ist wirklich erstaunlich", meint er, „man kann sagen, das größte Tier der Welt lebt von den kleinsten Lebewesen des Meeres, den winzigen Krebsen und Schnecken. Sie verschlingt er mit seinem Maul, in dem zwanzig Menschen Platz nehmen könnten. Eine Mahlzeit ist sehr groß. Sie besteht aus zehn Hektolitern dieser Kleintiere."
„Wie viel sind zehn Hektoliter?", will Carina wissen. Nicole, das Rechen-Ass der Klasse, weiß die Antwort: „Ein Hektoliter sind einhundert Liter. Er braucht also für eine Mahlzeit tausend Liter oder anders ausgedrückt - vier gefüllte Badewannen."

„Wie viele volle Suppenteller ergeben das?", fragt Carina und alle lachen.
„Wenn man bedenkt, wie viele Blauwale es in den Meeren gibt, dann muss man sich wundern, dass alle satt werden", meint Martin.
„Ja, alle Wale werden satt", sagt Thomas, „alle Tiere des Meeres haben reichlich zu essen." Er sieht seine Klassenkameraden an und fragt nachdenklich: „Aber warum müssen auf der Erde denn so viele Menschen hungern und verhungern?"

Inhalt
Im Biologieunterricht sprechen die Schüler über den Riesen der Meere, den Blauwal. Bei dem Thema Nahrung stellt sich für einen Schüler die Frage, warum diese Tiere genug zu fressen finden und Menschen verhungern müssen.

Biblische Bezüge
Mk 6,35-44 Die Speisung der Fünftausend
Lk 6,21 Selig, die ihr jetzt hungert, denn ihr werdet satt werden. Selig, die ihr jetzt weint, denn ihr werdet lachen.
Lk 12,15 Denn der Sinn des Lebens besteht nicht darin, dass ein Mensch aufgrund seines großen Vermögens im Überfluss lebt.
1 Joh 3,17 Wenn jemand Vermögen hat und sein Herz vor dem Bruder verschließt, den er in Not sieht, wie kann die Gottesliebe in ihm bleiben?

Gesprächsanregungen
Es ist schon verwunderlich, dass die Tiere auf dieser Erde satt werden und viele Menschen nicht. Die Schlussbemerkung regt uns an, darüber nachzudenken, was bei der Verteilung der Güter falsch gemacht wird.
Denn Hunger ist nicht als Gott gewolltes Übel zu betrachten, sondern hat seine Wurzeln im menschlichen Versagen, im fehlenden Miteinander.
Hunger war und ist ein Dauerthema der Menschheit. Die nachstehenden Redensarten belegen dies:
Aus Großbritannien: Ein hungriger Mann, ein zorniger Mann.
Aus Italien: Hungriger Hund achtet des Stocks nicht.
Aus Kroatien: Der Bauch versteht keinen Spaß.
Aus Russland: Wer satt ist, wird nie einen Hungrigen verstehen.
Aus Deutschland: Hunger macht saure Bohnen süß.
Aus China: Besser, dass der Mensch auf den Reis wartet, als der Reis auf den Menschen.

Themenkreise
Dritte Welt, Gemeinschaft, Hunger, Miteinander, Nächstenliebe, Solidarität, Teilen

Vorlesealter
ab 9 Jahre

53 Eine Entdeckung der Steinzeit

Nümran hat Hunger. Seit drei Tagen wartet er auf seinen Vater, der mit den anderen Männern der Horde zur Jagd aufgebrochen ist. So lange sind sie noch nie ausgeblieben. Wenn sie nicht bald zurückkehren, werden alle verhungern. Nümran hat auch Angst, er fühlt, dass ein Unglück geschehen ist.
An diesem Abend legt er sich mit knurrendem Magen auf sein Lager und steht am nächsten Morgen noch hungriger auf.
Er geht hinunter zum Fluss, um sich zu waschen. Nach dem Bad bleibt er bei den großen Gräsern stehen. Oft hat er beobachtet, dass die Ziegen die Ähren fressen. Er pflückt ein paar Halme, zerreibt sie zwischen seinen Fingern, bis er Körner in den Händen hält. Die braunen Dinger steckt er in den Mund und kaut sie. Obwohl er sehr hungrig ist, spuckt er sie wieder aus, denn sie schmecken nicht.
„Was isst du da?“, fragt die Mutter. Sie greift ihrem Sohn an die Schulter und ermahnt ihn eindringlich: „Iss nur die Früchte, die ich dir gezeigt habe. Von den anderen kannst du krank werden.“ Nümran verkriecht sich hinter die Höhle. Er fürchtet, krank zu werden wie sein Bruder Namur. Der hat im vorigen Jahr rote Beeren gegessen und wäre beinahe gestorben. Wochenlang fieberte er.
Noch fühlt sich Nümran wohl. Nur sein Magen schmerzt vor Hunger, denn die Männer sind noch immer nicht heimgekommen.

Am nächsten Tag pflückt Nümran erneut die Früchte der großen Gräser und zerreibt sie wieder, bis er Körner in den Händen hält. Diesmal steckt er aber diese nicht in seinen Mund. Denn die harten Schalen kann er nicht zerbeißen, weil seine Zähne sehr klein und die vorderen ausgefallen sind. Darum sucht er sich zwei Steine, um die Körner zu zerreiben.

Aber was ist das? Die gelbbraunen Körner sehen nun weiß wie Schnee aus. Nümran steckt das Pulver in den Mund. Es schmeckt nicht, doch er isst es, weil er Hunger hat. Er zermahlt weitere Körner mit den Steinen. Stück für Stück sucht er die harten Hülsen heraus.

Am Abend versteckt Nümran sein Pulver in einer Steinmulde. Seine Mutter braucht nicht zu wissen, dass er wieder von den Körnern gegessen hat. Als er auf seinem Lager ruht, hört er den Regen prasseln und er denkt an seinen Vater, der noch immer nicht heimgekommen ist. Dazu vernimmt er das Weinen der Kinder, die hungern wie er.

Am nächsten Morgen weint auch er. Ein Unglück ist geschehen! Als er nämlich zu seinem Versteck kommt, um von seinem Pulver zu essen, ist es so nicht mehr da. Vor ihm liegt ein dicker unansehnlicher Klumpen. Das Regenwasser hat sich in der Steinmulde gesammelt und sein weißes Pulver quellen lassen. Wütend hebt Nümran den Klumpen hoch und will ihn ins Tal werfen. Doch da hat er eine Idee. Ihm fällt die Mutter ein, die nasse Dinge ans Feuer legt, damit sie trocknen. Vielleicht wird auch der Klumpen, wenn er trocknet, wieder zu Pulver zerfallen.

Darum trägt er ihn in die Höhle und legt ihn in die Nähe des Feuers. Aber der Klumpen wird nicht zu Pulver! Er zerfällt nicht, im Gegenteil, er wird fester und fester und bräunt in der Glut. Nümrans Enttäuschung ist groß. In seinen Händen hält er nun eine braune Kugel. Was soll er damit machen? Nümran hat Hunger. Er bricht ein Stück von der Kugel ab und kaut es vorsichtig. Es schmeckt.

„Es schmeckt!“, schreit er und die Frauen und Kinder eilen herbei.

„Was ist das?“, fragt die Mutter besorgt. Nümran zuckt mit den Schultern.
„Aber es schmeckt!“
Alle essen.

Inhalt
Nümran, ein Kind der Steinzeit, hat Hunger. Auf der Suche nach etwas Essbarem entdeckt er zufällig den Wert der Getreidekörner. Er backt - ohne es zu wissen - ein Brot.

Biblische Bezüge
Gen 3,19 Im Schweiße deines Angesichts sollst du dein Brot essen, bis du zurückkehrst zum Ackerboden; von ihm bist du ja genommen.
Mt 26,26 Während des Mahls nahm Jesus das Brot und sprach den Lobpreis; dann brach er das Brot, reichte es den Jüngern und sagte: Nehmt und esst; das ist mein Leib.
1 Kor 10,16-17 Ist das Brot, das wir brechen, nicht Teilhabe am Leib Christi? Ein Brot ist es. Darum sind wir viele ein Leib; denn wir alle haben teil an dem einen Brot.

Gesprächsanregungen
Nümran backt durch einen Zufall Brot und macht damit eine für die Menschheit wertvolle Entdeckung. Denn ohne Brot wären Hunger und Not in der Welt größer - heute wie damals.
Diese Entdeckung verändert auch die Menschheit nachhaltig. Der homo sapiens kommt zu einer neuen Lebensform, die sich auf der Landwirtschaft gründet. Die Jäger und Sammler werden zu Bauern und Handwerkern. Sie verlassen ihre Höhlen und bauen sich Zelte und Hütten. Das war auch notwendig, denn nach dem Ende der letzten Eiszeit vergrößerte sich die Anzahl der Menschen rasch, die bis dahin weltweit bei fünf Millionen lag. Zu der Landwirtschaft kam die Domestizierung nützlicher Tierarten als Lieferanten von Fleisch, Milch, Häuten oder Wolle.

Themenkreise
Fortschritt, Hunger, Nahrung

Vorlesealter
ab 6 Jahre

54 Weihnachtsbäckerei

Wenn sein Enkelkind Janina mit kleinen Backförmchen den Teig am Küchentisch aussticht, wenn der Geruch von Kokosmakronen und Nusstalern, Mandelschiffchen und Rumkugeln durch die Wohnung zieht, dann denkt Günther Waschinski gern an seine Kindheit zurück. An die Zeit, in der Menschen solche Köstlichkeiten nicht kannten. Schon gar nicht in dem kleinen masurischen Dorf, in dem er lebte. Und doch fragt er sich, ob die Enkelkinder mehr Glück empfinden als er damals, wenn er den vierten Adventssonntag erlebte.

Da zog stets der Geruch von frisch gebackenem Brot durch das Dorf. Schon am Samstag bereiteten die Frauen den Teig in einem großen Trog zu. Erst verrührten sie in Töpfen Quark, Öl, Salz und Milch. Dann schütteten sie dieses Gemisch in den Trog und gaben Mehl und Backpulver hinzu. Nun durfte geknetet werden. Alle Kinder konnten mitmachen. Das war ein Riesenspaß. Dabei wurde erzählt, gesungen und gelacht. Aber wenn Frau Jeger mit viel Fingerspitzengefühl ab und zu einen Schluck Wasser ins Mehl schüttete, wurde es leiser. Danach aber ging das Kneten und das Plappern weiter. Wenn der Teig nach Stunden von vielen kleinen und großen Händen ordentlich durchgewalkt war, wurde er samt Trog zum Kachelofen geschoben. Dort blieb er die ganze Nacht stehen.

Am Sonntagmorgen waren alle Dorfbewohner früh auf. Im Backhaus loderte bald ein mächtiges Feuer. Die Kinder schauten in die hellen Flammen, die Frauen genossen heißen Kaffee und die Männer wärmten sich mit einem selbst gebrannten Schnaps. Wieder wurde geschwatzt und gekichert. Überall standen die Dorfbewohner und warteten, bis das Feuer heruntergebrannt war. Während die Frauen den Teig zu Broten formten, nahmen die Männer die Glut aus dem Ofen und säuberten das Backhaus von der Asche. Dann erst wurde auf großen Schiebern der Teig in den noch heißen Ofen geschoben und die von den Steinen abstrahlende Wärme backte die Brote. Der Moment, auf den sich Günther immer am meisten freute, kam bald. Die Brote wurden aus dem Ofen gezogen, die Unterseite gesäubert und dann jeder Familie eins zugeteilt. An diesem Sonntag, dem vierten Adventssonntag, sollten sich alle einmal richtig satt essen.

Butter wurde auf das Brot gestrichen und eine Prise Salz dazugegeben. Günther aber streute sich stets heimlich ein bisschen Zucker darauf. An dieses Weihnachtsbrot denkt er, wenn seine Enkelkinder Plätzchen backen.

Inhalt

Wenn seine Enkelkinder Plätzchen backen, denkt Günther Waschinski an seine Kindheit zurück und erinnert sich gern an einen Brauch seiner masurischen Heimat. Am vierten Adventssonntag backten alle Bewohner gemeinsam Brot.

Biblische Bezüge

Ex 16,12 Am Abend werdet ihr Fleisch zu essen haben, am Morgen werdet ihr satt sein von Brot und ihr werdet erkennen, dass ich der Herr, euer Gott, bin.
Spr 27,7 Der Satte tritt Honig mit Füßen, doch dem Hungrigen schmeckt alles Bittere süß.
Mt 6,11 Gib uns heute das Brot, das wir brauchen.
1 Kor 10,16 Ist das Brot, das wir brechen, nicht Teilhabe am Leib Christi?

Gesprächsanregungen

Kindern, die in einer Überflussgesellschaft groß werden, fällt es schwer, sich Hunger und Not vorzustellen. Es wäre darum gut, wenn Menschen zu Wort kämen, die Hunger wirklich erlebt haben.
Phokylides sagt: Was dir die Gottheit gab, das teile mit dem, der in Not ist.
Paracelsus meint: Arzt ist, wer die Not wendet.
Fuller schreibt: Elend macht einen Menschen weise, wenn auch nicht reich.
Brentano glaubt: Neben der Not steht der Engel.

Themenkreise

Advent, Brauchtum, Nahrung, Not, Vergangenheit

Vorlesealter

ab 8 Jahre

55 Zwischenstopp

Der Boden ist sandig, steinig und ein wenig hügelig. Auf ihm sitzt Ahmed. Von Horizont zu Horizont sind kein Baum und keine Palme zu sehen. Ein Hut schützt Ahmeds Kopf vor den Sonnenstrahlen und seine Augen vor dem gleißenden Licht. Er döst, die Schafe, die er bewacht, bewegen sich nur träge. Sie knabbern an kleinen Flechtgewächsen und trockenen Büschen. Kein nahrhaftes Grün wächst hier am Rande der Wüste.
Ahmed schreckt auf. Ein Wagen stoppt. Touristen eilen herbei, fotografieren das merkwürdige Stillleben.
„Was", fragt einer der Feingekleideten, „fressen die Tiere überhaupt? Ich sehe kein Gras, keine Kräuter."
„Ich weiß nicht", antwortet Ahmed, „irgendetwas scheinen sie zu finden."
„Aber davon können sie doch nicht satt werden", sagt der Fremde.
„Bestimmt nicht", murmelt Ahmed, „aber je weniger man hat, desto bescheidener wird man."
„Und um so zufriedener ist man", denkt der Fremde, als er zum Auto eilt.

Inhalt

Am Rande der Wüste weidet Ahmed seine Schafe. Sie leben von trockenen Büschen und kleinen Flechtgewächsen. Ihr Leben ist karg.

Biblische Bezüge

Ps 17,14 Rette mich, Herr, mit deiner Hand vor diesen Leuten, vor denen, die im Leben schon alles haben.
Du füllst ihren Leib mit Gütern, auch ihre Söhne werden noch satt und hinterlassen den Enkeln, was übrigbleibt.
2 Kor 6,10 Wir sind arm und machen doch viele reich; wir haben nichts und haben doch alles.
Eph 4,22 Legt den alten Menschen ab, der in Verblendung und Begierde zu Grunde geht, ändert euer früheres Leben.

Gesprächsanregungen
In einer Gesellschaft, in der - Gott sei Dank - wirklicher Hunger nicht vorkommt, in der die Supermärkte prall gefüllt sind, ist die Not mancher Völker kaum vorstellbar. Und doch verhungern jährlich unzählige Menschen. Zudem werden in einer Gesellschaft, in der materielle Güter einen hohen Stellenwert haben, Besitz und Reichtum mit Glück und Zufriedenheit oft gleichgesetzt. Der Fremde hat dies in dieser Begegnung erfahren.
Phil Bosmans meint: Wollen wir überleben, dann müssen wir anders leben. Andere Werte wichtiger nehmen als Geld und Bequemlichkeit, einen neuen Lebensstil entwickeln. Wir werden erst brüderlich teilen, wenn wir brüderlich leben können.

Themenkreise
Armut, Bescheidenheit, Besitz, Zufriedenheit

Vorlesealter
ab 7 Jahre

56 Eine schwere Aufgabe

König Rama V. schaut vom Fenster seines Palastes in den Garten, in dem Lotosblumen und Orchideen, Lilien und Hibiskus blühen.
„Morgen", denkt er, „werden sich die Baumeister meines Landes versammeln, um einen neuen Tempel zu planen. Dieser soll prächtiger werden als alle anderen meines Reiches, schöner als die Blumen meines Gartens."
Als sich am nächsten Tag die Architekten und Baumeister, aber auch die Weisen und Gelehrten auf den Marmorbänken in der Empfangshalle niedergelassen haben, trägt der König sein Begehren vor.
„Ich wünsche mir", sagt er, „einen Tempel, schöner und größer als alle anderen meines Landes. Goldene Türme sollen ihn umgeben, bunte Mosaike die Wände zieren, Holzschnitzereien den Eintretenden begrüßen. Der Blick der Betenden aber soll auf

einem Gegenstand ruhen, der ihn an die Schöpferkraft Gottes, an die Vergänglichkeit des Menschen und die Mühsal des Lebens erinnert."

Die Männer versprechen, alles zur höchsten Zufriedenheit des Königs auszuführen und begeben sich an die Arbeit.

Nach Monaten eifrigen Planens beginnen sie mit dem Bau. Jeden Abend steht der König an seinem Fenster und beobachtet, wie die Tempelanlage wächst. Jedoch betritt er nicht ein einziges Mal den Rohbau. Erst den vollendeten Tempel in seiner ganzen Schönheit will er bewundern. Um so ungeduldiger wartet er auf den Tag der Fertigstellung.

Nach einem Jahr ist es so weit: Der König hält mit seinem gesamten Gefolge prunkvollen Einzug in der Tempelanlage. Er schreitet vorbei an goldenen Türmen, vorbei an mächtigen Skulpturen. Eine Tür aus Edelholz mit feinsten Schnitzarbeiten öffnet sich. Filigrane Mosaike zieren den Fußboden. Das Licht der Sonne fängt sich in Alabaster und Gold, Elfenbein und Perlmutt.

Plötzlich steht der König vor einer großen, schwarzen Grafitplatte. Nichts schmückt sie. Fassungslos starrt er auf den Stein, dann auf die Weisen und Gelehrten, die Baumeister und Architekten.

„Wo", fragt er mit bebender Stimme, „ist das Symbol für die Schöpferkraft Gottes, die Vergänglichkeit des Lebens, die Mühsal des Alltags?"

Die Männer schweigen. Der höchste Priester tritt vor und verneigt sich tief.

„Großer König", sagt er mit zitternder Stimme, „wir haben Tag und Nacht überlegt. Wir haben geplant und konstruiert und alles wieder verworfen. Keines unserer Werke erfüllte Eure Forderungen. Es ist unmöglich, einen Gegenstand zu finden, der diese drei Dinge gleichzeitig symbolisiert."

Der König blickt traurig auf den dunklen Stein, der in der Mitte des prächtigen Tempels liegt. Alle schweigen.

Da tritt ein Küchenjunge vor.

„Großer Herrscher", sagt er, „ich weiß Rat. Die Weisen und die

Gelehrten haben nach etwas Außergewöhnlichem gesucht, das Alltägliche aber übersehen."
Der König staunt, noch mehr die Anwesenden, die die Aufgabe nicht lösen konnten. „Bringe uns, woran du denkst", befiehlt der König.
Der Küchenjunge begibt sich in die hinterste Ecke des Tempels und holt eine große Kerze. Er stellt sie auf den schwarzen Stein und zündet den Docht an. Die Flamme flackert.
„Gott ist das Licht der Welt", sagt er, „daran erinnert der Schein der Kerze. Licht schafft das Leben und doch wird jede Kerze wieder verlöschen, vergehen wie jedes Leben."
„Gut", sagen die Weisen, „was aber erinnert an die Mühsal des Lebens?"
Der Küchenjunge schweigt lange und schaut dabei auf die Kerze. Ein Wachstropfen läuft herab. Er gleicht einer Träne.

Inhalt
König Rama V. lässt eine neue Tempelanlage bauen. Der Blick der Betenden soll auf einem Gegenstand ruhen, der an die Schöpferkraft Gottes, an die Vergänglichkeit des Menschen und an die Mühsal des Lebens erinnert. Die Bauherren und die Gelehrten lösen diese Aufgabe nicht. Ein Küchenjunge weiß Rat. Er stellt an besagte Stelle eine einfache Kerze.

Biblische Bezüge
Ps 36,10 Denn bei dir ist die Quelle des Lebens, in deinem Licht schauen wir das Licht.
Ps 112,4 Den Redlichen erstrahlt im Finstern ein Licht.
Joh 1,5 Und das Licht leuchtet in der Finsternis und die Finsternis hat es nicht erfasst.

Gesprächsanregungen
Der Küchenjunge stellt Licht in den Blickpunkt, denn Licht ist das erste Schöpfungswerk Gottes und erinnert darum an die Schöpferkraft Gottes. Nur im Licht ist Leben möglich. In den prophetischen Botschaften gehört das Licht zum Heil wie die Finsternis zum Unheil. Auch im NT ist der Kampf zwischen Licht und Finsternis wichtig. „Gott ist Licht" (1 Joh 1,5), Christus ist das „wahre Licht" (1 Joh 1,8f) und die an Christus glauben sind „Kinder des Lichts" (Eph 5,8f).

Die Vergänglichkeit einer Kerze war evident. Dass aber der Küchenjunge den Tropfen einer Kerze mit einer Träne vergleicht, war seine für alle Anwesenden überraschende Idee.

Themenkreise
Licht, Staunen

Vorlesealter
ab 8 Jahre

57 Lichtbogen

Die Dunkelheit weicht seit Wochen nicht. Schwarze Wolken bedecken den Himmel und hüllen Gebäude und Straßen in ein trostloses Grau. Regen fällt unaufhörlich. Nässe und Kälte ziehen in die Häuser.
Pit und Git hocken an der Fensterbank und langweilen sich. Alle Spiele haben sie zigmal probiert, stundenlang haben sie vor dem Fernseher gehockt und nun starren sie auf den Hinterhof. Sie sehnen sich nach frischer Luft.
„Komm!“, sagt Pit, „wir laufen hinaus.“
Mit dicken Jacken und festen Schuhen eilen die Kinder die Stiegen hinunter. Auf der windgeschützten Treppe, die ins Haus führt, setzen sie sich, starren in die Pfützen, in denen der Regen sich sammelt.
„Es ist, als würde die Welt untergehen“, sagt Git und presst sich fest an ihren Bruder, als könne er sie schützen. Pits Miene ist so finster wie der Himmel.
Plötzlich erklingen leise Töne, schwellen an zur Melodie, die beschwingt durch den Hinterhof fliegt. Die Kinder strecken ihre Köpfe vor, schauen um die Hausecke und sehen einen Mann, der unter dem Torbogen steht. Das Kinn auf die Geige gepresst, streicht er mit leichter Hand über die Saiten. Er bewegt den

Bogen schneller und schneller, heller und heller gaukeln die Töne durch die Luft und klopfen an die Scheiben der Wohnungen.
Die Menschen öffnen die Fenster, stecken ihre Köpfe hinaus und lauschen der wundersamen Melodie. Es ist, als ob die Klänge Licht in den Hinterhof bringen. Silber- und Kupferstücke springen auf das Pflaster.
Der Fremde aber spielt weiter, bewegt den Oberkörper im Rhythmus der Musik. So leise wie die Töne heranschlichen, so leise verschwinden sie. Und die Menschen schließen ihre Fenster wieder.
Pit und Git sehen, wie der Mann die Geige und den Bogen im Kasten verstaut. Dann tastet er mit seinen Händen über die Erde, sucht nach den Geldstücken.
„Er ist blind“, sagt Pit, der erst jetzt die gelbe Binde am Arm des Mannes bemerkt. Er läuft auf den Hof, um das Geld aufzusammeln. Git folgt ihm.
„Danke!“, sagt der Mann, als die Kinder ihm das Geld in die Manteltasche stecken. Dann greift er seinen Geigenkasten, nimmt seinen weißen Stock und verschwindet um die Hausecke.

Inhalt
Dauerregen hält Pit und Git tagelang in der Wohnung fest. Das Verlangen nach frischer Luft treibt die Geschwister schließlich doch hinaus in die Nässe. Bei peitschendem Regen hören die beiden den Geigenklängen eines blinden Musikanten zu. Die Melodie beschwingt die Gemüter der Kinder.

Biblische Bezüge
Ps 18,29 Du, Herr, lässt meine Leuchte erstrahlen, mein Gott macht meine Finsternis hell.
Mt 11,5 Blinde sehen wieder und Lahme gehen; Aussätzige werden rein und Taube hören; Tote stehen auf und den Armen wird das Evangelium verkündet.
Joh 16,20 Amen, amen, ich sage euch: Ihr werdet weinen und klagen, aber die Welt wird sich freuen; ihr werdet bekümmert sein, aber euer Kummer wird sich in Freude verwandeln.
2 Kor 4,6 Denn Gott, der sprach: Aus Finsternis soll Licht aufleuchten!

Gesprächsanregungen
Als sich die Kinder wieder auf die Treppenstufen setzten, hält der Regen immer noch an, liegt über der Stadt immer noch Dunkelheit, aber in den Herzen von Pit und Git klingt die Melodie des Blinden, sie schmälert den Druck auf ihren Seelen und schafft eine gewisse Heiterkeit in ihnen. Die Geschwister befolgen so den Rat Schopenhauers: Der Heiterkeit sollen wir, wann immer sie sich einstellt, Tür und Tor öffnen; denn sie kommt nie zur unrechten Zeit.

Themenkreise
Behinderung, Dunkelheit, Heiterkeit, Licht

Vorlesealter
ab 6 Jahre

58 Auf Rosen gebettet

Vor der Kasse warten Menschen. Ungeduldig, weil sie endlich den Braten auf ihren Mittagstisch bringen wollen. Ungehalten, weil der Gestank des Mannes in der Mitte der Schlange unerträglich ist. Seine Haare sind ungekämmt, seine Kleider zerschlissen. Die Menschen hinter ihm halten Abstand, die Menschen vor ihm rümpfen die Nasen.
Einer der Wartenden, der seine Waren schon auf das Band gelegt hat, brummt: „Ein Gestank wie im Schweinestall!"
Der Mann legt seelenruhig einen Kringel Fleischwurst, einen Laib Brot und zwei Tüten Milch auf das Förderband, schaut den Aufgebrachten ruhig an, sagt dann mit warmer Stimme, aber etwas lauter, dass alle es hören können: „Das ist leider so, wenn man kein Zuhause hat und im Straßengraben schlafen muss."
Keiner spricht mehr ein Wort. Der Mann kramt in seinen Taschen und zahlt. Mit seinen Habseligkeiten unter dem Arm verlässt er das Geschäft. Ich blicke ihm nach. Ich bin berührt. Auf dem Parkplatz sehe ich den Mann wieder. Er sitzt auf der Bord-

steinkante, neben ihm hockt sein Hund. Sie frühstücken. Ein Stückchen Wurst mit einer Scheibe Brot für den Hund, ein Stückchen Wurst und eine Scheibe Brot für das Herrchen. Eine Tüte Milch für den Hund, eine für das Herrchen.
Ich bleibe stehen.
„Entschuldigung“, sage ich, „ich wohne nicht weit von hier. Wollen Sie bei mir duschen?“
Der Mann nickt stumm, nimmt meine Einladung mit größter Selbstverständlichkeit an. Herrchen und Hund folgen mir. Ich zeige dem Mann mein Bad, lege Duschgel und Handtuch bereit. Danach stelle ich dem Hund in meinem Garten eine Schale Wasser hin. Nach einer Weile tritt der Mann gewaschen und gekämmt auf die Terrasse.
„Danke“, sagt er mit einer leichten Verbeugung.
„Bitte“, antworte ich.
Er pfeift, sein Hund eilt herbei. Der Mann greift nach seiner Plastiktüte, in der sich noch die Reste von Brot, Wurst und Milch befinden, und begibt sich zum Gartentor. Plötzlich bleibt er stehen, zögert, schaut mich an. Dann stellt er seine Frage: „Darf ich eine Rose pflücken und mitnehmen?“
Ich nicke.

Inhalt

Ein Obdachloser kauft im Geschäft ein paar Habseligkeiten. Die Menschen an der Kasse rümpfen die Nase wegen seines Aussehens und seiner Ausdünstungen. Jemand bietet ihm sein privates Bad an. Der Obdachlose nimmt an. Zum Schluss hat er noch eine Bitte.

Biblische Bezüge

Lk 4,4 Jesus antwortete ihm: In der Schrift heißt es: Der Mensch lebt nicht nur von Brot.

Lk 16,19-23 Es war einmal ein reicher Mann, der sich in Purpur und feines Leinen kleidete und Tag für Tag herrlich und in Freuden lebte. Vor der Tür des Reichen aber lag ein armer Mann namens Lazarus, dessen Leib voller Geschwüre war. Er hätte gern seinen Hunger mit dem gestillt, was vom Tisch des Reichen herunterfiel. Statt dessen kamen die Hunde und leckten an seinen Geschwüren. Als nun der Arme starb, wurde er von den Engeln in Abrahams

Schoß getragen. Auch der Reiche starb und wurde begraben. In der Unterwelt, wo er qualvolle Schmerzen litt, blickte er auf und sah von weitem Abraham, und Lazarus in seinem Schoß.
2 Kor 8,2 Während sie durch große Not geprüft wurden, verwandelten sich ihre übergroße Freude und ihre tiefe Armut in den Reichtum ihres selbstlosen Gebens.

Gesprächsanregungen
Jeder Mensch braucht die notwendige Nahrung zur Erhaltung des Körpers, aber auch das Labsal für die Seele. So ist die Bitte nach der Rose zu verstehen.
Demokrit rät: Man soll sich mehr um die Seele als um den Körper kümmern; denn Vollkommenheit der Seele richtet die Schwächen des Körpers auf, aber geistlose Kraft des Körpers macht die Seele nicht besser.
Paul Valéry behauptet: Es gibt einen schönen Teil der Seele, der genießen kann, ohne zu verstehen.

Themenkreise
Gastfreundschaft, Hilfe, Nächstenliebe, Not, Obdachlosigkeit, Seele

Vorlesealter
ab 8 Jahre

59 Reiches Kind so arm

Der Scheich El Murad zählt zu den reichsten Männern dieser Welt; und die Ölquellen, die auch dann sprudeln, wenn El Murad die Arme verschränkt, füllen die Konten des Scheichs ständig weiter. Dieses immense Vermögen wird einmal Mohammed erben, sein einziger Sohn. Die Töchter dürfen in dem Palast leben bis zu ihrem Tod, wenn sie wollen.
Der Palast des Scheichs ist so groß wie fünf Sportplätze. Marmor und Alabaster, Perlmutt und Elfenbein sind überall verarbeitet. Wertvolle Kostbarkeiten schmücken die Säle und Räume. Schattige Wandelgänge, kristallklare Swimmingpools und

plätschernde Springbrunnen in Hallen und Höfen kühlen die Bewohner und Besucher.
Mohammeds Zimmer ist so groß wie eine Turnhalle. Die Spielzeugkammer gleicht einem Geräteraum. Dort ist vom hölzernen Schaukelpferd bis zum elektronischen Computerspiel alles versammelt, was ein Kinderherz sich wünscht. Im Stall steht ein Vollbluthengst, der Mohammed gehört und mit dem nur er ausreiten darf. Pflegen und füttern braucht er das Tier nicht, das ist Aufgabe der Knechte.
Mohammed ist wirklich eines der reichsten Kinder dieser Welt, dem es beinahe an nichts mangelt.
Doch: Etwas fehlt ihm, was alle Kinder reichlich haben: Wünsche.

Inhalt
Der Sohn eines Scheichs ist reich an Spielzeug, aber arm an Wünschen.

Biblische Bezüge
Ps 62,11 Wenn der Reichtum auch wächst, so verliert doch nicht euer Herz an ihn!
Mt 6,21 Denn wo dein Schatz ist, da ist auch dein Herz.
Phil 4,19 Mein Gott aber wird euch durch Christus Jesus alles, was ihr nötig habt, aus dem Reichtum seiner Herrlichkeit schenken.

Gesprächsanregungen
Viele Kinder würden gerne mit Mohammed tauschen. Sie vergessen dabei, wie wichtig es ist, Wünsche zu haben und wie notwendig es ist, dass auch diese manchmal unerfüllt bleiben.
Blaise Pascal sagt: Es ist nicht gut, alles zu besitzen, was man sich wünscht.
Adolf Nowaczynski meint: Nicht der ist arm, der sich keinen Jugendtraum erfüllt hat, sondern der schon in der Kindheit nichts träumte.

Themenkreise
Besitz, Reichtum, Wünsche, Zufriedenheit

Vorlesealter
ab 6 Jahre

60 Zuhause

Die Straße ist seine Welt, die Fußgängerzone sein Zuhause. Wenn die Leute von Geschäft zu Geschäft eilen, dann steht er an der Hauswand und schlägt mit den Füßen den Takt auf der Quetsche und mit den Händen spielt er die Melodie auf der Gitarre. Manchmal singt er dazu. Doch die Hastenden beachten ihn kaum. Nur selten fallen Geldstücke in seinen Hut. Dann verneigt er sich leicht und bedankt sich mit Tönen.
So ist der Musikant herumgezogen, vom Norden zum Süden, vom Osten zum Westen, bei Regenwetter und Sonnenschein, im Winter wie im Sommer, im Frühling wie im Herbst. Sein Tisch ist die Erde oder die Mauer, sein Stuhl der Boden oder der Stein, sein Bett das Gras oder das Heu, sein Haus die Brücke oder der Torbogen.
Manchmal, wenn ein Musikant der Lüfte sich auf seinen Hutrand setzt und ihm beim Singen zuhört, dann wünscht er sich ein Nest.

Inhalt
Die weite Welt ist die Wohnung des Straßenmusikanten. Aber manchmal wünscht er sich ein konventionelles Zuhause.

Biblische Bezüge
Mt 8,20 Jesus antwortete ihm: Die Füchse haben ihre Höhlen und die Vögel ihre Nester; der Menschensohn aber hat keinen Ort, wo er sein Haupt hinlegen kann.

Gesprächsanregungen
Der Straßenmusikant mag an manchen Tagen sein freies und ungebundenes Leben genießen. Tief in seinem Inneren aber stellt sich immer wieder der Wunsch nach Geborgenheit ein.
Berthold Auerbach schreibt: Alles Leben draußen ist nur wie ein Schlafen in Kleidern. Daheim erst liegt man im Bett.
Christian Morgenstern sagt: Nicht da ist man daheim, wo man seinen Wohnsitz hat, sondern wo man verstanden wird.

Themenkreise
Einsamkeit, Sehnsucht, Zuhause

Vorlesealter
ab 7 Jahre

61 Träume

„Als ich so groß war wie du“, sagt der Großvater und beugt sich tief zu seinem Enkelkind hinunter, „bin ich mit meinem Vater oft durch dieses Tal geritten.“
Wino krabbelt näher an den Großvater heran, denn er kann ihn schlecht verstehen, zu heftig prasselt der Regen auf das Wellblechdach der Veranda, auf der sie sitzen.
„Hattet ihr viele Pferde?“, fragt Wino. Großvater nickt und hält die Finger beider Hände hoch.
„Als wir noch frei durch diese Wiesen und Felder zogen, standen unsere Zelte oft am Fluss, am Fuß des großen Berges.“
Der Großvater deutet auf den Berg, der außerhalb des Reservates liegt, in dem Gebiet, das die Indianer nicht mehr betreten dürfen.
„Wenn ich im Gras lag, hörte ich die Lieder der Vögel, die Erzählungen der Blumen oder die Geschichten der Bäume.“
Großvater schweigt. Das Prasseln des Regens verstummt.
„Welch ein Regenbogen!“, ruft Wino und zeigt zum Horizont.
„Eine himmlische Brücke“, sagt Großvater.
„Über die keiner gehen kann“, lacht Wino.
„Doch“, murmelt Großvater, „unsere Träume spazieren darüber, deine und meine. Vieles kann man uns nehmen, nicht unsere Träume; sie fühlen sich zum Regenbogen hingezogen, denn sie sind so bunt, so gewaltig und wahr wie er.“

Inhalt
Ein Indianer-Großvater erzählt seinem Enkel von der Zeit, als der Stamm seine Zelte noch im Wald aufschlug und er nicht in Wellblechhütten im Reservat leben musste. Er hat sich etwas Unschätzbares bewahrt: seine Träume.

Biblische Bezüge
Mt 2,12 Weil ihnen aber im Traum geboten wurde, nicht zu Herodes zurückzukehren, zogen sie auf einem anderen Weg heim in ihr Land.
Mt 2,13 Als die Sterndeuter wieder gegangen waren, erschien dem Josef im Traum ein Engel des Herrn und sagte: Steh auf, nimm das Kind und seine Mutter und flieh nach Ägypten.

Gesprächsanregungen
Man hat den Indianern viel genommen, als sie sich nur noch in zugewiesenen Reservaten aufhalten durften. Der Großvater aber hat sich eines bewahrt, was für jeden Menschen von größter Wichtigkeit ist, nämlich seine Träume. Sie verleihen ihm Flügel.
Eine alte Indianerweisheit besagt: Zuletzt machte Manitu den Menschen. Obwohl er der Letzte und von allen Wesen das hilfloseste war, empfing der Mensch die größte Gabe - die Fähigkeit, zu träumen.

Themenkreise
Fortschritt, Sehnsucht, Traum, Wohnen

Vorlesealter
ab 6 Jahre

62 Fantastisch

„Darf ich den Schuhkarton nehmen?“, fragt Claudius.
Die Mutter nickt. Er verschwindet mit der Schachtel in seinem Zimmer. Zum Abendessen setzt er sich an den Tisch und stellt seinen Karton neben sich auf die Sitzbank. Der Deckel ist mit einem Klebeband an der Schachtel befestigt. Weder der Vater, die Mutter noch die Schwester Franziska sagen etwas zu dem merkwürdigen Karton.

Dieser steht auch neben seinem Bett, als er sich schlafen legt. Am nächsten Morgen liegt der zugeklebte Karton wieder neben Claudius auf der Bank. Auch in die Schule nimmt er ihn mit. Keiner der Klassenkameraden beachtet ihn zunächst. Manche Kinder bringen Stofftiere mit und Claudius eben einen Schuhkarton.
Als die Familie am Mittagstisch sitzt, fragt die Schwester: „Was ist eigentlich in dem Karton?"
Claudius zieht die Schachtel etwas näher zu sich heran. Dann sagt er: „Ein Drachenei!"
„Ein Drachenei?", staunt die Mutter.
„Ein Drachenei?", wiederholt der Vater.
Ihr Sohn nickt. „Von wem hast du es?", fragt erstaunt die Schwester.
„Na, von der Drachenmutter, von wem denn sonst?"
„Die Drachenmutter hat es dir gegeben?"
„Ja, ich soll darauf aufpassen, bis der kleine Drache ausgeschlüpft ist. Dann lasse ich ihn fliegen."
Vater und Mutter schütteln ungläubig den Kopf. Aber bald wissen es auch die anderen Erstklässler. Claudius hat in seinem Karton ein Drachenei. Überall nimmt er es mit hin. Immer steht der Schuhkarton neben ihm. Selbst der Lehrer staunt. In der Sorge um den Karton rauft und zankt sich Claudius nicht mehr mit den Mitschülern, was früher häufig vorkam.
Nach zwei Wochen fragt Franziska: „Sollen wir uns nicht einmal um das Ei kümmern?"
„Aber nein!", antwortet entrüstet der kleine Bruder. „Ein Ei hat alles, was es braucht, um neues Leben hervorzubringen."
Claudius hält seinen Karton fest.
„Hast du keine Angst, dass die böse Drachenmutter sich das Ei holen wird?", will der Vater wissen.
„Die Mutter ist nicht böse. Aber sie ist tot, darum hat sie mir doch das Ei gegeben. Ich warte, bis der kleine Drache ausgeschlüpft ist."
„Ob wir denn das Ei einmal sehen können?", erkundigt sich neugierig die Schwester.

Claudius schüttelt energisch seinen Kopf. „Das Ei braucht Ruhe", sagt er und verschwindet mit seinem Karton.
Zwei Wochen noch schleppt er ihn durch die Wohnung, zur Schule und auf den Spielplatz. An einem Sonntagmorgen steht plötzlich der leere Karton neben Claudius.
„Wo ist das Ei?", wundert sich die Familie.
„Heute Nacht", erklärt Claudius, als er sich die Marmelade auf das Brot streicht, „ist der kleine Drache ausgeschlüpft. Er hat sich bei mir für alles bedankt und ist dann davongeflogen. Ich glaube nach China."
Nach einer Weile bestätigt er: „Ja, nach China."
Als er sein Brot isst, meint er: „Vielleicht bekomme ich bald ein neues Ei."
„Was für eins?", fragt die Schwester.
„Ich hoffe", sagt Claudius, „das eines Paradiesvogels."

Inhalt
Claudius hat einen Schuhkarton zugeklebt. Er behauptet, in ihm bewahre er ein Drachenei auf.

Biblische Bezüge
Röm 15,7 Darum nehmt einander an, wie auch Christus uns angenommen hat, zur Ehre Gottes.
1 Petr 5,2 Sorgt als Hirten für die euch anvertraute Herde Gottes, nicht aus Zwang, sondern freiwillig, wie Gott es will; auch nicht aus Gewinnsucht, sondern aus Neigung.

Gesprächsanregungen
Die große Liebe zu den Tamagotchis weltweit beweist, dass Kinder sich um etwas kümmern, für etwas sorgen möchten. Das macht Claudius auch und beweist dabei sehr viel Fantasie.
Georg Christoph Lichtenberg sagt: Er kann sich den ganzen Tag in einer warmen Vorstellung sonnen.
Roda Roda schreibt: Leute ohne Fantasie erleben nichts.
Werner Ehrenforth behauptet sogar: Ein Mensch ohne Fantasie ist wie ein Tier ohne Instinkt.

Themenkreise
Familie, Fantasie, Spiel

Vorlesealter
ab 6 Jahre

63 Wir

„Wie siehst du bloß wieder aus?“, fragt Lehrer Liebert den Zweitklässler.
Der schaut auf seine schmutzigen Finger und stottert: „Ich habe heute verschlafen, darum konnte ich mir nicht mehr die Hände waschen.“
„Und auch nicht die Zähne putzen und schon gar nicht die Haare kämmen“, schimpft Herr Liebert.
Thorsten schüttelt seine strubbelige Mähne und schaut schuldbewusst zu dem Pädagogen auf. Der wirft wütende Blicke auf den Sprössling.
„Weckt dich deine Mutter nicht?“
„Nein“, stammelt Thorsten und setzt dann entschuldigend hinzu: „Sie steht aber immer um fünf Uhr auf, wenn Vati zur Arbeit geht, ihm macht sie das Frühstück.“
„Und das Kind muss allein zurechtkommen“, brummt der Lehrer. Dann zeigt er auf das Hemd, das schmutzig und löcherig ist. Kopfschüttelnd murmelt der Erzieher: „Ich sollte dich nach Hause schicken. Du bist eine Zumutung für deine Mitschüler. Geh und wasch dich!“
Kleinlaut verlässt Thorsten den Klassenraum. Als er zurückkommt, sind die Hände etwas sauberer. Der Gesamtanblick ist immer noch unerfreulich. Herrn Lieberts Ärger aber hat sich ein wenig gelegt. Ja, in seine Miene mischt sich ein wenig Mitleid. Er stellt sich neben seinen Schüler, legt ihm als versöhnende Geste die Hand auf die Schulter und murmelt, mehr zu sich

als zu Thorsten: „Warum zürne ich dem Jungen? Er kann am wenigsten für seine Situation. Mit der Mutter müsste man ins Gericht gehen. Wie kann man sein Kind in einem solchen Zustand in die Schule schicken?“

Abrupt dreht sich Thorsten um und sagt mit trotziger Gebärde: „Meine Mutter kann nichts dafür. Ich habe mich nicht gewaschen, ich habe mir das zerrissene Hemd angezogen, ich allein!“

Inhalt

Ein Zweitklässler kommt mit schmutzigen Händen und löcherigem Hemd zum Unterricht. Als sein Lehrer über die Mutter schimpft, die ihr Kind so verwahrlost in die Schule geschickt hat, verteidigt der Sohn sie vorbehaltlos.

Biblische Bezüge

Ex 20,12 Ehre deinen Vater und deine Mutter, damit du lange lebst in dem Land, das der Herr, dein Gott, dir gibt.

Sir 3,1-16 Ehrfurcht gegen die Eltern

Röm 12,10 Seid einander in brüderlicher Liebe zugetan, übertrefft euch in gegenseitiger Achtung!

Phil 2,1-3 Wenn es also Ermahnung in Christus gibt, Zuspruch aus Liebe, eine Gemeinschaft des Geistes, herzliche Zuneigung und Erbarmen, dann macht meine Freude dadurch vollkommen, dass ihr eines Sinnes seid, einander in Liebe verbunden, einmütig und einträchtig, dass ihr nichts aus Ehrgeiz und nichts aus Prahlerei tut. Sondern in Demut schätze einer den andern höher ein als sich selbst.

1 Petr 3,8-9 Endlich aber: seid alle eines Sinnes, voll Mitgefühl und brüderlicher Liebe, seid barmherzig und demütig! Vergeltet nicht Böses mit Bösem noch Kränkung mit Kränkung!

Gesprächsanregungen

Lehrer Lieberts Unmut ist verständlich, doch er erkennt richtig, dass das Kind der falsche Adressat seines Zornes ist und lenkt darum ein. Dass er dabei die Schuld von dem Sohn auf die Mutter schiebt, stößt auf den Widerstand des Schülers, weil die Liebe des Kindes dies nicht akzeptiert, das sich darum vorbehaltlos vor seine Mutter stellt und damit das vierte Gebot hält.

Der große russische Dichter Nikolai Gogol schrieb einmal an seine Mutter: Wenn Sie von meinen Werken sprechen, nennen Sie mich ein Genie. Nein, Mütterchen, ich besitze zu wenig solcher Eigenschaften, die das Genie aus-

machen! Darum bitte ich Sie, Mütterchen, nennen Sie mich niemals so. Sagen Sie nur ganz einfach: „Er ist ein guter Sohn.“ Das wird für mich das schönste Lob sein.
Von Gertrud von Le Fort stammt der Satz: Die Hand, die die Wiege bewegt, bewegt die Welt.

Themenkreise
Familie, Gebote, Kindheit, Liebe, Mitleid, Mut, Solidarität, Verständnis

Vorlesealter
ab 9 Jahre

64 0,4 m^2 Freiheit

Das junge Zwergkaninchen schaut dem Treiben des Eichhörnchens zu, lauscht dem Gesang der Amsel und wartet auf den Auftritt der Wildkaninchen. In den Abendstunden versammeln sie sich regelmäßig auf der Wiese vor seinem Käfig, grasen oder hoppeln umher, vor allem erfreuen sie sich ihres freien Lebens. Besonders das Kleinste zeigt sein Wohlsein mit großen Sprüngen. Jedesmal lehnt sich das Zwergkaninchen dann an das engmaschige Gitter seiner Stalltür und denkt: „Ich möchte auch einmal über die Wiese rennen, durch das Gebüsch kriechen oder in den Gartenbeeten toben.“ Ihm aber ist nur ein halbstündiger Auslauf im Kinderzimmer vergönnt. Es tröstet dann wenig, wenn es an die Mädchenhände denkt, die es hin und wieder liebevoll streicheln.
An einem warmen Sommerabend versammeln sich die Zwergkaninchen wie immer auf der Wiese vor dem Stall. Plötzlich bricht mit einem gewaltigen Sprung der Fuchs durch das Gebüsch und stürzt sich auf die flüchtenden Karnickel. Doch Meister Reineke ist erfolgreich. Er erwischt das Kleinste, fasst es mit seinen Zähnen und trägt es in seinem Maul in das Gebüsch. Von dort dringen Schreie an das Ohr des Zwergkanin-

chens. Schreie, die verraten, dass das Opfer weiß, dass es um sein Leben geht, die vom Todeskampf zeugen.
Dem Zwergkaninchen fährt der Schrecken in alle Glieder. Es kauert sich ängstlich zusammen. Das Wimmern, das vom Gebüsch herkommt, verstummt. Totenstille liegt auf einmal über der Wiese, die zuvor so friedlich war. Wieder raschelt es im Gebüsch und der Fuchs lugt hervor. Schleichend überquert er den Rasen und bleibt mit noch immer hungrigem Blick vor dem kleinen Käfig stehen. Mit der Schnauze stößt er vor die Maschen, die dem Zwergkaninchen sicheren Schutz bieten.

Inhalt
Ein Zwergkaninchen beneidet in seinem Käfig Wildkaninchen, die auf einer Wiese sich austoben können. Als der Fuchs erscheint und eins erbeutet, erfährt es seinen Käfig als sicheren Hort.

Biblische Bezüge
Joh 8,32 Dann werdet ihr die Wahrheit erkennen und die Wahrheit wird euch befreien.
2 Kor 3,17 Der Herr aber ist der Geist und wo der Geist des Herrn wirkt, da ist Freiheit.

Gesprächsanregungen
Nicht alles, was jemanden einengt, muss für ihn zum Schaden sein. Das erfährt das Zwergkaninchen. Letztlich hat jede Freiheit ihre Grenzen, endet im Recht des anderen. Es ist eine wesentliche Aufgabe der Erziehung, dies zu vermitteln. So muss schon das Kleinkind lernen, dass es zu seinem Guten ist, wenn es nicht auf die heiße Herdplatte fassen darf. Der Zehnjährige muss akzeptieren, dass eine Durchgangsstraße kein Spielplatz ist. Jugendliche müssen erkennen, dass ein friedliches Zusammenleben der Menschen nur gewährleistet ist, wenn Gesetze eingehalten werden, auch wenn sie den Einzelnen einengen.

Themenkreise
Erziehung, Freiheit, Neid, Sinn des Lebens, Zufriedenheit

Vorlesealter
ab 9 Jahre

65 Das Rezept

Der Apotheker lacht und schiebt das Rezept zurück: „Hier nicht einlösbar!"
„Aber Dr. Wiedermann hat das meiner Schwester verordnet", protestiert Sophie.
„Schon", sagt der Apotheker, „aber wir führen nur Arzneimittel", und wendet sich dem nächsten Kunden zu. Sophie eilt auf die Straße. Sie wird erst einmal nach Hause gehen und der Mutter das Rezept geben. Vielleicht weiß sie einen Rat und ihre Schwester Sarah wird hoffentlich bald wieder gesund. Seit zwei Wochen liegt sie nun schon im Bett, fiebert und erbricht.
Die Ärzte haben Sarah vom Scheitel bis zur Sohle untersucht. Sie haben sie förmlich auf den Kopf gestellt. Ein Blutbild wurde erstellt, der Blutdruck gemessen, ein EKG gemacht, sogar eine Magenspiegelung wurde vorgenommen und eine Ultraschalluntersuchung durchgeführt. Drei Tage musste Sarah zur Beobachtung im Krankenhaus bleiben. Nichts half. Sarahs Appetitlosigkeit und Übelkeit hielten an.
Nachdem auch Dr. Wiedermann sich keinen Rat mehr wusste, fragte er Sarah am Schluss einer erneuten Untersuchung: „Wann fing das mit deiner Krankheit an?"
„Am vorigen Samstag."
„Ist an diesem Tag etwas geschehen, was dich sehr mitgenommen hat?" Bei dieser Frage schossen Tränen in Sarahs Augen. Sie schluchzte: „Ich bin gegen acht Uhr aufgestanden und in die Küche gegangen, um meinem Kater Mikosch Milch hinzustellen. Aber er war nicht da. Er kam schon öfter abends nicht nach Hause. Doch dann wartete er morgens immer vor dem Haus. Als ich am Samstag die Tür öffnete, lag er auch dort. Nur nicht wie immer. Er hatte sich mit letzter Kraft dorthin geschleppt."
Sarah rieb sich die Tränen aus den Augen.
„Ein Auto hatte ihn angefahren", berichtete die Mutter, „hatte ihm den Hinterleib zerquetscht. Eine Blutspur zog sich über die

halbe Straße. Der Anblick hatte Sarah so mitgenommen, dass sie erbrach und sich wie apathisch ins Bett legte."

Dr. Wiedermann sah Sarahs Mutter nachdenklich an: „Ich", sagte er dann, „werde ihr nicht helfen können. Medikamente lindern nicht ihr Leid. Damit muss sie allein fertig werden."

Mutter nahm Sarah an die Hand und sie gingen heim. Als sie zu Hause waren, rief Dr. Wiedermann noch einmal an; er bat, jemand aus der Familie möge das Rezept abholen, das er ausgestellt hatte. So begab sich Sophie in die Stadt, um es sich geben zu lassen.

Dr. Wiedermann verordnete: Eine neue Katze!

Inhalt

Sarah liegt seit Tagen krank im Bett. Trotz intensiver Untersuchungen können die Ärzte kein physisches Leiden ausmachen. Erst der Hausarzt Dr. Wiedermann forscht nach, ob psychische Gründe für das Unwohlsein in Frage kommen. Der Arzt stellt fest, dass der Tod der geliebten Katze die Ursache für die Krankheit ist. Er verschreibt Sarah eine neue.

Biblische Bezüge

Ps 94,19 Mehren sich die Sorgen des Herzens, so erquickt dein Trost meine Seele.

Spr 17,22 Ein fröhliches Herz tut dem Leib wohl, ein bedrücktes Gemüt lässt die Glieder verdorren.

Mt 5,4 Selig die Trauernden; denn sie werden getröstet werden.

Gesprächsanregungen

Tiere haben als Weggefährten einen hohen Stellenwert für uns Menschen, besonders für jüngere und ältere Mitbürger. Sarahs Trauer ist darum durchaus verständlich und nachvollziehbar.

Seelische Probleme sind häufig Ursache für Erkrankungen. Das ist nicht neu, wird aber oft zu wenig beachtet. Sie sind auch die Gründe für Sarahs Erbrechen und Unwohlsein. Je früher sich der Mensch damit auseinandersetzt, dass die Psyche bei einer Krankheit von großer Bedeutung ist, um so besser.

Oscar Wilde sah die enge Verbindung zwischen Körper und Seele. Er schrieb: Es kommt darauf an, den Körper mit der Seele und die Seele durch den Körper zu heilen.

Themenkreise
Krankheit, Leid, Trauer, Trost

Vorlesealter
ab 8 Jahre

66 Fortschritt - Rückschritt?!

Die Abendsonne scheint durch das verstaubte Fenster. Den ganzen Tag über hat Hanna am Weiher gespielt, jetzt aber kramt sie zwischen wackligen Stühlen, zerbrochenen Tischen und vergilbten Bildern herum. Hier auf dem Dachboden des alten Bauernhauses gibt es für ein Großstadtkind immer etwas zu entdecken.
Hanna verbringt nämlich die Sommerferien auf dem Hof bei ihren Großeltern, weil ihre Mutter im Krankenhaus ist. Ihren Vater sieht sie selten, denn die Eltern sind geschieden. Hannas Neugierde weckt ein altes Brett, auf dessen Vorderseite sich ein merkwürdiges Muster befindet.
„Was mag das sein?", fragt sie sich, als sie mit den Fingern darüber fährt. Sie wiederholt dies mit einem Stück Holz und jetzt klingt es ganz anders. Kurz entschlossen klemmt sie sich das merkwürdige Ding unter den Arm, klettert die alte Holzstiege hinab und begibt sich in die Küche. Großvater sitzt auf der Eckbank und löst Kreuzworträtsel. Das ist seine Lieblingsbeschäftigung.
„Was ist das?", fragt Hanna und legt das alte Brett auf den Tisch. Opa schiebt die Zeitschrift beiseite und schmunzelt.
„Das", antwortet er, „war unsere Waschmaschine."
Hanna lacht: „Eine Waschmaschine! Wo programmiere ich sie und wo fülle ich das Waschmittel ein?"
„Komm mit!", sagt Großvater und geht mit seinem Enkelkind zur Scheune.

Er zeigt auf einen großen Kübel, in den er Erde gefüllt und Blumen gepflanzt hat.
„Früher“, erklärt er, „wuschen die Frauen in diesen Behältern die Wäsche.“
Beide setzen sich auf den Rand und Großvater schildert: „Am Abend wurden in einem großen Kessel die Kleidungsstücke eingeweicht. Man gab immer etwas Soda hinzu. Am nächsten Morgen wurde alles über einem mächtigen Feuer gekocht. Mit einem großen Holzstab, der einem kleinen Paddel ähnelte, rührte deine Großmutter die Wäsche dabei immer wieder um. Das war nicht leicht. Erschwert wurde diese Arbeit, weil bald der ganze Keller voller Dampf war. Man sah nun schlecht und bekam nur schwer Luft. Darum sagt man noch heute, wenn der Nebel im Herbst ganz dicht ist, es ist wie in einer Waschküche. Die heiße Wäsche wurde dann mit dem Holzstab herausgenommen und in die Wanne gelegt. Dabei musste man höllisch aufpassen, dass man sich nicht verbrühte. Hier wurde sie etwas abgekühlt, damit man sie anfassen konnte und dann auf dem Waschbrett, das du gefunden hast, hin und her gerieben, bis sie ganz sauber war. Bei solcher Knochenarbeit schrubbte Großmutter sich oft ihre Finger wund.
Danach wurde die Wäsche in einen Bottich gegeben, wo Großmutter sie spülte und auswrang. Aber nicht einmal, nein, immer wieder wurde gespült, gewrungen, gespült, gewrungen. Erst dann wurde die Wäsche aufgehängt, damit sie trocknen konnte. Ja, nach so einem Waschtag war man hundemüde und der Rücken schmerzte fürchterlich.“
Als ein kühlerer Wind aufkommt, meint Großvater: „Wir gehen ins Haus.“
Sie setzen sich wieder auf die Eckbank und Opa stellt fest: „Heute ist alles viel leichter, die elektrischen Geräte helfen den Menschen bei der Arbeit. Früher wurde noch jede Scheibe Brot mit dem Messer abgeschnitten und jeder Teller und jede Tasse einzeln abgewaschen.“
Die Großmutter stellt belegte Schnitten auf den Tisch. Mehr zu sich als zu ihrem Enkelkind, das das alte Waschbrett beiseite

geschoben hat, sagt sie: „Wir Kinder schliefen nicht vor dem Fernseher oder neben dem Kassettenrecorder ein. Vielmehr lagen unsere Köpfe auf dem Schoß der Mutter, die uns fast jeden Abend etwas erzählte und dabei durch die Haare fuhr. Als Erste träumte immer meine Schwester. Sie bekam fast nie den Gute-Nacht-Kuss der Mutter mit.“

Inhalt
Hanna verbringt die Sommerferien bei den Großeltern auf dem Bauernhof. Auf dem Dachboden findet sie ein altes Waschbrett, dessen Funktion sie nicht mehr kennt. Ihr Opa schildert ihr einen Waschtag von früher. Die Maschinen haben heute die Arbeit auch im Haushalt leichter gemacht und dennoch haben nach seiner Meinung die Menschen nicht mehr Zeit für einander.

Biblische Bezüge
Ps 142,5 Ich blicke nach rechts und schaue aus, doch niemand ist da, der mich beachtet. Mir ist jede Zuflucht genommen, niemand fragt nach meinem Leben.
Eph 5,15-16 Achtet also sorgfältig darauf, wie ihr euer Leben führt, nicht töricht, sondern klug. Nutzt die Zeit; denn diese Tage sind böse.

Gesprächsanregungen
Die Hausarbeit ist in fast allen Bereichen durch technische Geräte erleichtert worden. Welche Geräte sind heute in einer durchschnittlichen Familie gang und gäbe? Es ist die Frage, ob die Zeit, die wir gewinnen durch den Einsatz von Maschinen, auch wirklich sinnvoll genutzt wird. Die Großmutter sieht das anders, das verdeutlicht ihre Schlussbemerkung.
Immer mehr Pädagogen und Soziologen fragen sich, ob technische Geräte wie der Computer, das Fernsehen, der Walkman zur Vereinsamung des Einzelnen führen, die Familienmitglieder isolieren. Sie befürchten, dass im Zeitalter der Massenkommunikation der individuelle Gedankenaustausch abgenommen hat. Welche Rolle spielen hierbei die Fülle der Talk-Shows im Fernsehen? Ist die gewonnene Zeit nicht oft auch verlorene Zeit?

Themenkreise
Arbeit, Familie, Fortschritt, Haushalt, Isolation, Kommunikation, Menschlichkeit, Technik

Vorlesealter
ab 8 Jahre

67 Wir brauchen dich!

„Häng nicht immer an meinem Schürzenzipfel“, schimpft Mutter, „beschäftige dich einmal mit dir selbst. Du bist doch kein kleines Kind mehr.“

Jürgen fühlt sich abgeschoben. Er geht in sein Zimmer. Dort beschließt er auszuziehen. Er nimmt ein Kissen, seinen Gameboy, den Walkman und begibt sich in den Keller. Der kleine Raum ist jetzt sein neues Zuhause.

„Hier falle ich keinem zur Last“, denkt er und setzt sich auf sein Kissen. Er spielt mit dem Gameboy und hört Musik. Nach einiger Zeit steht Vater vor ihm. Er setzt sich neben ihn. „Willst du nicht wieder zu uns kommen?“, fragt er. „Du fehlst uns!“

„Ach was“, sagt Jürgen, „ihr braucht mich doch nicht.“ Vater streicht ihm über die Haare.

Dann erzählt er: „Vor zwei Jahren habe ich auf einer Reise ein Tier beobachtet. Es war so groß wie eine Kuh. Ein Vögelchen setzte sich auf seinen Rücken. Das Tier bewegte sich hin und her, schlug mit dem Schwanz um sich, wollte das Vögelchen von seinem Rücken vertreiben. Doch es hielt sich fest und wich nicht. Nach einiger Zeit wurde das Tier ruhiger und störte sich nicht mehr an seinem ungebetenen Gast. Da begann das Vögelchen, aus dem Fell des Tieres Ungeziefer herauszuziehen.“

„Aber warum erzählst du mir das?“, fragt Jürgen.

„Das Tier wusste gar nicht, wie wichtig der kleine Vogel für ihn war. Es bewahrte ihn vor unsäglichen Qualen. Das Tier brauchte das Vögelchen. Das Vögelchen aber brauchte auch das Tier, denn die kleinen Quälgeister waren seine Nahrung zum Leben. So wie das eine Tier das andere brauchte, so braucht auch ein Mensch den anderen. Allein können wir nicht leben.“

„Mich braucht keiner“, sagt Jürgen trotzig. „Das Vögelchen half dem Tier und das Tier gab dem Vögelchen Nahrung. Ich gebe keinem etwas. Das Geld verdienst du und mit dem Haushalt wird Mutter allein fertig. Mich braucht keiner.“

„Doch“, sagt Vater, „wir brauchen dich noch viel mehr als das Tier das Vögelchen. Wir brauchen die Freude und die Liebe, die du uns schenkst.“

Inhalt
Jürgen zieht sich schmollend in den Keller zurück. Er ist davon überzeugt, dass ihn keiner braucht. Vater, der Jürgen aufsucht, erklärt seinem Sohn, wie sehr sie - die Eltern - ihren Jungen brauchen. Sie benötigen die Liebe, die er ihnen schenkt.

Biblische Bezüge
Zef 3,17 Der Herr, dein Gott, ist in deiner Mitte, ein Held, der Rettung bringt. Er freut sich und jubelt über dich, er erneuert seine Liebe zu dir, er jubelt über dich und frohlockt, wie man frohlockt an einem Festtag.
Röm 15,3 Denn auch Christus hat nicht für sich selbst gelebt.
1 Kor 12,12-27 Der eine Leib und die vielen Glieder
Eph 4,2-3 Seid demütig, friedfertig und geduldig, ertragt einander in Liebe und bemüht euch, die Einheit des Geistes zu wahren durch den Frieden, der euch zusammenhält.
1 Joh 3,11 Denn das ist die Botschaft, die ihr von Anfang an gehört habt: Wir sollen einander lieben.

Gesprächsanregungen
Der Mensch ist auf die Gemeinschaft angewiesen. Mehr als im Tierreich - obwohl das Beispiel des Vaters schön ist - braucht beim homo sapiens einer den anderen, besonders in der Familie. Hier muss jeder seinen Beitrag zum harmonischen Zusammenleben leisten. Dieser ist je nach Stellung und Alter unterschiedlich und wenn es die Lichtpunkte sind, die Jürgen setzt.
Der große Staatsmann und Philosoph Konfuzius sagte schon vor mehr als zweitausend Jahren: Wenn die Familie in Ordnung ist, wird der Staat in Ordnung sein; wenn der Staat in Ordnung ist, wird die große Gemeinschaft der Menschen in Frieden leben.

Themenkreise
Familie, Gemeinschaft, Miteinander

Vorlesealter
ab 6 Jahre

68 Was die Vögel den Menschen schenken

Die Aufregung auf dem Bauernhof ist groß. Alle reden durcheinander. Alle zürnen den Vögeln.
„Wir legen frische Eier“, gackern die Hühner.
„Wir geben gesunde Milch", muhen die Kühe.
„Wir liefern schmackhaften Käse“, meckern die Ziegen.
„Wir bringen wuschelweiche Wolle“, blöken die Schafe.
„Wir schenken nahrhaftes Fleisch“, grunzen die Schweine.
„Wir säubern den Hof von unliebsamen Tieren“, miauen die Katzen.
„Und ich“, bellt der Hund, „sorge für Ordnung und Sicherheit.“
„Wir nützen den Menschen und verdienen so unser Futter“, maulen alle.
„Nur die Vögel nicht“, knurrt der Hund, „sie flattern über die Zäune und laben sich an unseren Futternäpfen. Während die Tiere des Waldes sich ihre Nahrung mühsam suchen müssen, stehlen die Vögel sie bei uns einfach.“
Alle Tiere des Bauernhofes sind sich einig. Diese Unart muss ein Ende haben.
„Wau, wau“, bellt der Hund und mahnt damit zur Ruhe.
Die anderen Tiere schweigen.
Er steht auf, denn er hat etwas Wichtiges zu verkünden. Er schaut hinauf zu den Vögeln und warnt sie: „Dieses himmelschreiende Unrecht werden wir nicht länger dulden. Fortan wird jedes Tier dafür sorgen, dass kein ungebetener Gast aus der Luft sich an unseren Futtertrögen herumtreibt. Besonders die Katze soll die Augen offen halten und die Nichtsnutze vertreiben.“ Der Hund hat gebellt.
Die Tiere gackern, muhen, miauen, stimmen zu - jedes nach seiner Art.
Die Sache ist beschlossen. Wenn sich ein Vogel auch nur auf dem Zaun sehen lässt, wird er beschimpft und vom Hof gejagt. Schon bald trauen sich die Vögel nicht einmal mehr auf die

Bäume des Bauernhofes und umfliegen das Gehöft im weiten Bogen. Keine Meise flattert mehr von Ast zu Ast, keine Schwalbe nistet unter den Dächern, kein Star hüpft über die Wiesen und kein Spatz badet in den Pfützen.
Die Tiere des Bauernhofes sind zufrieden. Sie glauben, sie haben ihre Sache gut gemacht. Doch die Menschen schauen missmutig drein, schütten das Futter freudlos in die Näpfe, sammeln die Eier lustlos ein, melken die Kühe grimmig.
Da stecken die Tiere erneut ihre Köpfe zusammen und rätseln. Sie wissen, sie haben etwas falsch gemacht. Aber was?
Die Tiere sehen sich ratlos an.
Da hüpft ein Pirol auf den Zaun, zwitschert, tiriliert und die Menschen öffnen ihre Fenster.

Inhalt
Die Tiere des Bauernhofes beschließen, die Vögel vom Gut fernzuhalten. Sie glauben, alle müssen ihr Futter verdienen, nur die Vögel stehlen es. Sie erkennen erst später, dass die Vögel mit ihrem Gesang den Menschen auch etwas schenken.

Biblische Bezüge
Dtn 8,3 Durch Hunger hat er dich gefügig gemacht und hat dich dann mit dem Manna gespeist, das du nicht kanntest und das auch deine Väter nicht kannten. Er wollte dich erkennen lassen, dass der Mensch nicht nur von Brot lebt, sondern dass der Mensch von allem lebt, was der Mund des Herrn spricht.
Ps 104,12-13 An den Ufern wohnen die Vögel des Himmels, aus den Zweigen erklingt ihr Gesang.
Du tränkst die Berge aus deinen Kammern, aus deinen Wolken wird die Erde satt.
Hld 2,11-12 Denn vorbei ist der Winter, verrauscht der Regen. Auf der Flur erscheinen die Blumen; die Zeit zum Singen ist da. Die Stimme der Turteltaube ist zu hören in unserem Land.

Gesprächsanregungen
Der Mensch lebt nicht von Brot allein. Alles Schöne gehört auch zum Alltag, sonst würde er trist und grau. Das Zwitschern der Vögel und das Summen der Bienen ist dabei genau so wichtig wie der Anblick der Schmetterlinge. Vor allem ist es für den Menschen wichtig, der Natur zuhören zu können.

Phil Bosmans rät: Mach dich auf zum Leben! Lebe! Freude wird deinen Geist erfüllen. Deine Augen sehen wieder die Blume, die blüht. Deine Ohren hören wieder den Vogel, der pfeift. Du arbeitest mit deinen Händen. Herrlich schmeckt ein Stück Brot, ein Glas frisches Wasser. Wenn die Sonne scheint, fängst du an zu tanzen und im Regen kannst du pfeifen. Und du wirst spüren, wir sind gemacht für die Freude.

Themenkreise
Freude, Natur, Toleranz

Vorlesealter
ab 6 Jahre

Schuldig werden - hoffen dürfen

69 Dein Weg

Tilman besucht die vierte Klasse. Er geht gern in die Schule. Lesen und Mathematik sind seine Lieblingsfächer. Für alles Neue interessiert er sich.
Am Montagmorgen aber schleicht Tilman mit hängendem Kopf über den Schulhof oder drückt sich in der Ecke herum. Herr Grün, sein Religionslehrer, der die Frühaufsicht macht, merkt, dass Tilman etwas bedrückt. Zu verändert ist sein Verhalten. Darum sucht er seinen Schüler auf, um mit ihm ein Gespräch zu führen.
„Wie war dein Wochenende?“, erkundigt er sich.
„Wie soll es schon gewesen sein, bei dem Dauerregen“, antwortet Tilman. Herr Grün legt ihm die Hand auf die Schulter.
„Na, irgendetwas wirst du doch gemacht haben.“
„Ich habe in meinem Zimmer gehockt, gelesen, gespielt und ferngesehen.“
„Hat dir eine Sendung besonders gefallen?“
Tilman antwortet ohne zu zögern: „Der Film über das Leben von Franz von Assisi.“
„Den habe ich auch gesehen. Der war sehr schön.“
Eine Weile schweigt Tilman, dann sagt er: „Wie dieser Mensch gelebt hat, ist vorbildlich. Wird Gott mich einmal fragen: ‚Warum bist du nicht geworden wie dieser Franz von Assisi?‘“
„Das wird nie geschehen“, beruhigt ihn Herr Grün. „Aber schlimm wäre es, wenn er sagen würde: ‚Warum bist du nicht Tilman geworden?‘“

Inhalt
Tilman hadert, nachdem er einen Film über das Leben des hl. Franz von Assisi gesehen hat, mit seiner eigenen Unzulänglichkeit. Sein Lehrer weist ihm den richtigen Weg.

Biblische Bezüge
Apg 2,28 Du zeigst mir die Wege zum Leben, du erfüllst mich mit Freude vor deinem Angesicht.
1 Kor 12,31b.13,2 Ich zeige euch jetzt noch einen anderen Weg, einen, der alles übersteigt:
Und wenn ich prophetisch reden könnte und alle Geheimnisse wüsste und alle Erkenntnis hätte; wenn ich alle Glaubenskraft besäße und Berge damit versetzen könnte, hätte aber die Liebe nicht, wäre ich nichts.

Gesprächsanregungen
Der Religionslehrer erklärt seinem Schüler, dass er zu einer eigenen Persönlichkeit heranreifen muss und nicht der Abklatsch von irgendjemand werden soll. Sicher können ihm besondere Menschen dabei zum Vorbild werden.
Der englische Dichter Oscar Wilde stellt aber mit Recht fest: Die Botschaft Christi an den Menschen lautet einfach: „Sei du selbst!“ Dies ist das Geheimnis Christi.

Themenkreise
Lebensweisheit, Persönlichkeit, Vorbild

Vorlesealter
ab 9 Jahre

70 Der unsichtbare Freund

Es ist gut, einen Freund zu haben, auch wenn er unsichtbar ist. Timmy hat einen solchen. Einen guten Freund, der ihm sagt, wenn er etwas falsch macht. Als Timmy sich heute zu Bett legt, redet sein unsichtbarer Freund besonders viel.
„Das durftest du nicht tun“, sagt er immer wieder, „so durftest du Oleg nicht behandeln.“

Oleg hatte sein Bestes gegeben. Und Timmys Klasse hatte dennoch beim Spiel- und Spaßfest der Schule verloren. Alle hatten mit Oleg geschimpft, weil er so langsam war. Aber wenn man so dick ist wie er, dann kann man nicht schneller laufen.
Timmy hatte nicht nur gemeckert. Er hatte seinen Zorn und seine Wut mit Schlägen an ihm ausgelassen, aus Enttäuschung, dass sie letzter geworden waren. Oleg hatte bitterlich geweint, weil ihn Timmy so behandelt hatte. So gemein wie Timmy war sonst kein anderer Klassenkamerad zu Oleg gewesen.
„Du bist zu weit gegangen“, sagt nun der unsichtbare Freund, „entschieden zu weit. Es war nur ein Spiel und das muss man auch einmal verlieren können. Du hast gesehen, dass Oleg sich mühte. Du hattest nicht das Recht, ihn so zu behandeln. Du musst es wieder gutmachen.“
Auch wenn Timmy sich die Bettdecke über die Ohren zieht, er hört ihn doch, den unsichtbaren Freund. Er ist ein guter Freund, denn er redet ihm nicht nach dem Mund.

Inhalt

Timmys Klasse hat beim Spiel- und Spaßfest der Schule verloren, weil Oleg, ein korpulenter Mitschüler, zu langsam war. Timmy hat Oleg in seiner Enttäuschung fürchterlich beschimpft und misshandelt. Seine innere Stimme sagt ihm jetzt, dass er etwas falsch gemacht hat. Ihr kann er sich nicht entziehen.

Biblische Bezüge

Sir 37,13-14 Doch achte auch auf den Rat deines Gewissens. Wer ist dir treuer als dieses?
Das Gewissen des Menschen gibt ihm bessere Auskunft als sieben Wächter auf der Warte.
Apg 24,16 Deshalb bemühe auch ich mich, vor Gott und den Menschen immer ein reines Gewissen zu haben.
Gal 5,22-23 Die Frucht des Geistes aber ist Liebe, Freude, Friede, Langmut, Freundlichkeit, Güte, Treue, Sanftmut und Selbstbeherrschung; dem allem widerspricht das Gesetz nicht.
1 Petr 3,21 Dem entspricht die Taufe, die jetzt euch rettet. Sie dient nicht dazu, den Körper von Schmutz zu reinigen, sondern sie ist eine Bitte an Gott um ein reines Gewissen aufgrund der Auferstehung Jesu Christi.

Gesprächsanregungen

Der unsichtbare Freund ist Timmys gutes Gewissen, das ihm sagt, dass er überzogen reagiert hat. Oleg hätte Aufmunterung gebraucht statt Häme.

Christine von Schweden sagt: Das Gewissen ist der einzige Spiegel, der weder betrügt noch schmeichelt.

Emanuel von Swedenborg meint sogar: Das Gewissen bezeugt Gottes Anwesenheit im Menschen.

Dass ein gutes Gewissen eine Aufgabe für den Einzelnen ist, denkt George Washington, wenn er schreibt: Arbeite schwer, um den kleinen Funken göttlichen Feuers am Leben zu halten, der Gewissen heißt.

Der überaus friedvolle Mahatma Gandhi äußerte sich so: Der einzige Diktator auf Erden, den ich anerkenne, ist die kleine, leise Stimme in mir.

Themenkreise

Beherrschung, Gemeinschaft, Gewalt, Gewissen, Schuld, Spiel, Toleranz

Vorlesealter

ab 6 Jahre

71 Vertreibung aus dem Paradies

„Fort, fort! Verschwinde!“, schrie der Rabbi und einige Männer haben ihn mit Stöcken daran gehindert, sich noch ein paar Habseligkeiten aus seinem Haus zu holen, nicht einmal von seiner Frau Rut und seinem fünf Monate alten Sohn Amos durfte er sich verabschieden. Sie trieben ihn weg wie einen räudigen Hund.

Dabei war Jona einmal einer der beliebtesten Männer des Dorfes gewesen. Keiner konnte so schöne Töpfe herstellen wie er und alle kamen und kauften sie bei ihm. Damals saß Jona lachend vor seinem Haus oder an seiner Werkbank. Er war glücklich. Seine Geschäfte liefen gut und auf den Feldern wuchsen die Früchte zur größten Zufriedenheit. Gott schien seine Hand über Jona zu halten. Oder wie sollte er sich erklären, dass das Schicksal ihn so verwöhnte.

Die Freude schien grenzenlos zu sein, als seine Frau Rut ihm mitteilte, sie sei schwanger. Als dann noch ein Sohn geboren wurde, schlug Jona Purzelbäume, rannte durchs Dorf, um allen diese Botschaft mitzuteilen.
An diesem Tag saß Jona lange in der Synagoge und dankte dem Allmächtigen für seine schützenden Hände. Danach ging er stolz durch die Gassen, denn er wusste, sie würden ihn bald zum Dorfvorsteher ernennen, weil der alte David diese Aufgabe nicht mehr erfüllen konnte. Ja, Jona hatte es geschafft. Er war zu Ansehen und Ehren gekommen und ein Ende seiner Erfolgsleiter war noch nicht abzusehen.
An einem warmen Sommerabend hatte Jona, wie so oft, seinen Sohn auf dem Schoß. Er ließ seinen Vaterfreuden freien Lauf. Er drückte den Kleinen fest an sein Herz. Dabei fiel sein Blick auf seinen eigenen Arm. Ein kleiner heller Fleck machte ihn stutzig. Der verursachte aber keine Schmerzen. Darum beachtete Jona ihn auch nicht weiter. Unangenehmer war die Verdickung seiner Nasenscheidewand. Er bekam dadurch schlechter Luft, wenn er schlief.
„Es wird schon wieder werden", beruhigte er sich und dachte daran, dass er im Frühjahr öfter über verschiedene Wehwehchen geklagt hatte. Und was war das alles gegen sein Familienglück. Liebevoll brachte er seinen Sohn zu Bett.
Nach einigen Tagen aber waren weitere weiße Fleckchen hinzugekommen und die Nase hatte sich auch nicht gebessert. Es war, als säße ein Geschwür dort. Als er am nächsten Tag aufstand, hatte er die ersten weißen Flecken auch an den Beinen. Eine dunkle Ahnung stieg in Jona auf.
Es ist nichts, sagte er sich und machte sich Mut. „Und wenn doch?", fragte eine innere Stimme. Wenn er doch krank war? Nein, das konnte nicht sein. Er war noch so jung und liebte das Leben, seine Frau und besonders seinen Sohn. Gott konnte das nicht zulassen, konnte das nicht wollen.
Nur nicht diese Krankheit! Jona verbarg seine Arme, versteckte die Füße vor den Blicken seiner Frau und denen der Mitmenschen. Sicher würde bald alles vorbei sein, wie ein böser Traum

gewichen sein. In Wirklichkeit aber nahm der Befall zu. Jona steckte die Hände in heißes Wasser. Er sah die Rötungen der Haut, aber spürte keinen Schmerz. Jetzt bekam er Todesangst. Er verkroch sich in die hinterste Ecke seines Hauses.

Und als er bei heißem Wetter mit dicker Kleidung die Synagoge betrat, ging alles ganz schnell. Ein paar Männer, darunter sein bester Freund Josef, der Sandalenmacher, und Efraim, der Weinbauer, packten ihn und schleppten ihn zum Rabbi. Der schaute kaum hin. Er wusste sofort, Jona hat Aussatz! Die Männer fassten ihn nicht mehr an, trieben ihn mit Stöcken aus der Synagoge.

„Unreiner, fort mit dir! Fort! Fort!", schrien sie und schlugen ihn mit Ruten auf den Rücken.

„Lasst mich zu meiner Frau! Lasst mich Abschied nehmen von meinem Sohn!", bettelte Jona. Doch die Männer kannten kein Erbarmen. Sie trieben ihn zum Dorf hinaus.

Jona trottet über die Straße, er weint! Es sind stille Tränen der Verzweiflung. Jona weiß, was ihn erwartet. Ein freudloses Dasein in den dunklen Höhlen am Berg. Dort, wo die anderen Leprakranken hausen. Nie wieder wird er seine Frau und sein Kind sehen. Nie wieder wird er in geselliger Runde einen Becher Wein trinken. Das Lachen wird ihm vergehen.

Ein Leben in Trübsal und Klagen erwartet ihn. Wenn er das Essen von der Dorfstraße abholen muss, darf er das erst, wenn die Überbringer weit weg sind. Sollte er doch jemanden treffen, wird er sein Gesicht verbergen, das von Beulen übersät ist und in dem dreckige, fettige Haare hängen. Er muss die Rasseln drehen und „unrein! unrein!" rufen.

Dies alles geht Jona durch den Kopf, als er auf dem Weg zu den Höhlen ist, auf dem Weg, zu dem ihn die Männer getrieben haben.

„Gott", fragt er sich, „warum hast du mich so bestraft? Was habe ich verbrochen, dass ich ein Unreiner geworden bin? Die ganze Welt kann sehen, dass du mich für einen Sünder hältst. Aber ich habe doch keiner Menschenseele etwas zu Leide getan. Rut, Amos, warum tut Gott mir das an?"

Inhalt

Jona ist in seinem Dorf äußerst beliebt. Sein Glück ist vollkommen, als ihm seine Frau einen Sohn schenkt. Doch in diese Freude drängt sich bald grenzenlose Verzweiflung. Jona merkt, dass er Lepra hat. Darum wird er als Unreiner aus seinem Dorf vertrieben.

Biblische Bezüge

2 Kor 4,10-11 Wohin wir auch kommen, immer tragen wir das Todesleiden Jesu an unserem Leib, damit auch das Leben Jesu an unserem Leib sichtbar wird. Denn immer werden wir, obgleich wir leben, um Jesu willen dem Tod ausgeliefert, damit auch das Leben Jesu an unserem sterblichen Fleisch offenbar wird.

Phil 1,29 Denn euch wurde die Gnade zuteil, für Christus dazusein, also nicht nur an ihn zu glauben, sondern auch seinetwegen zu leiden.

1 Petr 2,20 Wenn ihr aber recht handelt und trotzdem Leiden erduldet, das ist eine Gnade in den Augen Gottes.

1 Petr 4,12-13 Liebe Brüder, lasst euch durch die Feuersglut, die zu eurer Prüfung über euch gekommen ist, nicht verwirren, als ob euch etwas Ungewöhnliches zustoße. Statt dessen freut euch, dass ihr Anteil an den Leiden Christi habt; denn so könnt ihr auch bei der Offenbarung seiner Herrlichkeit voll Freude jubeln.

Gesprächsanregungen

Lepra war lange eine furchtbare Geißel der Menschheit. Diese Krankheit wird durch Tröpfcheninfektion übertragen. Die ersten Anzeichen sind weiße Flecken auf der Haut. Die Erreger greifen die Nerven an und dadurch geht das Gefühl für Wärme und Kälte verloren. Bald bedecken Geschwüre den Körper und die Gliedmaßen fallen ab. Sie sind verfault. Folglich stinken die Menschen fürchterlich und sie werden äußerst unansehnlich. Trotzdem konnte sich das Siechtum über Jahre hinziehen, denn eine Heilung gab es zur Zeit Christi nicht, in der diese Geschichte sich ereignete.

Wegen der Angst vor Ansteckung wurden Kranke aus der Gesellschaft ausgestoßen und an einen für sie bestimmten Platz gebracht. Die Juden sahen in der Krankheit auch eine Strafe Gottes für Sünder. Sie waren Unreine und von daher schon war der Umgang mit ihnen tabu.

Der belgische Priester Damian De Veuster, der sich der Leprakranken annahm und mit ihnen lebte, wurde zum Apostel der Aussätzigen. Er ist ein Beispiel für gelebtes Christentum.

Wenn auch der Aussatz von der Medizin weit gehend besiegt wurde, so gibt es doch immer wieder furchtbare Krankheiten, die die Menschheit treffen. Heute ist das Aids. Somit ist die Geschichte von größter Aktualität.

Themenkreise
Aids, Außenseiter, Glück, Judentum, Krankheit, Leid, Seuche, Verzweiflung

Vorlesealter
ab 9 Jahre

72 Der Vogt will es so!

Die Glocken der Dorfkirche rufen zum „Engel des Herrn“. Bernhard richtet sich auf, kniet nun senkrecht auf dem feuchten Boden und faltet seine schmutzigen Hände zum Gebet. Er genießt diese Minuten der Ruhe, in denen sich sein Oberkörper strecken darf. Er hört seine Schwestern Johanna und Elisabeth murmeln: „Maria sprach: ‚Siehe, ich bin die Magd des Herrn und mir geschehe nach deinem Wort‘.“
Nach dem „Gegrüßet seist du, Maria“ greift Bernhard wieder seinen Holzscheit und drückt ihn fest in die Erde, um mit ihm die Kartoffeln aus dem Boden zu holen. Er ist stolz auf dieses Stück Holz, das er sich selbst geschnitzt hat. Es gleicht einem Spaten, ist nur kürzer, so dass er kniend die Erde aufwerfen kann. Er legt die Kartoffeln in einen Korb, den er mit der linken Hand hinter sich herzieht. Zehn Stunden hat er heute schon gearbeitet, ohne Pause, lediglich unterbrochen von einem hastigen Mittagessen und dem gerade gesprochenen Abendgebet. Sein Rücken schmerzt von der Anstrengung, die Hände zeigen Schwielen und den Körper befällt Müdigkeit.
Es ist gut, dass die Dämmerung hereinbricht. Sie erlaubt den Kindern, die Arbeit zu beenden. Bernhard schüttet die Kartoffeln auf den Leiterwagen, auf den auch seine Schwestern ihre Körbe geleert haben. Wortlos ergreift er die Deichsel der Karre und zieht sie über den aufgewühlten Acker. Elisabeth und Johanna schieben das beladene Wägelchen, indem sie gegen die hintere Querstange drücken.

Die drei erreichen ihr zerfallenes Zuhause. Bernhard fährt die kleine Karre in den alten Anbau und schiebt den verrosteten Riegel vor die rissige Tür.
Zu seinen glücklichsten Minuten des Tages gehören die nächsten, wenn er ins Haus tritt und von Hasso begrüßt wird. Jedesmal springt sein Hund an ihm empor und leckt an seinen Händen. Bernhard krault das dichte Fell des Tieres, streichelt Hals und Rücken.
„Guten Abend“, sagt die Mutter, „Vater ist noch nicht von der Arbeit zurück. Wir warten mit dem Abendbrot.“
Sie rührt mit dem Holzlöffel den Haferbrei um, der auf dem Herd kocht. Wie jeden Abend nimmt Bernhard die Eimer und verlässt das Haus. Sein Hund folgt ihm. Sie gehen über die holprige Dorfstraße zum Marktplatz, auf dessen Mitte der Brunnen steht. Der Junge bewegt den dicken Schwengel auf und nieder, füllt die Eimer mit frischem Wasser. Er lässt sich Zeit, damit sein Hund mehrfach über den Platz rennen kann. Das Tier braucht diesen Auslauf. Dann hängt er die Eimer an das Joch, das er sich auf die Schultern legt. Den Kopf tief gesenkt, schleppt er die Last heimwärts. Das Licht des Mondes beleuchtet den Weg.
Das Wasser stellt er vor die Kommode neben die Haustür, füllt zwei Becher in eine Schale, um sich Hände und Gesicht zu waschen. Einen Napf mit Wasser reicht er dem Hund. Müde setzt er sich dann auf die Küchenbank, unter die sich Hasso verkriecht.
Am Kopfende nimmt stets der Vater Platz. Doch der ist immer noch nicht da. So stiert Bernhard hungrig auf seinen leeren Holzteller und krault dabei liebevoll den Hals des Hundes. Johanna und Elisabeth sitzen neben der Großmutter und helfen beim Spinnen. Seine jüngeren Brüder Konrad und Walter spielen mit Holzstücken auf dem Fußboden, während Mutter am Herd hantiert, unruhig auf die Rückkehr ihres Mannes wartend. Endlich hört die Familie Schritte und der Vater betritt die Küche. Er küsst flüchtig seine Frau und wäscht sich dann Hände und Gesicht. Erschöpft setzt er sich neben seinen Ältesten.

„Werdet ihr morgen das Kartoffelfeld abgeerntet haben?“, fragt er. Bernhard nickt. Mutter reicht Vater das Brot, das sie heute gebacken hat. Für Sekunden schließt dieser dankbar seine Augen, dann ritzt er mit dem Messer drei Kreuze in die knusprige Unterseite, dabei betet er: „Gib uns unser tägliches Brot, gütiger Gott.“ Während er sorgfältig Scheibe für Scheibe abschneidet, schöpft Mutter jedem eine Kelle Haferbrei auf den Teller. Das Brett mit dem Brot reicht Vater herum.

Als alle essen, versteckt Bernhard heimlich ein Viertel seines Brotes in seiner Hosentasche. Dieses Eckchen hebt er sich jeden Abend auf, um es vor dem Einschlafen Stück für Stück auf seiner Zunge zergehen zu lassen. Das Kauen des Brotes und die Wärme seines Hundes schenken ihm zu später Stunde das Gefühl des Wohlseins.

Vater sieht auf seinen Teller, als er plötzlich sagt: „Wir müssen Hasso töten!“

Bernhard schaut seinen Vater fassungslos an, der seinen Blick nicht erwidert.

„Nein!“, schreit er.

„Der Vogt will es so.“

„Hasso hat keinem ein Leid zugefügt“, protestiert Bernhard. Eine Weile ist es totenstill. Obwohl der Junge erst zehn Jahre alt ist, weiß er, dass jede Anordnung des Vogtes sofort ausgeführt werden muss. Tränen kullern in seinen Haferbrei. Bernhard spürt das Fell seines Hundes, der unter der Bank zu seinen Füßen liegt.

„Der Vogt will es so“, wiederholt der Vater. „Wir Bauern müssen alle Hunde abschaffen und alle langen Messer abgeben. Der Mühlenbauer ist beim Jagen erwischt worden. Zur Strafe hat man ihm beide Augen ausgebrannt.“

„Dem Mühlenbauern?“, fragt die Mutter entsetzt.

„Dem Mühlenbauern! Damit keiner mehr in die Versuchung kommt, müssen alle Hunde des Dorfes getötet und alle langen Messer abgegeben werden. So will es der Vogt!“

„Hasso hat noch nie ein Tier gejagt“, sagt Bernhard mehr zu sich selbst als zu seinen Eltern.

Obwohl er heute wenig gegessen hat, lässt er ein Stück Brot zu Boden fallen, das der Hund verschlingt.
Bernhard liebt Hasso. Sie sind zusammen aufgewachsen, haben miteinander gespielt, einander gewärmt. Jede Nacht ist der Hund in das Bett des Jungen gekrochen und vorm ersten Hahnenschrei zurück in die Küche geschlichen, von niemandem bemerkt. Vater will nicht, dass Tiere sich in den Schlafkammern der Menschen aufhalten.
„Schon heute Nacht wird er nicht mehr kommen!“, weint es in Bernhard und er kramt in seiner Hosentasche nach dem Stückchen Brot, das er sich wie immer für die Nacht aufheben wollte. Heute lässt er auch noch dies auf den Boden fallen.

Inhalt
Am Ende des Mittelalters, etwa vor der Zeit der Bauernaufstände, war das Landleben hart. Sie sind fast wehrlos den herrschenden Schichten ausgesetzt. Schon die Kinder müssen auf den Feldern arbeiten, so auch Bernhard und seine Geschwister. Der einzige Lichtblick im Leben des Jungen ist sein Hund. Doch als ein Bauer beim Wildern erwischt wird, befiehlt der Vogt, alle Hunde des Dorfes zu töten. Die Anordnung gilt auch für Bernhards Hasso. Der Junge weiß, dass dies noch in der Nacht geschehen wird.

Biblische Bezüge
Spr 3,12 Wen der Herr liebt, den züchtigt er, wie ein Vater seinen Sohn, den er gern hat.
2 Kor 11,20 Denn ihr nehmt es hin, wenn euch jemand versklavt, ausbeutet und in seine Gewalt bringt, wenn jemand anmaßend auftritt und euch ins Gesicht schlägt.
1 Petr 5,7 Werft alle eure Sorge auf ihn, denn er kümmert sich um euch.

Gesprächsanregungen
Bernhard erfährt schmerzlich, was ein Leben in Unfreiheit bedeutet. Welch hohes Gut die Demokratie ist, wissen wir alle. Sie zu schützen und sich für sie einzusetzen, müsste selbstverständlich sein. Dies gilt besonders in einer Zeit, in der Radikale diesen Staat gefährden.
Ludwig Börne, politischer Schriftsteller, meint: Es gibt keinen Menschen, der nicht die Freiheit liebte; aber der Gerechte fordert sie für alle, der Ungerechte nur für sich allein.

Karl Jaspers sagt: Die Freiheit ist immer in der Defensive und daher in Gefahr. Wo die Gefahr in der Bevölkerung nicht mehr gespürt wird, ist die Freiheit fast schon verloren.
Lord Bolingbroke schreibt: Freiheit ist für die Gesellschaft, was die Gesundheit für den Einzelnen ist.

Themenkreise
Arbeit, Freiheit, Gehorsam, Gesetz, Leid, Machtmissbrauch, Not, Strafe, Willkür

Vorlesealter
ab 9 Jahre

73 Verletzt!

„Wir gehen heute zum Sportplatz", sagt Lehrer Baumann und die Jungen seiner Sport-AG sind begeistert. Es ist der erste schöne Tag in diesem Jahr, an dem sie den engen Raum der Turnhalle verlassen können. Bei blauem Himmel und strahlender Sonne ziehen sie los zur nahegelegenen Sportanlage.
Nachdem sie sich umgekleidet haben, wählen Benny und Mike die Mannschaften. Als ersten nimmt Benny seinen Freund Rüdiger, dann im Wechsel mit Mike die anderen.
„Mist!", sagt plötzlich Herr Baumann und schlägt sich mit der Hand vor die Stirn, „ich habe die Trikots vergessen."
„Macht nichts!", ruft einer, „wir ziehen bei dem schönen Wetter die Hemden aus. So können Sie und wir uns unterscheiden."
Herr Baumann stimmt zu und ordnet an, dass Bennys Mannschaft mit freiem Oberkörper spielt. Die Jungen rennen zu den Umkleidekabinen, um die Hemden wegzubringen. Nur Rüdiger bleibt wie angewurzelt stehen.
„Kann ich in der anderen Mannschaft spielen?", fragt er schüchtern.
„Warum in aller Welt?", wundert sich Herr Baumann und deu-

tet dann unmissverständlich auf die Umkleideräume mit den Worten: „Gewählt ist gewählt!“
Rüdiger bewegt sich langsam auf den angegebenen Ort zu. Plötzlich rennt er los, schreit auf und fasst sich an den Knöchel. Mit schmerzverzerrtem Gesicht bleibt er auf dem Boden liegen. Herr Baumann eilt hinzu.
„Ich habe mir den Fuß verstaucht“, stöhnt er.
„Tut es sehr weh?“, fragt der Sportlehrer besorgt.
„Es geht schon!“, stellt Rüdiger fest und steht auf. Doch Herr Baumann rät ihm, den verstauchten Fuß ein wenig zu kühlen. Rüdiger humpelt zu den Umkleideräumen. In der Zwischenzeit sind die anderen auf den Platz zurückgekehrt und das Spiel beginnt. Von der Tribüne aus beobachtet Rüdiger später das Geschehen. In der Halbzeit zieht er sich um, denn an ein Mitmachen ist nicht zu denken. Weil er nicht mitspielt, verliert seine Mannschaft 1: 3.
Auf dem Heimweg sucht Herr Baumann Bennys Nähe.
„Irgendetwas stimmt nicht“, sagt er, dann fasst er an Bennys Schulter und fragt: „Was ist los?“
„Ich weiß nicht, was Sie meinen“, antwortet Benny ausweichend.
„Doch, du weißt etwas.“
„Nein, bestimmt nicht!“
„Ganz bestimmt!“
Benny bleibt stehen, sieht sich um, ob irgendjemand sie beobachtet, dann flüstert er: „Rüdiger konnte das Hemd nicht ausziehen. Er hat den Oberkörper voller roter und blauer Striemen.“
Nach einer kleinen Pause fügt er hinzu: „Sie wissen schon, sein Vater ...“

Inhalt

Die Fußball-AG spielt auf dem Sportplatz. Weil Lehrer Baumann die Trikots vergessen hat, muss eine Mannschaft ohne Hemden spielen. Rüdiger weigert sich, dabei mitzumachen. Sein Freund verrät dem Lehrer später den Grund.

Biblische Bezüge
Ps 103,6 Der Herr vollbringt Taten des Heiles, Recht verschafft er allen Bedrängten.
Hab 1,3 Warum lässt du mich die Macht des Bösen erleben und siehst der Unterdrückung zu?
Apg 7,24 Und als er sah, wie einem von ihnen Unrecht geschah, kam er dem Unterdrückten zu Hilfe.

Gesprächsanregungen
Nach wie vor erleiden viele Kinder körperliche Gewalt in der Familie. Viele Erziehungsberechtigte halten sogar nach neuesten Untersuchungen einen „Klaps" für durchaus angebracht. Leider! Neben der physischen Gewalt nimmt die psychische erschreckend zu. Diese lenkt junges Leben in traurige Bahnen.
Es sollte auch geklärt werden:
1. Verhält sich Benny seinem Freund gegenüber richtig, der ganz offensichtlich seinen Vater nicht bloßstellen will?
2. Lehrer Baumann weiß nun etwas, das ihn zum Handeln zwingt. Was sollten seine nächsten Schritte sein?

Themenkreise
Angst, Erziehung, Familie, Freundschaft, Gewalt, Scham, Strafe

Vorlesealter
ab 9 Jahre

74 Bitterschokolade

„Du musst es tun", drängelt Peter. Ralfs Hände stecken unentschlossen in der Hosentasche.
„Wenn du zu uns gehören willst, musst du es tun", bestätigt auch Marius.
Ralf schaut auf seine Schuhspitzen. „Ich habe noch nie etwas gestohlen", murmelt er.
„Einmal ist immer das erste Mal. Und Mutprobe ist Mutprobe."
„Du brauchst keine Angst zu haben", ermutigt ihn Marius.

„Es ist ganz einfach. Wir lenken den alten Graumann ab und du lässt die Schokolade in der Innentasche deiner Jacke verschwinden. So einfach ist das!"
Ralf lehnt an der Mauer. „Einem alten Mann eine Tafel Schokolade zu stehlen, das ist doch keine Mutprobe."
„Willst du nun zu uns gehören oder nicht?"
„Bist du feige?", fragt Peter herausfordernd.
„Ich bin nicht feige", erwidert Ralf und steuert ‚Graumanns Kleines Lädchen' an.
Ein helles Glöckchen bimmelt, als die drei Jungen das Geschäft betreten. Der alte Graumann schielt über seine Brille und begrüßt die Jungen mit einem Kopfnicken.
Peter und Marius schlendern lässig durch die schmalen Gänge, Ralf folgt ihnen vorsichtig. Peter zieht ein Schulheft aus dem Regal. Ralf bückt sich schnell. Schon ist die Schokolade in seiner Jacke verschwunden. An der Kasse bezahlt Peter das Schreibheft. Herr Graumann schenkt den Dreien ein Kaugummi. Das macht er immer, wenn Kinder zu ihm kommen. Das Glöckchen bimmelt beim Hinausgehen.
„Gut gemacht!", lobt Peter.
„Vollmilchschokolade mit Nüssen hat er erwischt", freut sich Marius, der die Beute gerecht verteilt. Ralf kaut die Schokolade, sie schmeckt bitter.
„Jetzt gehörst du zu uns", bestätigt Marius und reicht Peter die Hand nach Indianerart, Arm und Handfläche gleichzeitig.
„Ich muss heim", murmelt Ralf und rennt davon. Zu Hause brütet er lange über seinem Rechenheft.
Am nächsten Morgen klopft Ralfs Herz, als er an ‚Graumanns Kleinem Lädchen' vorbeikommt. Nach der Schule bleibt er einige Minuten vor dem Geschäft stehen. Dann tritt er ein.
Das Glöckchen bimmelt wie eh und je und Herr Graumann schielt wie immer über seine Brille. Ralf legt ein Geldstück auf den Kassentisch.
„Was möchtest du, Ralf?", fragt Herr Graumann.
„Ich", stottert Ralf, „ich möchte eine Tafel Schokolade bezahlen."

„Du musst dir erst eine aussuchen“, erklärt freundlich Herr Graumann.
„Ich habe sie mir schon genommen, gestern.“
Herr Graumann schaut Ralf an.
„Es war eine Mutprobe“, erklärt Ralf.
Herr Graumann öffnet die Kasse und legt das Geldstück hinein.
Er reicht Ralf wie immer ein Kaugummi.
Dann nickt er anerkennend: „Die Mutprobe hast du heute bestanden.“

Inhalt

Peter und Marius drängen Ralf, eine Tafel Schokolade zu stehlen, quasi als Mutprobe. Ralf sieht es nicht als Heldentat an, einem alten Mann etwas zu entwenden. Doch er macht es. Am nächsten Tag korrigiert er seine Tat und beweist nun wirklich Mut.

Biblische Bezüge

Ps 32,5 Da bekannte ich dir meine Sünde und verbarg nicht länger meine Schuld vor dir.
Ich sagte: Ich will dem Herrn meine Frevel·bekennen. Und du hast mir die Schuld vergeben.
Ps 139,23-24 Erforsche mich, Gott, und erkenne mein Herz, prüfe mich und erkenne mein Denken!
Sieh her, ob ich auf dem Weg bin, der dich kränkt, und leite mich auf dem altbewährten Weg!
Spr 28,13 Wer seine Sünden verheimlicht, hat kein Glück, wer sie bekennt und meidet, findet Erbarmen.
Lk 15,10 Ich sage euch: Ebenso herrscht auch bei den Engeln Gottes Freude über einen einzigen Sünder, der umkehrt.

Gesprächsanregungen

Es ist leichter, mit dem Strom als gegen ihn zu schwimmen und das zu machen, was die Mehrheit verlangt. Auch Ralf fügt sich den anderen und besteht seine Mutprobe. Mit Recht behauptet Herr Graumann, dass Ralf wahren Mut erst am nächsten Tag gezeigt hat, an dem er seinen Fehler eingesteht.
Thomas Paine meint: Ein ehrlicher Mensch ist in Gottes Augen für die menschliche Gesellschaft wertvoller als alle gekrönten Raufbolde, die je gelebt haben.

Themenkreise
Diebstahl, Ehrlichkeit, Freundschaft, Gewissen, Mut, Verzeihen

Vorlesealter
ab 7 Jahre

75 Timo, der Kirschpflücker

Timo bleibt stehen, starrt auf die saftigen Kirschen, die in der Sonne leuchten. Das Wasser läuft ihm im Mund zusammen. Er ist durstig und hungrig. Vorsichtig späht er über den Zaun. Opa Otto ist nicht zu sehen. Es sind seine Kirschen, aber Timo hat Hunger.

Otto ist nicht sein richtiger Opa, vielmehr sein Freund. Einmal hat er Timos Drachen geflickt, als dieser im Wirbelflug zur Erde gestürzt war. Aber daran denkt Timo jetzt nicht.

Er drückt eine Latte des Zaunes beiseite und zwängt sich in den Garten. Gebückt schleicht er zum Kirschbaum, geschwind klettert er die Leiter hinauf, geschickt schwingt er sich auf den unteren Ast. Aus der Tasche zieht er einen Plastikbeutel und beginnt zu pflücken. Eine Kirsche in die Tüte, eine in den Mund! Eine in die Tüte, eine in den Mund!

„Guten Tag, Timo", sagt Opa Otto. Timo zuckt zusammen, verschluckt den Kirschkern. Sein Hals drückt. Seine Hände zittern. Timo starrt Opa Otto an. Am liebsten möchte er im Erdboden versinken. Aber das ist unmöglich, wenn man hoch oben in einem Kirschbaum sitzt.

„Guten Tag, Timo!", sagt Opa Otto noch einmal und rückt eine Leiter näher an den Baum. „Guten Tag", flüstert Timo.

„Das ist lieb von dir, dass du mir helfen willst. Aber du darfst die Kirschen nicht in eine Plastiktüte legen. Dort werden sie zu Kirschmus." Opa Otto holt einen Korb. Timo sitzt wie versteinert auf dem Ast. Opa Otto kehrt zurück, steigt auf die untere

Sprosse der Leiter und reicht Timo den Korb. Der Junge füllt die Kirschen um. Dann pflückt er - keine in den Mund, alle in den Korb.
Opa Otto lehnt an der Leiter und lacht: „Timo, du bist der schnellste Kirschpflücker der ganzen Welt. Du bist Kirschpflückweltmeister."
Timo erntet, bis der Korb voll ist. Dann reicht er ihn Opa Otto. „Weißt du", überlegt dieser, „zur Belohnung mache ich dir jetzt einen Kirsch-Eisbecher, mit viel Eis und selbst gepflückten Kirschen."
Opa Otto greift Timos Hand und führt ihn zu der Bank, die vor seinem Haus steht. Auf dieser Bank hatten sie damals auch zusammen den abgestürzten Drachen repariert. Opa Otto verschwindet im Haus. Es dauert nicht lange, da kommt er wieder mit zwei Eisbechern.
Er gibt Timo einen Becher und setzt sich neben ihn.

Inhalt
Opa Otto erwischt Timo, als dieser in seinem Garten Kirschen stiehlt. Doch er tadelt den Dieb nicht, sondern reicht ihm einen Korb mit der Bitte, die Kirschen dort hinein zu sammeln. Timo schämt sich seines Vergehens und macht mit Fleiß vieles gut.

Biblische Bezüge
Ex 20,15 Du sollst nicht stehlen.
Spr 16,32 Besser ein Langmütiger als ein Kriegsheld, besser, wer sich selbst beherrscht, als wer Städte erobert.
Mt 5,7 Selig die Barmherzigen; denn sie werden Erbarmen finden.
Mt 7,1 Richtet nicht, damit ihr nicht gerichtet werdet!
Lk 6,38 Gebt, dann wird auch euch gegeben werden. In reichem, vollem, gehäuftem, überfließendem Maß wird man euch beschenken; denn nach dem Maß, mit dem ihr messt und zuteilt, wird auch euch zugeteilt werden.

Gesprächsanregungen
Im rechten Moment ein Auge zudrücken zu können, ist eine Kunst. Opa Otto beherrscht sie. Er erspart Timo so Peinlichkeiten und bewahrt für beide die Freundschaft.

Der Dalai Lama sagt: Kluge Egoisten denken an andere, helfen anderen so gut sie können - mit dem Ergebnis, dass sie selbst davon profitieren.
Das ist meine Religion. Sie ist sehr einfach. Tempel? - Nicht nötig. Komplizierte philosophische Systeme? - Nicht nötig. Unser Hirn und unser Herz ist unser Tempel, Güte unsere Philosophie.

Themenkreise
Freundschaft, Gewissen, Miteinander, Schuld, Verzeihen

Vorlesealter
ab 6 Jahre

76 Gefasst!

Großvater erschrickt, weil ein Polizeiwagen vor dem Haus hält. Zwei Beamte und Uli steigen aus. Uli ist sein Enkel. Sie bringen ihn zum Eingang. Nach dem Schellen öffnet Großvater die Haustür.
„Guten Tag! Können wir die Eltern dieses Kindes sprechen?“, fragt einer der Beamten. „Sie wohnen doch hier?“, vergewissert sich der andere.
„Ja“, erwidert der Großvater, „aber sie sind unterwegs und ich weiß nicht, wann sie zurückkommen.“
Es folgt betretenes Schweigen, Großvater spürt, dass Uli etwas angestellt hat. Darum sagt er: „Der Junge ist mein Enkelkind, Sie können mir anvertrauen, was geschehen ist. Ich gehöre doch auch zur Familie.“
Die Beamten nicken zustimmend.
„Ihr Enkel ist beim Stehlen im Kaufhaus erwischt worden. Der Hausdetektiv hat ihn angezeigt. Er hat gesehen, wie er ein Computerspiel in seiner Jacke versteckte. Da er noch nicht strafmündig ist, sollten seine Eltern sich ihren Sohn vorknöpfen.“
„Ich werde es meiner Tochter ausrichten“, stammelt der Großvater sichtlich betroffen. Die Beamten verabschieden sich. Er

schiebt Uli ins Haus. Das Kind verschwindet in seinem Zimmer. Großvater setzt sich ans Fenster und starrt auf die Straße. Er schämt sich für seinen Enkel.
Plötzlich fällt ihm ein, dass er auch einmal bei einem Diebstahl erwischt wurde. An die Einzelheiten erinnert er sich genau.
Fast die ganze Nacht hatte er nicht geschlafen, so sehr schmerzte der Bauch. Qualen, die der Hunger verursachte. Fürchterliche Qualen! So erging es vielen Kindern in den Nachkriegsjahren.
Im Morgengrauen war er aufgestanden, hatte sich leise angezogen und war aus dem Haus geschlichen und in Nachbars Garten gestiegen, um sich ein paar Kartoffeln aus dem Boden zu ziehen. Als er die zweite Staude anfasste, bekam er von hinten einen Stoss. Er fiel mit dem Gesicht auf die Erde. Immer wieder drückte ihn eine starke Hand zu Boden und schrie: „Friss den Dreck, du Dieb! Nun friss schon!"
Das geschah ein halbes Dutzendmal. Dann ließ man ihn los. Weinend, das Gesicht voller Erde, rannte er heim.
Dabei fragte er sich immer wieder, ob der Nachbar nicht wusste, wie weh Hunger tut?

Inhalt
Uli ist im Kaufhaus beim Stehlen erwischt worden. Als sein Großvater davon erfährt, erinnert er sich wieder an einen Diebstahl, den er vor vielen Jahren beging.

Biblische Bezüge
Spr 6,30 Verachtet man nicht den Dieb, auch wenn er nur stiehlt, um sein Verlangen zu stillen, weil er Hunger hat?
Spr 30,8-9 Falschheit und Lügenwort halt fern von mir; gib mir weder Armut noch Reichtum, nähr mich mit dem Brot, das mir nötig ist,
damit ich nicht, satt geworden, dich verleugne und sage: Wer ist denn der Herr?,
damit ich nicht als Armer zum Dieb werde und mich am Namen meines Gottes vergreife.
Eph 4,28 Der Dieb soll nicht mehr stehlen, sondern arbeiten und sich mit seinen Händen etwas verdienen, damit er den Notleidenden davon geben kann.

Gesprächsanregungen
Auf den ersten Blick ist das Urteil schnell gefällt. Der Großvater stiehlt aus einer großen Not heraus, Uli aber bereichert sich an Luxusgegenständen. So scheint es! Untersuchungen aber zeigen, dass viele Diebstähle, die von Kindern und Jugendlichen heute begangen werden, einem Aufschrei gleichkommen. Sie machen oft auf ihre seelische Not aufmerksam. Häufig leben sie in zerrütteten familiären Verhältnissen oder es fehlt ihnen die notwendige Zuwendung und Liebe zu Hause. Nicht selten wollen sie Anerkennung und Achtung in ihrem Freundeskreis durch den materiellen Besitz erhaschen. Gründe für den Diebstahl können aber auch in der fehlenden Gewissensbildung liegen. Dies muss beim Urteil über Uli bedacht werden.

Themenkreise
Diebstahl, Gebote, Hunger, Not

Vorlesealter
ab 8 Jahre

77 Trauriger Alltag

„Mein Papa liegt im Krankenhaus", sagt Sarah und ihre Freundin Kristina fragt verwundert: „Dein Vater? Warum?"
Sarah erzählt: „Wir wohnen doch in der Altstadt. Vor zwei Tagen wollte Vati spätabends für sich und die Mutti noch eine Bratwurst und ein paar Pommes frites holen. Er zog sich an und machte sich auf den Weg zum Heidegrill. Der liegt in unserer Nähe."
„Ich weiß", meint Kristina.
„Er ging also durch die Treppenstraße. Sie ist sehr dunkel, aber es gibt keinen anderen Weg."
„Ja, und?"
„Auf der obersten Stufe bekam mein Vater plötzlich einen Tritt in den Rücken. Er stürzte kopfüber die Treppen hinunter. Dabei überschlug er sich mehrfach und blieb dann unten fast besinnungslos liegen. Eine dunkle Gestalt schlug ihm mit voller

Wucht ins Gesicht und raubte ihn dann aus. Danach muss er ohnmächtig geworden sein. Jedenfalls wunderte sich meine Mutter, dass er nicht wiederkam. Beunruhigt machte sie sich darum auf, um ihn zu suchen. Sie fand ihn blutüberströmt auf dem Weg liegend. Zum Glück oder aus einer schlimmen Vorahnung heraus hatte sie das Handy mitgenommen. Sie rief sofort den Krankenwagen. Mit einer schweren Gehirnerschütterung und mehreren Knochenbrüchen liegt er nun im Elisabeth-Hospital. Er hat furchtbare Schmerzen."

„Was sagt die Polizei?"

„Was kann sie unternehmen? Sie hat meinen Vater gefragt, ob er irgendwelche Angaben zu der Person machen kann. Das war unmöglich. Erstens erfolgte der Angriff von hinten und zudem war es dunkel. Sie haben zwar gesagt, dass sie sich umhören werden. Aber das sei schon der achte derartige Überfall in diesem Monat. Sie hätten wenig Aussichten, den Täter zu fassen. Solche Verbrechen gehören leider zum Alltag einer Großstadt."

Inhalt

Ein Mann wird brutal überfallen und ausgeraubt. Die Polizei ist machtlos.

Biblische Bezüge

Ps 62,11 Vertraut nicht auf Gewalt, verlasst euch nicht auf Raub!

Spr 1,19 So enden alle, die sich durch Raub bereichern: Wer ihn an sich nimmt, dem raubt er das Leben.

Joh 12,35 Wer in der Finsternis geht, weiß nicht, wohin er gerät.

Gesprächsanregungen

Die Kriminalität, besonders in den Großstädten, wächst ständig. Dabei gilt ein Menschenleben wenig, und das bei Pfennigbeträgen. Die Hemmschwelle wird immer geringer. Dies gilt leider auch für Kinder und Jugendliche. Darum ist diese Problematik auch ein Thema für die Grundschule.

Kurt Tucholskys Worte gelten noch heute: Jedes Verbrechen hat zwei Grundlagen: die biologische Veranlagung eines Menschen und das soziale Milieu, in dem er lebt.

Jean de la Bruyère urteilt so: Wenn Armut die Mutter von Verbrechen ist, dann ist mangelnder Verstand dessen Vater.

Themenkreise
Diebstahl, Gewalt, Verbrechensbekämpfung

Vorlesealter
ab 9 Jahre

78 Reinfall

Sie sind wie Hund und Katze. Sie knurren sich an, sie kratzen und beißen. Dabei sind sie Klassenkameraden. Sie sollten einander verstehen und helfen. Aber das ist nicht so bei Adrian und Björn. Seit dem Kindergarten ärgern sie sich gegenseitig. Erst in der letzten Woche hat Björn Wasser auf Adrians Stuhl geschüttet. Adrian hat das erst bemerkt, als er Platz genommen hatte. Mit nassem Hinterteil ist er nach Hause gerannt. Am nächsten Tag hat Adrian farblosen Klebstoff auf Björns Stuhl gestrichen, so viel, dass der Stuhl an der Hose festklebte. Mit dem Stuhl am Po ist Björn durch die Klasse gewackelt.

Heute bemerkt Björn vor der Malstunde, die immer mittwochs nach der großen Pause ist, dass Adrian in seinem Fach nach dem Zeichenblock sucht. Vor ihm aber liegt einer, der ihm nicht gehört. Es kann nur der von Adrian sein, wie immer er auch dorthin gekommen ist.

„Aber er liegt auf meinem Platz", sagt sich Björn, „und dann kann ich damit machen, was ich will."

Björn reißt die einzelnen Seiten aus dem Block und verteilt in der Klasse Zeichenblätter. „Bitte schön", sagt er freundlich, „ein kleines Geschenk von mir."

Als die Lehrerin kommt, sind alle Blätter bis auf das letzte verteilt. Grinsend setzt Björn sich auf seinen Platz.

„Björn", sagt die Lehrerin, „deine Mutter hat in der Pause einen neuen Zeichenblock für dich gebracht. Ich habe ihn auf deinen Platz gelegt."

Inhalt
Adrian und Björn sind sich spinnefeind. Sie ärgern sich gegenseitig, wann immer sie können. Als auf Björns Platz ein Zeichenblock liegt, der ihm - so glaubt er - nicht gehört und er bemerkt, dass Adrian seinen sucht, verteilt er die Blätter des Blockes in der Klasse. Es ist aber sein eigener.

Biblische Bezüge
Spr 26,27 Wer eine Grube gräbt, fällt selbst hinein, wer einen Stein hochwälzt, auf den rollt er zurück.
Mt 5,23-24 Wenn du deine Opfergabe zum Altar bringst und dir dabei einfällt, dass dein Bruder etwas gegen dich hat, so lass deine Gabe dort vor dem Altar liegen; geh und versöhne dich zuerst mit deinem Bruder, dann komm und opfere deine Gabe.

Gesprächsanregungen
Missgunst und Streit führen zu nichts und machen allen Parteien das Leben schwer. Björn sollte dringend aus diesem Vorfall lernen und umdenken. Es wäre besser für ihn und seinen Klassenkameraden.
William Hazlitt glaubt: Wir sind nie so sehr geneigt mit anderen zu streiten, als dann, wenn wir mit uns selber unzufrieden sind.
Adalbert Stifter sagt: Hass und Zank zu hegen oder zu erwidern ist Schwäche - sie zu übersehen und mit Liebe zurückzuzahlen ist Stärke.

Themenkreise
Goldene Regel, Hass, Miteinander, Streit

Vorlesealter
ab 6 Jahre

79 Gierig glauben

Wer als eiliger Besucher den Rathausturm der Stadt Brünn besteigt, übersieht leicht das Wagenrad, das rechter Hand am Eingang angebracht ist. Selbst wenn er es sieht, wird er sich über das zwölfspeichige Rad kaum Gedanken machen, noch wird ihm auffallen, dass auf der dicken Nabe der Name Georg Birck steht, der Name jenes Radmachers, der leidvoll erfahren musste, was in dieser Welt gewichtiger ist, das Wort oder die Tat. Hatte er doch gewettet, er werde an einem Tag einen Baum fällen, aus ihm ein Rad fertigen und von Lednice nach Brünn rollen.

Diese ungewöhnliche Wette sprach sich schnell in der ganzen Stadt herum und erregte Aufmerksamkeit. Zeugen verfolgten das Einlösen. Was niemand für möglich gehalten hatte, Georg Birck gelang das Wettwunder. Am Abend stand das Rad in der Stadt. Mit dieser Tat sprachen sich die Geschicklichkeit und die Handwerkskunst des Radmachers herum und er durfte auf viele Aufträge und gute Geschäfte hoffen.

Eine geniale Tat bringt, wie so oft im Leben, den Neid der Mittelmäßigen hervor. So verbreitete einer der Konkurrenten, dass der Radmacher Birck seine Tat nicht mit rechten Dingen vollbracht hätte. Er behauptete, Meister Birck sei bei diesem Werk mit dem Teufel im Bunde gewesen. Da die meisten Menschen nicht in der Lage sind, Ungewöhnliches zu vollbringen und darum allen Glanztaten skeptisch gegenüberstehen, schenkten sie diesem Gerücht gierig Glauben.

Schlagartig blieben bei Meister Birck die Aufträge aus und der Lohn für seine Tat waren Armut und Einsamkeit.

Inhalt

Im Polyglott-Reiseführer Tschechoslowakei steht: „Das Rad (17. Jh.) ist das Ergebnis der Wette eines südmährischen Handwerkers, dass er ein solches innerhalb von zwölf Stunden herstellen und bis ins Brünner Rathaus rollen könne. Nach der gelungenen Wette glaubte man ihn mit dem Teufel im Bunde.“ Die Geschichte basiert auf diesem Ereignis.

Biblische Bezüge

Ex 20,16 Du sollst nicht falsch gegen deinen Nächsten aussagen.

Spr 18,8 Die Worte des Verleumders sind wie Leckerbissen, sie gleiten hinab in die Kammern des Leibes.

Jes 55,10-11 Denn wie der Regen und der Schnee vom Himmel fällt und nicht dorthin zurückkehrt,
sondern die Erde tränkt und sie zum Keimen und Sprossen bringt, wie er dem

Sämann Samen gibt und Brot zum Essen, so ist es auch mit dem Wort, das meinen Mund verlässt:
Es kehrt nicht leer zu mir zurück, sondern bewirkt, was ich will, und erreicht all das, wozu ich es ausgesandt habe.

Gesprächsanregungen
Eleonore van der Straten-Sternberg behauptet: Der Verleumder ist ein Brandleger, der vom Hinterhalt aus das verheerende Flammenmeer mit Wohlbehagen beobachtet. Die Flammen sieht man, den Brandleger nicht.
Radmacher Birck musste dies schmerzlich erfahren, denn trotz seiner ungewöhnlichen handwerklichen Leistung zerstörte die gemeine Verleumdung sein Leben.
Im Zeitalter der Massenkommunikation und des weltweiten Informationsaustausches ist es besonders wichtig, die Bedeutung des Wortes zu beachten.

Themenkreise
Neid, Verleumdung, Wort

Vorlesealter
ab 9 Jahre

80 Mit gutem Beispiel voran

„Vertrauen hält eine Mannschaft zusammen", sagt Roman, als er sich in sein Auto setzt und heimfährt. Als Trainer ist er für den guten Geist im Team verantwortlich. Ein Diebstahl zerstört diesen. Man muss den Fall aufklären. Darum überlegt er, wer Arthurs Amulett gestohlen haben könnte.
Sein Verdacht fällt zunächst auf Dominik. Das geschieht fast zwangsläufig, denn dessen Vater sitzt wegen Einbruchs im Gefängnis. Und der Apfel fällt bekanntlich nicht weit vom Stamm. Möglicherweise war es aber auch Simon, der Ersatztorwart. Vielleicht will er, dass Dominik bei der nächsten Nominierung nicht mehr berücksichtigt wird. Dann wäre Simon zwangsläufig die Nummer eins im Tor.

Während Roman an einer Ampel wartet, denkt er an Michael. Der könnte es auch gewesen sein, denn er ist ständig in Geldnot und das Amulett ist wertvoll. Wenn er es versetzen würde, wäre er eine Zeit lang seine Sorgen los.
Roman fährt weiter. Vielleicht war es aber auch Jakob. Der ist der Einzige gewesen, der während des Trainings noch einmal in die Umkleidekabine gegangen ist. Er hatte also Zeit, es unbemerkt an sich zu nehmen.
Und was ist mit Gerold, ihrem Mittelstürmer? Der ist vor einigen Jahren schon einmal bei einem Ladendiebstahl erwischt worden.
Roman zerbricht sich den Kopf. Im Stillen glaubt er, dass letztlich jeder es genommen haben könnte. Er beschließt, der ganzen Mannschaft ins Gewissen zu reden.
Darum stellt er sich am Beginn des nächsten Trainings vor seine Spieler: „Ihr wisst", sagt er, „Arthurs Amulett war nach unserem letzten Zusammensein verschwunden. Es besteht kein Zweifel, dass einer es gestohlen hat. Denn Arthur legte es unter Zeugen ab und Fremde kommen während unserer Trainingsstunde nicht in die Sporthalle. Dieser Diebstahl aber zerstört das Vertrauen und gefährdet den guten Geist in unserer Mannschaft. Das wirkt sich negativ auf die nächsten Spiele aus. Ich fordere darum den Täter auf, sich zu stellen. Ich verspreche ihm, dass wir ihn wie faire Sportsmänner behandeln werden. Sollte der Dieb sich dennoch nicht melden, werde ich mein Amt niederlegen."
Die Jungen sehen ihren Trainer betroffen an. In diesem Augenblick öffnet sich die Tür und der Hallenwart kommt herein. In der Hand hält er das Amulett.
„Es war hinter die Bank gerutscht", sagt er.

Inhalt

Nach dem Training vermisst ein Spieler sein wertvolles Amulett. Der Trainer glaubt an einen Diebstahl und verdächtigt beinahe jeden in der Mannschaft. Schließlich stellt sich heraus, dass es nur hinter die Bank gefallen war.

Biblische Bezüge
Sir 6,6-7 Viele seien es, die dich grüßen, dein Vertrauter aber sei nur einer aus tausend.
Willst du einen Freund gewinnen, gewinne ihn durch Erprobung, schenk ihm nicht zu schnell dein Vertrauen!
Sir 23,12 Es gibt ein Reden, das der Pest vergleichbar ist.
Jak 2,4 Macht ihr dann nicht untereinander Unterschiede und fällt Urteile aufgrund verwerflicher Überlegungen?

Gesprächsanregungen
Roman hat Recht. Ein guter Teamgeist gehört zu einer Mannschaft. Das gegenseitige Vertrauen ist dabei Grundvoraussetzung. Aber gerade daran mangelt es ihm - und das als Trainer. „Mit gutem Beispiel voran" geht er nun wirklich nicht, denn er zieht keine andere Möglichkeit für den Verlust des Amuletts in Betracht als den Diebstahl durch einen Mannschaftskameraden.
Otto von Bismarck mahnt: Das Vertrauen ist eine zarte Pflanze; ist es zerstört, so kommt es sobald nicht wieder.
Gertrud von Le Fort: Die Welt lebt vom Vertrauen. Sie stirbt am Misstrauen.
Wilhelm Busch: Es trennt sie nur ein leichter Zaun, die beiden Sorgengründer: Zu wenig und zu viel Vertrauen sind Nachbarskinder.

Themenkreise
Fairness, Freundschaft, Gemeinschaft, Richten, Vertrauen, Vorurteil

Vorlesealter
ab 9 Jahre

81 Almosen

Peter bricht die Tafel Schokolade in der Mitte durch und reicht eine Hälfte Mimon.
„Nimm!", sagt er, „wir sind doch Freunde und Freunde teilen!" Dabei schauen sie auf das Meer, das zum Ufer hin hohe Wellen auftürmt. Mimon beißt gierig in die Schokolade, denn das Toben im Wasser hat ihn hungrig gemacht. Auch Peter verschlingt seine Hälfte. Die beiden kennen sich erst seit zwei Wochen,

aber sie haben in dieser Zeit viele Stunden miteinander verbracht, meistens hier am Strand oder im Meer. Mimon hat Peter, der mit seinen Eltern den Urlaub hier verbringt, auch seine Stadt gezeigt, die Moschee, die wertvolle Teppiche und große Leuchter schmücken, den Basar, auf dem bunte Tücher und wohlriechende Gewürze sich häufen. Sie waren zusammen auf dem Markt, wo lebende Hühner verkauft wurden und übergroße Wassermelonen zu einem Berg aufgestapelt waren. Am meisten aber hat Peter über den Schlangenbeschwörer gestaunt.

„Würdest du alles mit mir teilen?", fragt plötzlich Mimon und lässt sich vom Wasser umspülen.

„Klar!"

Mimon meint zweifelnd: „Wenn du zwei Surfbretter besäßest, würdest du mir eins abgeben?"

„Ja!"

„Und wenn du zwei Schlauchboote hättest, würdest du mir eins schenken?"

„Sicher!"

„Wenn du zwei Luftmatratzen mitgebracht hättest, würdest du mir eine überlassen?"

„Selbstverständlich!"

Plötzlich schaut Mimon seinen Freund fragend an: „Und von deinen Gameboy-Spielen, gibst du mir davon eins ab?"

Peter lacht: „Nein, die brauche ich selbst!"

Inhalt

Peter verbringt die Ferien in einem südlichen Land. Er hat sich mit Mimon, einem einheimischen Jungen, angefreundet. Bei einem Gespräch über das Teilen zeigt sich, dass Peter theoretisch dazu bereit ist, in der Praxis aber nicht.

Biblische Bezüge

Sir 6,8 Mancher ist Freund je nach der Zeit, am Tag der Not hält er nicht stand.

2 Kor 9,11 In allem werdet ihr reich genug sein, um selbstlos schenken zu können; und wenn wir diese Gabe überbringen, wird sie Dank an Gott hervorrufen.

Gesprächsanregungen
Braucht Peter wirklich alle Gameboy-Spiele? Sicher nicht! Zwar gibt er von der Tafel Schokolade die Hälfte ab, weil es ihm nicht schwer fällt. Theoretisch ist er auch bereit, alles andere mit seinem Freund zu teilen. Aber eben nur theoretisch! Als er konkret nach einem Gameboy-Spiel gefragt wird, ist er nicht mehr so großzügig. Hier werden Parallelen zur Entwicklungshilfe sichtbar. Die reichen Industrienationen geben von ihrem Überfluss ab, verteilen Almosen. So auch der Titel! Wenn es aber mehr werden soll, um die Not in der Dritten Welt ernsthaft zu lindern, besinnt man sich schnell auf die Probleme im eigenen Land und verhält sich dann nicht anders als Peter.
Ein chinesischer Spruch sagt: Was du weggibst, ist dein, was du behältst, geht dir verloren.
Der griechische Philosoph Epikur meint: Reich ist man nicht durch das, was man besitzt, sondern mehr noch durch das, was man mit Würde zu entbehren weiß.
Kardinal Joachim Meisner predigt: Gott ist im geteilten, im gebrochenen Brot. Deshalb ist das Teilen ein Kennwort unter Christen.

Themenkreise
Dritte Welt, Freundschaft, Solidarität, Teilen

Vorlesealter
ab 8 Jahre

82 Die Schale

Marco pflückt Apfel für Apfel. Jeden reicht er vorsichtig seinem Vater, denn keiner soll eine Druckstelle bekommen.
Vater legt Stück für Stück in den Korb.
„Im vergangenen Jahr“, sagt er, „haben wir die letzten Äpfel im März gegessen, so gut haben sie sich gehalten.“
Marco klettert einen Ast höher.
„Auf unserer Klassenfahrt vor ein paar Wochen haben wir auch Äpfel gegessen. Aber die waren noch unreif. Einigen ist speiübel geworden.“

Marco pflückt langsamer. „Mir ist auch schlecht geworden. Aber das war nicht so schlimm, schlimmer war, dass Sven so herzlos sein konnte. Zunächst habe ich mich riesig gefreut. Herr Hermes hat mich mit Sven, unserem Klassensprecher, in ein Zimmer gelegt. Alle haben mich beneidet. Sven ist stets lustig, immer zu Späßen aufgelegt. Fast immer! An dem Abend, als wir die Äpfel gegessen hatten, verstand er keinen Spaß."
„Und was war passiert?", fragt Vater.
Marco reicht einen dicken Apfel dem Vater. „Auf dem Rückweg vom Ponyhof haben wir Äpfel gepflückt. Sie schmeckten sauer. Beim Abendbrot habe ich keinen Bissen herunterbekommen, so rumorte es in meinem Bauch. Als ich im Bett lag, musste ich brechen. Das kam so plötzlich, dass ich mich nur noch über die Bettkante beugen konnte. Dann ging es auch schon los. Zu meinem Unglück lag ich auch noch oben im Etagenbett. Sven schrie: ‚Du altes Schwein!' Seine Hose hatte ein paar Spritzer abbekommen. ‚Wenn der Dreck nicht herausgeht, dann kannst du etwas erleben', hat er geschimpft.
Heiko lag auch in unserem Zimmer. Er ist sehr still und viel allein. Ohne etwas zu sagen, ist er aufgestanden, hat Eimer, Wasser und Schrubber geholt und alles aufgewischt. Zwei- oder dreimal ist er gelaufen, bis alles sauber war. Sven hat immer nur gemurmelt: ‚Dreckschwein!'
Heiko hat den Eimer in die Ecke gestellt:‚Vielleicht brauchen wir ihn noch einmal', hat er gemeint. Dann hat er mich gefragt: ‚Soll ich dir ein Glas Wasser holen?'"
Als Marco vom Baum klettert, sagt er zum Vater: „Ich hätte nie gedacht, dass Sven sich so verhalten würde."
Vater nimmt zwei Äpfel. Der eine ist leuchtend rot und der andere gelbgrün.
„Welchen", fragt er, „würdest du essen?"
„Dumme Frage", lacht Marco und zeigt auf den roten. Vater zerteilt ihn mit einem Messer. Er ist wurmstichig.
„Man muss hinter die Schale sehen", sagt Vater, „und das ist schwer, sehr schwer; denn man muss mit dem Herzen sehen können."

Inhalt
Marco hat auf der Klassenfahrt unreifes Obst gegessen. Am Abend musste er brechen. Sven, von dem er so viel hielt, hat ihn nur beschimpft; während ihm Heiko, den er bisher wenig beachtete, geholfen hat.

Biblische Bezüge
1 Sam 16,7 Der Mensch sieht, was vor den Augen ist, der Herr aber sieht das Herz.
Spr 3,3-4 Nie sollen Liebe und Treue dich verlassen, binde sie dir um den Hals, schreib sie auf die Tafel deines Herzens!
Dann erlangst du Gunst und Beifall bei Gott und den Menschen.
Spr 17,3 Der Schmelztiegel ist für Silber da, der Ofen für Gold, die Herzen aber prüft der Herr.
Lk 10,25-37 Das Beispiel vom barmherzigen Samariter

Gesprächsanregungen
Der Vater versucht seinem Sohn mit einem Vergleich klarzumachen, dass es nicht leicht ist, den wahren Charakter eines Menschen zu erkennen. Wenn alles problemlos verläuft, ist es auch nicht schwer, seine Fassade zu bewahren. Erst in Krisensituationen zeigen viele ihr wahres Gesicht, so auch Sven. Anders verhält sich Heiko. Er tut Gutes ohne viel Aufheben.
Adalbert Stifter sagt: Die großen Taten der Menschen sind nicht die, welche lärmen. Das Große geschieht so schlicht, wie das Rieseln des Wassers, das Fließen der Luft, das Wachsen des Getreides.

Themenkreise
Erkenntnis, Hilfe, Krankheit, Miteinander, Nächstenliebe, Verhalten

Vorlesealter
ab 7 Jahre

83 Kleines Kettchen

„Bis morgen", ruft Fredi und rennt die Schultreppe hinunter. Er hat es eilig, denn er hat Hunger. Auch wenn der Magen knurrt, er muss noch einen Umweg machen. Er hat der Mutter versprochen, ihr Halskettchen abzuholen, das Onkel Winfried gestern mitgenommen hat, um den Verschluss zu reparieren. „Fast hätte ich das wertvolle Erbstück verloren“, hat Mutter gescherzt.

„Grüß die Mutter“, sagt Onkel Winfried und reicht Fredi eine Plastiktüte, in die er das Kettchen gelegt hat. Fredi nickt und läuft heim. Einen kurzen Stopp macht er am Teich. Er stellt seine Tasche auf die Bank und legt die Tüte daneben.

„Kommt, Entchen!“, lockt er und wirft Brotreste ins Wasser. Die Tiere schwimmen herbei. Sie schnattern. „Guten Appetit“, lacht er und greift seine Schultasche. Die Plastiktüte, die zu Boden gefallen ist, übersieht er.

Zur selben Zeit sagt Lehrer Fröhlich zu seiner Klasse: „Verknickt die Fensterbilder nicht!“

Norbert steckt sein Werk erst gar nicht in die Schultasche, sondern hält es in den Händen. So schlendert er heimwärts.

„Welch ein Glück“, denkt er, als er an der Bank am Teich vorbeikommt, „dass jemand eine Tüte weggeworfen hat.“ Er hebt sie auf und steckt sein Fensterbild hinein. Das Kettchen bemerkt er nicht.

Wenig später wirft Fredi seine Schultasche in die Ecke und stellt die Herdplatte an. Mutter hat ihm das Essen vorgekocht, er braucht es nur zu wärmen. Sie kommt erst gegen Abend von der Arbeit. Beim Essen trifft ihn wie ein Blitz der Gedanke: „Wo ist die Plastiktüte, wo das Kettchen?“

Zu dieser Zeit schüttet Norbert die Tüte aus. Sein Fensterbild gleitet heraus und dann ein Kettchen. Er nimmt es in die Hand. „Was für Frauen!“, denkt er und legt es beiseite.

Fredi schiebt das Essen beiseite und saust die Treppe hinunter. „Bei den Enten habe ich die Tüte vergessen“, sagt er sich. „Hoffentlich hat sie keiner weggenommen. Hoffentlich!“

„Ich werde die Kette zum Antiquitätenhändler bringen“, nimmt Norbert sich vor, „sie scheint wertvoll zu sein. Vielleicht bekomme ich so viel, dass ich mir das neue Computerspiel kaufen kann.“

Fredi starrt auf die Bank, sucht unter dem Sitz. Die Tüte ist weg und mit ihr das Kettchen.

Norbert setzt sich an den Esstisch. Mutter schöpft die Suppe auf. Um ihren Hals trägt sie eine goldene Kette. Sie ist Norbert noch nie aufgefallen. Aber heute bemerkt er sie.
„Ob Mutter traurig wäre, wenn sie die Kette verlieren würde?“, überlegt er.
Fredi schlurft heimwärts. „Wie soll ich das der Mutter erklären? Das habe ich nicht gewollt! Vielleicht“, denkt er, „habe ich Glück und das Kettchen hat jemand gefunden, der es zum Fundbüro bringt.“ Er eilt heim.
Zu Hause zündet er ein Licht zu Ehren des hl. Antonius an.

Inhalt

Fredi holt ein Kettchen ab, das der Onkel repariert hat. Es ist ein wertvolles Erbstück. Auf dem Heimweg legt Fredi es auf eine Parkbank, um Enten zu füttern. Danach vergisst er es. Ein anderer Junge findet das Kettchen. Für ihn ist es ohne Nutzen, darum will er es verkaufen.

Biblische Bezüge

Lev 5,20-24 Der Herr sprach zu Mose: Wenn jemand sündigt und eine Veruntreuung gegen den Herrn begeht, indem er einen aus seinem Volk über anvertrautes oder hinterlegtes oder geraubtes Gut täuscht oder ihn übervorteilt oder verlorenes Gut findet und es leugnet oder einen Meineid leistet hinsichtlich irgendeiner Sünde, die ein Mensch begehen kann, wenn er also auf solche Weise sündigt und schuldig wird, muss er das, was er geraubt oder durch Übervorteilung gewonnen hat oder was ihm anvertraut wurde oder das Verlorene, das er gefunden hat, zurückgeben oder er muss den Schaden, den er durch den Meineid angerichtet hat, wieder gutmachen.
Röm 14,12 Also wird jeder von uns vor Gott Rechenschaft über sich selbst ablegen.
Phil 2,4 Jeder achte nicht nur auf das eigene Wohl, sondern auch auf das der anderen.

Gesprächsanregungen

Alles, was ich finde, gehört nicht automatisch mir. Norbert erkennt den Wert des Kettchen und wäre verpflichtet, es im Fundbüro abzugeben. Vielleicht ändern die Gedanken über seine Mutter den Entschluss, es zu verkaufen. Ferdi zündet zu Ehren des heiligen Antonius von Padua eine Kerze an und hofft auf dessen Beistand.

Dieser Heilige lebte von 1195 bis 1231 und gehört zu den vielfach verehrten Volksheiligen. Er war Bußprediger, Kirchenlehrer und Missionar. Franz von Assisi bestimmte ihn zum ersten Lehrer der Theologie in seinem Orden. Schon 1232 wurde er heilig gesprochen und gilt als Patron der Ehe und als Helfer bei Fieber und Seuchen, besonders aber soll er denen beistehen, die Dinge verloren haben und sich an ihn wenden.

Themenkreise
Diebstahl, Ehrlichkeit, Gewissen, Glaube, Goldene Regel, Heilige, Hoffnung

Vorlesealter
ab 8 Jahre

84 Doppelte Versuchung

Nils zuckt zusammen. Wie ein Blitz trifft es ihn: „Mein Fahrrad! Ich habe mein Fahrrad gestern vor dem Kaufhaus stehen gelassen. Es käme einem Wunder gleich, wenn es noch da wäre."
Nils zerrt die Jacke von der Garderobe, wirft die Haustür hinter sich zu und rast los. Auf den Bus wartet er nicht. Er hastet zu Fuß in die Stadt.
Als er gestern das Kaufhaus verlassen wollte, dachte er noch an sein Fahrrad. Am Ausgang ist er Kai in die Arme gelaufen. Der hat gefragt: „Kommst du mit? Ich will mir ein neues Computerspiel kaufen."
Nils ist mitgegangen. Über eine halbe Stunde haben beide gesucht. Dann hatte Kai, was er wollte.
„Wir können es gleich ausprobieren", schlug er vor. Durch den Seitenausgang haben beide das Geschäft verlassen. In der Vorfreude auf das Spiel hat Nils sein Fahrrad vergessen. Und am Abend ist es ihm auch nicht eingefallen, weil ihn Kais Vater, der einen Freund besuchen wollte, im Auto mitgenommen hat. Nils sagt sich mit Recht, dass es nun auf ein paar Minuten auch

nicht mehr ankomme. Wenn das Rad gestohlen wurde, dann in der Nacht und nicht jetzt am helllichten Tage. Trotzdem beeilt er sich, fällt immer wieder in einen Laufschritt. Die Hoffnung, das Fahrrad noch vorzufinden, ist gering. Zwar hat er es abgeschlossen, aber eine dünne Kette ist keine große Sicherheit. Vor allem nicht, wenn man dem Täter die Dunkelheit der Nacht zur Verfügung stellt. Was wird der Vater sagen, wenn Nils ihm mitteilen muss, dass sein Fahrrad gestohlen wurde. Und das, weil er es vergessen hat. Das Rad ist erst zwei Jahre alt und es war nicht billig. Als Nils die Südstraße hinaufläuft, klopft sein Herz. „Ist es noch da?" Dann biegt er um die Ecke.
Ja! Es ist noch da! Er kann es von weitem sehen! Es steht in dem Fahrradständer vor dem Kaufhaus, genau dort, wo er es gestern abgestellt hat. Nils schließt die Augen vor Glück, er freut sich und lacht. Er sucht in der Tasche nach dem Schlüssel. Als er ihn ins Schloss steckt, atmet er tief durch. Fast liebevoll fährt er mit der Hand über das Lenkrad. Dann schwingt er sich auf den Sattel und radelt heim. Stolz sitzt er auf seinem Fahrrad - wie vor zwei Jahren bei der Probefahrt.
„Man muss Gott danken", sagt er sich und biegt ohne zu zögern von der Körnerstraße in die Theodor-Heuss-Allee ein. Das ist ein kleiner Umweg, der ihn an der St.-Josef-Kirche vorbeiführt. Über den Kirchplatz schiebt er das Rad. Er lehnt es an die mächtige Rotbuche, die unmittelbar vor dem Haupteingang wächst. Hastig eilt er die Stufen hinauf und betritt das Gotteshaus. Er geht zur Pieta, die auf einem Seitenaltar steht. Hier brennen immer Kerzen. Nils zündet auch eine an und spricht ein aufrichtiges Dankgebet. Dann wendet er sich dem Ausgang zu. Als die Kirchentür hinter ihm ins Schloss fällt, bleibt er auf der oberen Stufe wie angewurzelt stehen.
Sein Rad ist weg! Nils schüttelt den Kopf. Er war höchstens zwei Minuten in der Kirche. Zwei Minuten! Den Täter kann er nicht einholen! In welche Richtung soll er auch laufen? Wo soll er ihn suchen?
„Verflucht!", schreit Nils und stampft mit dem rechten Fuß wütend auf.

Da kommt Pfarrer Kramer um die Ecke. Er schiebt das Rad. „Jetzt hast du bestimmt einen ordentlichen Schrecken bekommen“, sagt er und lacht, „das solltest du auch. Man lässt doch ein Fahrrad nicht ungesichert irgendwo stehen. Das verführt zum Diebstahl.“

Inhalt

Nils trifft in einem Kaufhaus Kai. Dieser bittet ihn, beim Aussuchen eines Computerspiels behilflich zu sein. Die Neuerwerbung müssen die beiden Jungen gleich ausprobieren. Darüber vergisst Nils das vor dem Kaufhaus abgestellte Fahrrad. Als er am nächsten Tag sich daran erinnert, hat er wenig Hoffnung, es noch vorzufinden. Trotzdem macht er sich sofort auf den Weg. Seine Freude ist riesengroß, als er es vor dem Geschäft entdeckt. Auf dem Rückweg beschließt er, in die Kirche zu gehen, um Gott zu danken. Beim Verlassen des Gotteshauses erlebt er eine Überraschung.

Biblische Bezüge

Ps 118,8 Besser, sich zu bergen beim Herrn, als auf Menschen zu bauen.

Spr 26,11 Wie ein Hund, der zurückkehrt zu dem, was er erbrochen hat, so ist ein Tor, der seine Dummheit wiederholt.

Jak 1,6-7 Wer bittet, soll aber voll Glauben bitten und nicht zweifeln; denn wer zweifelt, ist wie eine Welle, die vom Wind im Meer hin und her getrieben wird. Ein solcher Mensch bilde sich nicht ein, dass er vom Herrn etwas erhalten wird.

Gesprächsanregungen

Als Nils nach seinem Dankgebet die Kirche verlässt und sein Fahrrad nicht mehr vorfindet, ist der Leser keineswegs überrascht. Er hat das sogar erwartet. Es macht deutlich, dass er in tiefster Seele das Eingreifen Gottes in diese Welt anzweifelt; denn wie kann ein gütiger und gerechter Gott zulassen, dass einem Übles widerfährt, wenn man ihm danken will?

Die Bibel sagt anderes: Ein lebendiger Gott hört unsere Bitten (vgl. Mt 7,7, Joh 16,23).

Themenkreise

Dankbarkeit, Diebstahl, Freude, Hoffnung, Leichtsinn, Versuchung, Zweifel

Vorlesealter

ab 9 Jahre

85 Achtlos

Klaus Kaspari schaut hinunter ins Tal, wo die Mosel fließt. Er blickt auf die Weinberge, auf denen die Trauben zu wachsen beginnen. Er lauscht einen Augenblick dem Gesang der Vögel und genießt für einen Moment diesen herrlichen Sommertag. Dann begibt er sich an die Arbeit. Kritisch überprüft er das Büfett, dann den Hochzeitstisch, streicht die Tischdecke gerade, die der Wind gekräuselt hat und richtet das Bukett aus. Gleich wird er hier die Getränke servieren. Man hat ihn zu dieser Feier als Kellner engagiert.

Das Rasseln der Blechdosen kündet die Hochzeitsgesellschaft an. Aus der weißen Kutsche steigt das Brautpaar. Eltern und Brautführer folgen, dann kommen Freunde und Verwandte. Sie nehmen alle an der festlich gedeckten Tafel Platz. Klaus Kaspari serviert Sekt und Wein aus der eigenen Kellerei, die Kinder bekommen Säfte. Der Brautvater hält noch eine kleine Rede, danach spricht er einen Toast aus und die Gäste erheben die Gläser.

Nach einer kleinen Pause schreiten die Frischvermählten zum Büfett und eröffnen damit das Mahl. Plaudereien begleiten das Essen. Die Gäste genießen bei einem guten Tropfen Wein diese gemütliche Runde. Nur Herr Kaspari hat alle Hände voll zu tun, um alle zufrieden zu stellen.

Nach einem ausgedehnten Mahl will er abräumen, damit das Paar den Tanz eröffnen kann. Die Kapelle wartet schon ungeduldig. Doch als er den ersten Teller nehmen will, erheben sich die Brautleute, die Eltern und alle anderen Gäste zu einem Dankgebet.

Erst danach beginnt Klaus Kaspari mit seinen Abräumarbeiten. Sie erschweren sich, weil auf den meisten Tellern Reste geblieben sind. Nicht nur Gemüse und Kroketten, nein, auch Filetstücke und Gänsekeulen, Entenbrust und Lachshäppchen liegen dort.

Inhalt
Auf einer Hochzeitsfeier kellnert Klaus Kaspari. Als er nach dem Essen die Teller abräumen will, findet er viele Speisereste.

Biblische Bezüge
Sir 18,25 Denk zur Zeit des Überflusses an die Zeit des Hungers, in den Tagen des Reichtums an Armut und Not!
Lk 14,13-14 Nein, wenn du ein Essen gibst, dann lade Arme, Krüppel, Lahme und Blinde ein. Du wirst selig sein, denn sie können es dir nicht vergelten; es wird dir vergolten werden bei der Auferstehung der Gerechten.

Gesprächsanregungen
Viele Menschen dieser Welt hungern, manche verhungern, darunter zahllose Kinder. Das müssen wir uns immer wieder vor Augen halten, wenn wir verschwenderisch mit den Gaben Gottes umgehen.
Ehm Welk ist zuzustimmen, wenn er sagt: Allein wer gehungert hat, kann der Menschheit sagen, was Hauptsache auf Erden ist.
Mutter Teresa erweitert den Begriff Hunger: Es gibt einen Hunger nach dem täglichen Brot und einen Hunger nach Liebe, Freundlichkeit und gegenseitiger Achtung. Eben dies ist die große Armut, unter der die Menschen heute leben.

Themenkreise
Hunger, Nahrung, Überfluss

Vorlesealter
ab 8 Jahre

86 Gott hätte gewartet

Immer wieder schaut Selma zu dem schmalen Waldweg, doch ein roter Wagen taucht zwischen den weißen Birken nicht auf. „Allah", fleht sie, „lass das Auto mit meinen Eltern kommen!" Die Eltern der anderen Kinder sind schon alle da, pünktlich erschienen zur Abschiedsfeier der Klasse 4a. Sie beendet die Grundschulzeit.

Mitten im Wald hinter einem Forsthaus findet dieses wichtige Fest statt. Und weil es hier so schön ist, haben viele Mitschüler ihre Geschwister mitgebracht, Jennifer sogar die Großeltern. Nur Selma wartet vergeblich auf ihre Eltern. Dabei hatten sie ihr fest versprochen, nach der Arbeit sofort zu kommen. Schon eine Stunde sind sie überfällig. Die Vorführungen und die Abschiedsreden, auch das Verteilen der Geschenke haben sie schon verpasst.

„Hoffentlich kommen sie wenigstens zum gemeinsamen Grillen", denkt Selma. Doch die Holzkohle glüht schon, aber ihre Eltern erscheinen nicht. Der Geruch von gebratenen Würstchen und Fleisch zieht durch den Wald. Selma legt ein Stück Rindfleisch auf den Grill und läuft noch einmal zum Waldweg.

„Zu einer solch wichtigen Feier gehören die Eltern", denkt sie, doch diese kommen nicht. Kein rotes Auto fährt durch die Birkenallee.

„Sie sind noch immer nicht in Sicht?", hört sie ihren Lehrer fragen.

„Dabei wollten sie schon vor mehr als einer Stunde hier sein", sagt Selma und ihre Stimme bebt vor Enttäuschung.

Sie kaut lustlos auf ihrem verkohlten Stück Fleisch, von den schmackhaften Salaten nimmt sie nichts. Sie stochert auf ihrem Teller herum.

Nach dem Grillen packen die ersten Familien ihre Sachen zusammen, um heimzufahren.

Herr Busch, der Vater ihrer Freundin, fragt: „Selma, sollen wir dich mitnehmen, wenn wir gleich in die Stadt fahren?"

Selma schüttelt energisch ihren Kopf: „Ich warte auf meine Eltern, sie werden bestimmt noch kommen."

Selma irrt. Als die letzten Sachen zusammengelegt sind, fehlen ihre Eltern noch immer.

Der Lehrer sagt: „Komm, Selma, ich bringe dich heim!"

Sie steigt ins Auto und seufzt tief. Dabei unterdrückt sie ihre Tränen.

„Warum", fragt der Lehrer nach einiger Zeit, „sind deine Eltern nicht gekommen?"

„Ich glaube“, überlegt Selma, „sie haben spät Feierabend gemacht und sind dann sofort - wie jeden Freitag - in die Moschee zum Beten gegangen.“
„Allah hätte heute vielleicht gern auf sie gewartet“, denkt der Lehrer.

Inhalt

Auf ihrer Abschiedsfeier von der Grundschule wartet Selma vergeblich auf ihre Eltern. Ihre Mitschüler sind sogar mit ihrer ganzen Familie gekommen. Selma hofft bis zuletzt, dass ihre Eltern noch erscheinen, doch ihre Hoffnung ist vergeblich. Sie vermutet, dass diese sich zum freitäglichen Gebet in die Moschee begeben haben.

Biblische Bezüge

Mt 7,21 Nicht jeder, der zu mir sagt: Herr! Herr!, wird in das Himmelreich kommen, sondern nur, wer den Willen meines Vaters im Himmel erfüllt.
Mk 3,35 Wer den Willen Gottes erfüllt, der ist für mich Bruder und Schwester und Mutter.
1 Kor 13,2 Wenn ich alle Glaubenskraft besäße und Berge damit versetzen könnte, hätte aber die Liebe nicht, wäre ich nichts.
Jak 2,24 Ihr seht, dass der Mensch aufgrund seiner Werke gerecht wird, nicht durch den Glauben allein.

Gesprächsanregungen

Zum Islam gehört das freitägliche Gebet wie zum Christentum der sonntägliche Gottesdienst. Manchmal muss aber vor dem Gottesdienst der Dienst am Nächsten stehen. Das meint auch der Lehrer, wenn er sich sagt, „Gott hätte gern gewartet“.
Da Entlassungsfeiern in aller Regel wochentags und nicht sonntags stattfinden, spielt die Geschichte in einem moslemischen Umfeld. Ihre Aussage gilt auch für uns Christen.
Hanns-Hermann Kersten klagt an: Eltern setzen ohne weiteres Kinder in die Welt. Aber was für eine Welt setzen sie dann in diese Kinder?

Themenkreise

Familie, Gebet, Nächstenliebe

Vorlesealter

ab 7 Jahre

87 Nachbarn

„Solch ein Unglück“, jammert Herr Menge, „ausgerechnet am Nachmittag des Hl. Abend ist der Abfluss verstopft.“
Er ärgert sich. Woher soll er zu dieser Zeit einen Klempner bekommen? Selbst vermag er den Schaden nicht zu beheben. Er kann einen Artikel schreiben, mit Wörtern umgehen; das ist sein tägliches Handwerkszeug als Journalist. Aber einen Abfluss hat er noch nie repariert.
Ob er seinen Nachbarn bitten soll? Herr Menge traut sich nicht. Bis auf ein flüchtiges „Guten Tag!“ hat er mit Herrn Zimmer noch nie ein Wort gewechselt und sie wohnen nun schon ein Jahr Tür an Tür. Herr Zimmer würde das können. Er hat auch das nötige Werkzeug. Sein Nachbar arbeitet in einer Fabrik und ist handwerklich geschickt. Er verlässt das Haus schon in der Frühe, während Herr Menge erst gegen neun Uhr in die Redaktion fährt. Dafür kommt er oft erst spät am Abend zurück, wenn Herr Zimmer schon längst zu Hause ist. Schon deshalb begegnen sich diese beiden so selten.
Das schmutzige, unappetitliche Wasser steht in der Spüle. Herr Menge schüttelt sich bei dem Gedanken, die ganzen Feiertage einen solchen Anblick ertragen zu müssen. Außerdem braucht er die Spüle. Er will Weihnachten kochen. An den Wochentagen muss er so oft im Restaurant oder in der Kantine essen. Darum hat er sich darauf gefreut, die Festtage zu Hause verbringen zu dürfen. Herr Menge fasst sich ein Herz. Er geht über den Flur und schellt. Frau Zimmer öffnet. Sie stutzt.
„Guten Tag“, stottert Herr Menge, „könnte ich ..., ich wollte Ihren Mann sprechen.“
„Norbert“, ruft Frau Zimmer.
Er kommt.
„Entschuldigen Sie“, sagt Herr Menge nun schon sichtlich gefasster, „es ist zwar eine ungünstige Zeit, jemanden zu stören, aber mein Abfluss in der Küche ist verstopft. Wie soll ich am

Hl. Abend jemanden bekommen, der das behebt? Ich dachte, wenn Sie einmal schauen würden ... ?“

„Ich hole nur schnell meine Werkzeugkiste“, sagt Herr Zimmer und verschwindet.

Schnell ist er zurück und die beiden gehen in Herrn Menges Wohnung. Fachmännisch macht Herr Zimmer sich an die Arbeit.

„Haben Sie einen Eimer?“, fragt er, unter der Spüle liegend. Herr Menge holt einen aus der Abstellkammer. Es dauert keine Viertelstunde und der Abfluss ist wieder frei.

„Wie kann ich das wieder gutmachen?“

„Indem Sie mir einen Schnaps anbieten!“

Herr Menge holt eine Flasche und zwei Gläser. Die beiden Männer setzen sich an den Küchentisch. „Prost!“

Jetzt erklärt Herr Zimmer, worauf Herr Menge achten muss, damit dies nicht wieder passiert. Nach dem zweiten und dritten Schnaps reden Sie über ihre Berufe, über die Politik und was Herrn Zimmer an der Zeitung stört.

Nach zwei Stunden schellt es. Frau Zimmer steht an der Tür und will wissen, wie lange die Arbeit noch dauert.

„Welche Arbeit?“, fragt ihr Mann.

Er nimmt seinen Werkzeugkasten.

„Sie haben sich nichts kochen können“, sagt er zu Herrn Menge, „wollen Sie nicht mitkommen? Wo zwei satt werden, reicht's auch für drei.“

Herr Menge nimmt die Einladung an. Spät an diesem Abend sagt Herr Zimmer: „Ein verstopfter Abfluss hat aus Fremden Nachbarn gemacht und das am Hl. Abend. Berichten Sie darüber in der Zeitung?“ Herr Menge lacht und schüttelt den Kopf.

Inhalt

Ausgerechnet am Hl. Abend ist Herrn Menges Abfluss verstopft. Er bittet seinen Nachbarn, zu dem er bisher kaum Kontakt hatte, um Hilfe. Der löst das Problem im Handumdrehen. Alle Beteiligten erleben noch einen gemütlichen Heiligen Abend zusammen.

Biblische Bezüge
Spr 27,10 Besser ein Nachbar in der Nähe als ein Bruder in der Ferne.
Mt 5,13-16 Ihr seid das Salz der Erde. Wenn das Salz seinen Geschmack verliert, womit kann man es wieder salzig machen? Es taugt zu nichts mehr; es wird weggeworfen und von den Leuten zertreten. Ihr seid das Licht der Welt. Eine Stadt, die auf einem Berg liegt, kann nicht verborgen bleiben. Man zündet auch nicht ein Licht an und stülpt ein Gefäß darüber, sondern man stellt es auf den Leuchter; dann leuchtet es allen im Haus. So soll euer Licht vor den Menschen leuchten, damit sie eure guten Werke sehen und euren Vater im Himmel preisen.

Gesprächsanregungen
Häufig finden Menschen erst durch eine Notlage zueinander, so auch Herr Menge und Herr Zimmer. Die Frage des Herrn Zimmer, ob Herr Menge über ihren harmonischen Hl. Abend in der Zeitung berichten wird, beantwortet der Redakteur mit einem kopfschüttelnden Lachen. Der weiß, in der Medienwelt gilt: Gute Nachrichten sind schlechte Nachrichten und schlechte Nachrichten sind gute Nachrichten.
Aber für die beiden trifft zu, was ein ungarisches Sprichwort so ausdrückt: Kein Mensch ist so reich, dass er nicht einen Nachbarn brauchte.

Themenkreise
Begegnung, Gastfreundschaft, Hilfe, Medien, Nachbarschaft

Vorlesealter
ab 7 Jahre

88 Zur Richtschnur nehmen

Nadine schiebt die Zeitschrift beiseite. Bilder von hungernden Kindern und ihren ausgemergelten Körpern machen sie nachdenklich.
Plötzlich wendet sie sich der Mutter zu: „Was denkst du, wie viel sollte man von seinem Vermögen abgeben? Die Bibel berichtet, dass die Pharisäer den zehnten Teil ihres Einkommens den Armen und Notleidenden überließen. Reicht das?"

Die Mutter schaut von ihrer Arbeit auf, zuckt mit den Schultern und antwortet: „Ich weiß es nicht.“
Nach einiger Zeit des Schweigens meint sie: „Das kann dir keiner definitiv sagen.“
„Das ist schlecht“, wendet Nadine ein. „Es müsste doch eine Richtschnur geben.“
„Diese ist sicherlich für jeden anders. Ich will dir ein Erlebnis schildern, das mich sehr nachdenklich gemacht hat.“
Sie setzt sich zu ihrer Tochter und berichtet: „Als ich neulich vom Markt kam und auf der Poststraße die schweren Taschen für einen Moment absetzte, sah ich, wie Herr Bittner auf der gegenüberliegenden Straßenseite einem Bettler Geld in den Hut warf.“
„Das ist aber wirklich nichts Besonderes“, unterbrach Nadine die Schilderung der Mutter. „Zumal du weißt, dass Herr Bittner ein frommer Christ ist. Du kannst doch jeden Sonntag beobachten, wie er sein Haus verlässt, um zur Kirche zu gehen.“
„An dem besagten Morgen aber habe ich gesehen, wie der Gerichtsvollzieher zuvor Bittners Haus betreten hat. Er ist also selbst pleite und braucht jeden Pfennig.“

Inhalt

Nadine will von ihrer Mutter wissen, wie viel man von seinem Vermögen abgeben muss. Die Mutter beantwortet diese Frage indirekt. Sie schildert, dass sie beobachtet habe, wie Herr Bittner einem Bettler Geld gab. Herr Bittner ist selbst arm.

Biblische Bezüge

Mt 19,21 Jesus antwortete ihm: Wenn du vollkommen sein willst, geh, verkauf deinen Besitz und gib das Geld den Armen; so wirst du einen bleibenden Schatz im Himmel haben; dann komm und folge mir nach.
Mk 12,41-44 Das Opfer der Witwe
Lk 11,42 Doch weh euch Pharisäern! Ihr gebt den Zehnten von Minze, Gewürzkraut und allem Gemüse, die Gerechtigkeit aber und die Liebe zu Gott vergesst ihr. Man muss das eine tun, ohne das andere zu unterlassen.
2 Kor 9,11 In allem werdet ihr reich genug sein, um selbstlos schenken zu können.

Gesprächsanregungen
In Deutschland gibt es viele Bundesbürger, die im Überfluss leben. Diese Geschichte müsste sie sehr nachdenklich stimmen und zu größerer Opferbereitschaft bewegen, zumal auch in unserem Land durch die hohe Arbeitslosigkeit die Armut zunimmt.
Auch viele Kinder und Jugendliche partizipieren an diesem Wohlstand. Wirklichen Hunger kennen aber die meisten nicht. Darum sind sie nicht sensibel für die Not in der Nachbarschaft oder in der übrigen Welt. Aber auch sie können sich nicht aus der Verantwortung stehlen, denn sie geben sehr viel Geld für überflüssige Dinge aus, Geld, das sie auch anders einsetzen könnten.
Die österreichische Schriftstellerin Marie von Ebner-Eschenbach stellt fest: Man kann nicht allen helfen – sagt der Engherzige und hilft keinem.
Der russische Dichter Fjodor Dostojewski behauptet: Es ist meine Schuld, meine ganz persönliche Schuld, dass die Welt elend ist.

Themenkreise
Dritte Welt, Hilfe, Mitleid, Nachfolge Jesu, Nächstenliebe, Not, Teilen, Vorbild

Vorlesealter
ab 9 Jahre

89 Doch gefunden

Die Engel hatten die Geburt des Erlösers verkündet. Die Hirten waren in den Stall gelaufen, um das Kind zu ehren. Alle waren dort gewesen, nur David nicht. Denn in dieser Nacht lag er krank im Bett. Er erfuhr erst Tage später von seinen Brüdern vom Kommen des Messias. Als es David besser ging, rannte auch er zu dem Stall, in dem das Kind auf die Welt gekommen war. Doch der war leer.
„Wenn ich das Kind nicht nach seiner Geburt wie meine Brüder und Vettern verehren konnte“, überlegte David, „dann werde ich es allein suchen und es anbeten.“ Einen Vorteil hatte er. Seine Vettern und Brüder waren in Eile zu dem Neugeborenen

gelaufen, hatten überstürzt die Felder verlassen. Sie konnten dem Kind darum keine Geschenke mitbringen. Er aber hatte Zeit, seinen Aufbruch zu planen. Sorgfältig wählte er Dinge aus, die er dem Kind überreichen wollte. Er nahm eine große Wolldecke mit, die er selbst einmal geschenkt bekommen hatte. Sie sollte das Kind wärmen. Er steckte getrocknete Minze ein, aus der man Tee kochen konnte. Sie sollte das Kind nähren. Und er wählte ein kleines Pferdchen aus, das er aus einer Baumwurzel geschnitzt hatte. Es sollte das Kind erfreuen.

Mit den Geschenken unter dem Arm machte er sich auf den Weg. David hatte im Dorf gehört, dass die Eltern mit ihrem Sohn in den Süden gezogen waren. Es gab nur eine Straße von Betlehem, die dorthin führte. Diese nahm er und glaubte fest daran, die Familie bald zu finden.

Am Abend des ersten Tages hatte er sein Ziel noch nicht erreicht und so lagerte er in einem Stall, wie er es von seiner Arbeit gewohnt war. Da er bis spät in die Nacht gelaufen war und erst in der Dunkelheit diesen betreten hatte, hatte er nicht gemerkt, dass hinten im Stall ein Mann mit seiner kleinen Tochter lag.

Im Morgengrauen aber wurde David durch das Weinen des Kindes geweckt. Es jammerte, weil es fror, denn die Morgenwinde, die durch die Ritzen zogen, waren kalt. David ging zu dem Kind und als er es zittern sah, bekam er Mitleid und reichte dem Mädchen seine Decke. David sagte sich, dass ihm noch die getrocknete Minze und das geschnitzte Pferdchen zum Verschenken blieben.

Er brach dann eilends auf, um diese Gaben zu überbringen. Gegen Mittag machte er eine kurze Rast bei Hirten, die wie er Schafe und Ziegen hüteten. Nur war die Erde hier, weiter südlich von Betlehem, viel karger und die Menschen darum noch viel ärmer als seine Familie. David sah, dass die Menschen Wasser tranken, um ihren Durst zu stillen. Zögernd reichte er ihnen seinen Strauß Minze. Es blieb ihm ja noch das Pferdchen, das er dem Kind geben konnte. Dies war wertvoll, denn er hatte viele Wochen an ihm geschnitzt.

Nach dieser Tat brach David hastig auf, so, als wollte er schnell den Tee, den er verschenkt hatte, vergessen. Zudem glaubte er, dass er das Kind noch an diesem Abend einholen könnte.
Doch sein eiliger Marsch wurde schon nach wenigen Stunden unterbrochen. Ein Junge stand am Wegrand und weinte. Der Kleine hatte sich verlaufen und war nun elternlos. David hockte sich neben ihn, nahm ihn in die Arme, um ihn zu trösten. Er drückte dem Jungen sein Pferdchen in die Hand, damit dieser spürte, dass David es gut mit ihm meinte.
Seinen Arm um das Kind legend, machte er sich auf, die Eltern zu suchen. Erst spät am Abend fand David die Zelte, die der Junge wiedererkannte. Die Familie küsste überglücklich den verlorenen Sohn, den sie selbst den ganzen Tag gesucht hatte. Auch David umarmte man herzlich und bot ihm als Dank ein Nachtlager an. Das nahm er an, denn zu so später Stunde wollte er seinen Weg nicht mehr fortsetzen.
Am nächsten Morgen aber war David früh auf, um endlich das Kind zu finden. Aber der Aufbruch verlief enttäuschend. Der Junge hielt das Pferdchen, das David ihm zur Beruhigung geliehen hatte, in seinen Händen. David hatte nicht den Mut, ihn zu bitten, es herauszugeben.
Traurig wandte er sich ab, verbarg seinen Missmut und verabschiedete sich dann schnell. Als er nun wieder auf der Straße war, die ihn südwärts führte, drehte er sich plötzlich um und trat den Heimweg an. Er hatte keine Gaben mehr, die er dem Heiland schenken konnte.
Er wusste nicht, dass er ihn schon dreimal beschenkt hatte.

Inhalt

Der Hirte David hat den Heiland im Stall nicht anbeten können, weil er in der Nacht der Geburt erkrankt war. Darum macht er sich etwas später auf, sein Versäumnis nachzuholen. Er nimmt Geschenke mit, die er dem Kind geben will. Doch auf der Suche nach dem Kind wollen es die Umstände, dass David seine Gaben anderen überreicht, um ihnen zu helfen. Als er kein Geschenk mehr hat, tritt er den Rückweg an.

Biblische Bezüge
Spr 3,28 Wenn du jetzt etwas hast, sag nicht zu deinem Nächsten: Geh, komm wieder, morgen will ich dir etwas geben.
Spr 21,21 Wer nach Gerechtigkeit und Güte strebt, findet Leben und Ehre.
Mt 25,40 Darauf wird der König ihnen antworten: Amen, ich sage euch: Was ihr für einen meiner geringsten Brüder getan habt, das habt ihr mir getan.
Lk 2,1-20 Die Geburt Jesu

Gesprächsanregungen
Aurelius Augustinus, der große Kirchenlehrer, hat einmal gesagt: Besser auf dem rechten Weg hinken, als festen Schrittes abseits zu wandeln. David weiß noch nicht, dass er diesen Weg beschritten hat; denn er ist Jesus in den Bedürftigen begegnet. Diese Botschaft ist aber noch nicht verkündet. Jesus aber weist immer wieder daraufhin, dass wir alles, was wir dem Nächsten gegeben, ihm gegeben haben; siehe Mt 25,40.
Thomas von Aquin sagt: Wenn der Mensch unterlässt zu tun, was er vermag, und eine einzige Hilfe von Gott erwartet, dann scheint er Gott zu versuchen.
Der spanische Mystiker Johannes vom Kreuz behauptet: Am Abend deines Lebens wird man dich an deiner Liebe prüfen.

Themenkreise
Armut, Besitz, Geburt Jesu, Hilfe, Kirchliche Feiertage, Nachfolge Jesu, Nächstenliebe

Vorlesealter
ab 6 Jahre

90 Zwei Engel

Es ist 18.25 Uhr. Mit dem Sportbeutel über der Schulter verlässt Sascha den Bus. Er geht in Richtung Feldweg, an dem abseits ein Bauernhaus steht. Jenseits dieses Weges beginnt das Neubaugebiet, in dem Sascha wohnt.
Auf der Mitte des Feldweges stutzt er, denn er riecht Rauch. Darum bleibt er auch stehen und schaut zum Bauernhaus. Flammen schlagen durch das Rieddach. Sascha wirft sein Sportzeug

auf den Boden und rennt zum Haus. Er schaut hinauf. Hinter der Fensterscheibe sieht er ein Mädchen. Es läuft aufgeregt hin und her. Es klopft mit den Fäusten an die Scheibe. Sascha eilt zur Haustür. Sie brennt. Darum greift er zur Leiter, die vor dem Stall liegt. Er lehnt sie an das Haus. Hastig klettert er die Sprossen hinauf. Das Mädchen ist verschwunden.

Sascha schlägt mit dem Ellenbogen die Fensterscheibe ein. Eilig öffnet er das Fenster und springt ins Zimmer. Das Mädchen liegt auf dem Boden. Es ist ohnmächtig. Rauch beißt in Saschas Augen. Der Qualm raubt ihm fast den Atem. Sascha hebt das Mädchen auf seine Schultern. Er schleppt es zum Fenster. Stöhnend steigt er auf die Leiter. Vor seinen Augen dreht sich alles. Er hält sich an den Holmen fest. Als er im Freien ist, dringt noch immer Qualm in seine Lunge. Ihm wird übel. Sascha steigt Sprosse für Sprosse hinab. Hände greifen ihn. Sie nehmen das Mädchen von seiner Schulter. Sascha sackt zusammen und verliert das Bewusstsein.

Als er im Krankenhaus aufwacht, fließt das Sonnenlicht durch sein Fenster. Sascha schaut sich um. An der Wand hängt ein Spruch: Gott hat keine anderen Hände als deine. Er lächelt.

Eine Schwester tritt ins Zimmer. Sie grüßt freundlich. Sie bringt ein Tablett, das sie auf den Tisch stellt. Dann greift sie Saschas Kopfteil und hebt es an.

„So kannst du besser frühstücken“, meint sie. Danach dreht sie die schwenkbare Tischplatte zu Sascha und stellt das Frühstückstablett darauf. „Guten Appetit!“, sagt sie, als sie das Zimmer verlässt.

Sascha schaut auf den Spruch an der Wand und denkt: „Gott hat keine anderen Hände als unsere. Er braucht sie täglich viele tausend Mal.“

Inhalt

Sascha rettet ein Mädchen aus einem brennenden Haus. Er erleidet dabei eine Rauchvergiftung und wird ins Krankenhaus eingeliefert. Die Schwester versorgt ihn liebevoll.

Biblische Bezüge
Joh 13,34 Ein neues Gebot gebe ich euch: Liebt einander! Wie ich euch geliebt habe, so sollt auch ihr einander lieben.
Joh 15,9-12 Wie mich der Vater geliebt hat, so habe auch ich euch geliebt. Bleibt in meiner Liebe! Wenn ihr meine Gebote haltet, werdet ihr in meiner Liebe bleiben, so wie ich die Gebote meines Vaters gehalten habe und in seiner Liebe bleibe. Dies habe ich euch gesagt, damit meine Freude in euch ist und damit eure Freude vollkommen wird. Das ist mein Gebot: Liebt einander, so wie ich euch geliebt habe.
Röm 12,9 Eure Liebe sei ohne Heuchelei. Verabscheut das Böse, haltet fest am Guten!

Gesprächsanregungen
Kardinal Joseph Höffner hat einmal in einer Predigt gesagt: Die Welt braucht Menschen, die für andere da sind. Sascha war für jemanden da im entscheidenden Augenblick. Die Krankenschwester ist für ihn und für viele andere täglich viele Male da. Es sind ihre kleinen Taten, die sie groß machen. Darum heißt der Titel auch „Zwei Engel".
Albrecht Goes sagt: Ein Engel ist ohne Namen. Aber in jeder Stunde kann es geschehen, dass er deinen Namen trägt.

Themenkreise
Gefahr, Hilfe, Nächstenliebe, Vorbild

Vorlesealter
ab 7 Jahre

91 Jedem kann man nicht helfen

Max und Liberio laufen am Strand entlang, über den Teil, den das Kommen und Gehen der Wellen feucht hält und hart macht. Plötzlich stoppt Liberio und dreht einen Käfer, der hilflos auf seinem Rücken zappelt, wieder auf seine Beine. Eine Welle hat den Winzling umgeworfen. Der Gerettete eilt zum sicheren, trockenen Sand, während Liberio schneller läuft, um wieder Anschluss zu gewinnen.

„Hast du den Käfer nicht gesehen?“, fragt er ein wenig außer Atem den Voranlaufenden.
„Ja“, antwortet Max.
„Und warum hast du ihn nicht wieder auf die Füße gesetzt?“
„Da hätte ich viel zu tun, wenn ich jedem Käfer helfen sollte“, antwortet Max schroff.
„Jedem kannst du nicht helfen“, sagt Liberio, „aber ihm hättest du helfen können.“

Inhalt
Max und Liberio joggen am Strand entlang. Liberio unterbricht seinen Lauf, um ein hilfloses Tier zu retten.

Biblische Bezüge
Spr 3,27 Versag keine Wohltat dem, der sie braucht, wenn es in deiner Hand liegt, Gutes zu tun.
Spr 14,21 Wer seinen Nächsten verachtet, sündigt; wohl dem, der Erbarmen hat mit den Notleidenden.
Spr 21,13 Wer sein Ohr verschließt vor dem Schreien des Armen, wird selbst nicht erhört, wenn er um Hilfe ruft.
1 Thess 3,12 Euch aber lasse der Herr wachsen und reich werden in der Liebe zueinander und zu allen, wie auch wir euch lieben.

Gesprächsanregungen
Das unendliche Leid und die ungeheure Not in dieser Welt scheint Max' Antwort zu rechtfertigen, Liberio aber handelt christlich.
Der große Theologe Friedrich von Bodelschwingh, der auf seiner Arbeitsstelle Bethel wahrlich viel Leid gesehen hat, sagte einmal: Jede fremde Last, die ich auf mich nehme, macht die eigene Last leichter.
Ein chinesisches Sprichwort rät: Gib dem Hungernden von deinem Reis und dem Leidenden von deinem Herzen.

Themenkreise
Gewissen, Hilfe, Nächstenliebe, Not

Vorlesealter
ab 6 Jahre

92 Vergib uns unsere Schuld

Robert hat Angst. Hätte Herr Meister Nachsitzen angeordnet oder eine Abschrift aufgegeben, er wäre zufrieden gewesen. Stattdessen hat Herr Meister gesagt: „Ich benachrichtige deine Eltern. Sollen sie dich bestrafen." Robert weiß, sein Vater wird das tun. Er steht auf dem Standpunkt: „Wenn du in der Kindheit nicht lernst, dich richtig und ordentlich zu verhalten, dann wirst du es im Leben einmal schwer haben."

Damit Robert das lernt, bestraft ihn der Vater hart. Robert meint: zu hart. Es ist richtig, er hat zweimal morgens getrödelt und ist deshalb zu spät in die Schule gekommen.

„Wegen fünf Minuten Verspätung", denkt Robert, „darf ich vielleicht einen Monat nicht zum Tischtennistraining gehen." Das wäre die schlimmste Strafe. Rudi, sein Mannschaftsführer, wird ihn dann wegen des Konditionsrückstandes wochenlang nicht aufstellen. Das ist ihm schon einmal passiert.

„Aber vielleicht", sagt sich Robert, „habe ich Glück und der Vater verbietet mir eine Woche fernzusehen."

Als Robert die Haustür öffnet, weiß er, heute ist der Brief von der Schule gekommen. Vater wird wie immer schon am Tisch sitzen, so wie jeden Mittag. Er kann sich seinen Dienst so einteilen, dass er zum Essen zu Hause ist.

Er sitzt auch am Küchentisch und vor ihm liegt der Brief von der Schule! Robert erkennt es an dem Briefkopf. „Gleich wird das Donnerwetter über mich ergehen", denkt er und setzt sich mit zittrigen Knien auf die Bank.

„Du kannst das Essen bringen, Robert ist da", sagt Vater.

Da geschieht für Robert etwas Merkwürdiges. Vater legt den Brief in die Ecke der Sitzbank. Robert sieht noch einen zweiten Briefumschlag dort liegen mit dem Briefkopf der Kreisverwaltung. Mutter bringt das Essen.

Vater sagt: „Ich werde noch heute die Strafe bezahlen, ich bin eben zu schnell gefahren."

Inhalt
Robert fürchtet sich vor der Strafe des Vaters. Es wäre ihm lieber gewesen, der Lehrer hätte ihn für sein Vergehen gemaßregelt, statt einen Brief an die Eltern zu schicken. Doch der Vater verliert kein Wort über diese Benachrichtigung. Ihn beschäftigt das Strafmandat, das er für zu schnelles Fahren bekommen hat.

Biblische Bezüge
Ps 65,4 Unsere Schuld ist zu groß für uns, du wirst sie vergeben.
Mt 6,12 Und erlass uns unsere Schulden, wie auch wir sie unseren Schuldnern erlassen haben.
Mt 18,21-22 Da trat Petrus zu ihm und fragte: Herr, wie oft muss ich meinem Bruder vergeben, wenn er sich gegen mich versündigt? Siebenmal? Jesus sagte zu ihm: Nicht siebenmal, sondern siebenundsiebzigmal.
Mt 18,23-35 Das Gleichnis vom unbarmherzigen Gläubiger

Gesprächsanregungen
Nicht jede Erziehungsmaßnahme ist eine Strafe, die abgelehnt werden muss. Aber oft sollten sich Erzieher ihrer eigenen Unzulänglichkeit bewusst sein und Milde walten lassen. Vor allem sollte zur Strenge auch Güte gehören.
Ralph Waldo Emerson meint: Das Geheimnis der Erziehung liegt in der Achtung des Schülers.
Carlos Tschudi sagt: Richtig ins Herz hinein erzieht nur die Liebe.

Themenkreise
Erziehung, Schuld, Strafe, Verzeihen

Vorlesealter
ab 9 Jahre

93 Nur ein kleines Licht

Die Türen sind geschlossen. Die Menschen haben das Kaufhaus verlassen. In den Ecken brennt die Notbeleuchtung. Die vollen Regale schlummern im faden Licht.
„Morgen werde ich bestimmt verkauft“, brummt die Glühbirne,

die seit Wochen im Regal liegt. „Ich möchte endlich ein Wohnzimmer erhellen.“
„Erhellen“, spottet eine Neonleuchte vom Nachbarregal, „kannst du einen Raum nicht. Das kann nur ich mit meiner enormen Leuchtkraft.“
„Mein Licht aber ist weich und warm und darum kaufen die Menschen uns Glühbirnen viel häufiger als euch grell scheinende Neonleuchten“, erwidert gereizt die 40-Watt-Birne.
Sie schweigen eine Weile.
Dann sagt die Glühbirne, um sich mit der Neonleuchte wieder zu versöhnen: „Wir geben beide schönes Licht. Schau dir nur die kleine Kerze unten im Regal an. Sie ist nur ein billiger Notbehelf, wenn wir einmal ausfallen.“
Die kleine Kerze schweigt, sie hat so viel Watt nichts entgegenzusetzen. Sie hofft dennoch, auch einmal von den Menschen gekauft zu werden.
Um neun Uhr öffnen sich die Türen des Supermarktes erneut und die Käufer drängeln durch die Gänge, füllen ihre Einkaufswagen randvoll und eilen zu den Kassen.
Dann geschieht es. Gegen Mittag bleibt eine Frau vor den Leuchten stehen, greift erst die Neonlampe, dann die Glühbirne und legt sie in ihren Einkaufswagen.
„Sie haben es geschafft“, denkt die kleine Kerze, „sie können den Menschen ihr Licht schenken.“
Die Frau verharrt noch einen Augenblick, zögert, überlegt, blickt auf ihren Einkaufszettel und nimmt dann die kleine Kerze aus dem Regal.
„Hast noch einmal Glück gehabt“, höhnen die beiden elektrischen Leuchtkörper. Die kleine Kerze antwortet nicht, träumt davon, bald gebraucht zu werden.
Die Frau legt das Gemüse in den Kühlschrank, trägt die Flaschen in den Keller und bringt das Übrige in die Speisekammer. Dann dreht sie die Glühbirne in die Esstischlampe. Die Birne strahlt, denn sie hat einen Platz bekommen, von dem alle Glühbirnen träumen.
„Wenn die Familie beim Essen in gemütlicher Runde sitzt,

schenke ich ihr Licht“, überlegt sie und leuchtet vor Freude. Auch die Neonröhre findet ihren Platz. Sie wird hinter der Gardinenleiste befestigt.

„Welch ein Glück“, jubelt sie, „tagsüber kann ich hinaus in die weite Welt sehen und abends erhelle ich das große Blumenfenster.“

„Wir sind Glückskinder“, rufen die beiden Leuchtkörper voller Freude und schauen schadenfroh auf die kleine Kerze, die in einem Körbchen in der Zimmerecke gelandet ist. Die Nacht kommt, die Familie schläft. Immer wieder lachen die Leuchtkörper über die kleine Kerze, die unbenutzt im Körbchen liegt. Oft fragen sie spöttisch: „Sag, was erhellst denn du?“

Die kleine Kerze schweigt, schweigt auch am nächsten Tag, bis sie eine Stimme sagen hört: „Hol den Klebstoff, Markus!“

Und Markus durchsucht die Küchenschublade. Bald sitzen Mutter und Sohn am Esstisch, zeichnen, schneiden und kleben. Markus’ Gesicht glüht vor Eifer.

„Nun bring die Kerze“, bittet die Mutter und Markus nimmt die kleine Kerze aus dem Körbchen.

„Vor vielen Jahren“, erzählt die Mutter, „ritt einmal ein Soldat namens Martin spätabends zu seinem Lager. Der Wind wehte kalt. Der Soldat dachte nicht an Krieg und Kampf, er hörte immer wieder die Worte des Priesters: ‚Jesus hat uns aufgetragen, einander zu lieben, damit Licht in unsere Welt kommt.‘“

„Weißt du, Markus“, sagt die Mutter, nachdem sie den Stock an der Laterne befestigt hat, „jede gute Tat ist wie ein kleines Licht, das die dunkle Welt erhellt und erwärmt. An einem kalten Abend teilte der Soldat seinen Mantel mit einem frierenden Bettler.“

Nachdem die Mutter die kleine Kerze in die Laterne gestellt hat, ziehen die beiden sich ihre Mäntel an. Dann eilen sie mit der Laterne zum Marktplatz. Dort haben sich viele Kinder versammelt, mit leuchtenden Lampions in den Händen. Die Mutter zündet die kleine Kerze an und Markus stellt sich zu den anderen.

Viele kleine Lichter erhellen den dunklen Platz.

Inhalt
Eine Frau kauft eine Neonleuchte, eine Glühbirne und eine Kerze in einem Kaufhaus. Die beiden elektrischen Leuchtkörper bekommen einen Platz, der ihnen gefällt. Nur die Kerze bleibt zunächst unbeachtet im Körbchen liegen. Erst später wird sie in eine Laterne gestellt und darf nun leuchten zum Gedenken an St. Martin.

Biblische Bezüge
Mt 25,36 Ich war nackt und ihr habt mir Kleidung gegeben; ich war krank und ihr habt mich besucht; ich war im Gefängnis und ihr seid zu mir gekommen.
1 Kor 13,4 Die Liebe ist langmütig, die Liebe ist gütig. Sie ereifert sich nicht, sie prahlt nicht, sie bläht sich nicht auf.
2 Kor 4,6 Denn Gott, der sprach: Aus Finsternis soll Licht aufleuchten!, er ist in unseren Herzen aufgeleuchtet, damit wir erleuchtet werden zur Erkenntnis des göttlichen Glanzes auf dem Antlitz Christi.
Eph 5,8-9 Denn einst wart ihr Finsternis, jetzt aber seid ihr durch den Herrn Licht geworden. Lebt als Kinder des Lichts! Das Licht bringt lauter Güte, Gerechtigkeit und Wahrheit hervor.
1 Thess 5,5 Ihr alle seid Söhne des Lichts und Söhne des Tages. Wir gehören nicht der Nacht und nicht der Finsternis.

Gesprächsanregungen
Die Mutter erklärt ihrem Sohn, dass jede kleine Kerze einer guten Tat gleicht, die eine finstere Welt erhellt und wärmt.
Victor E. Frankl glaubt: Nur die Hingabe an einen anderen Menschen oder an eine Aufgabe bringt dem Einzelnen Selbstverwirklichung und gibt seinem Leben einen Sinn.
Erich Kästner schreibt: Es gibt nichts Gutes, außer man tut es.
Zenon meint: Nicht in dem Großen liegt das Gute, sondern in dem Guten das Große.
Margarete Seemann sagt: Ein guter Mensch ist das Echo Gottes.
Johann Heinrich Pestalozzi meint: Die Liebe wählt sich den kleinen Ort, auf den sie scheinen will, alles Übrige steht bei ihr im Schatten.

Themenkreise
Erfüllung, Kirchliche Feiertage, Licht, Lieblosigkeit, Nächstenliebe

Vorlesealter
ab 7 Jahre

Inhalt

Eine Frau kauft eine Neonleuchte, eine Glühbirne und eine Kerze in einem Kaufhaus. Die beiden elektrischen Leuchtkörper bekommen einen Platz, der ihnen gefällt. Nur die Kerze bleibt zunächs

94 Trauen

„Das war sehr leichtsinnig und verführt zum Diebstahl", sagt der Mann.
„Ich weiß, Sie haben Recht", antwortet die Frau, die zu ihrem Einkaufswagen zurückeilt.
„Ein geschickter Dieb hätte Ihnen die Waren stehlen können."
„Es ist gut, dass es nicht nur Räuber und Verbrecher gibt. Ich musste meinen Sohn suchen, er ist verschwunden. Als ich mich an der Kasse anstellte, war er noch bei mir."
„Haben Sie ihn gefunden?"
„Nein!"
„Dann müssen Sie noch einmal in den Laden gehen und nach ihm schauen."
„Und wer passt auf meinen Einkauf auf?"
„Ich!", sagt der Mann und stellt sich neben den Wagen.
Die Frau lächelt dankbar und rennt los. Sie sucht in den Gängen, zwischen den Regalen und hinter den Auslagen. Auf einem Dreirad findet sie ihren Zweijährigen, der glücklich ist.
„Du darfst doch nicht weglaufen", schimpft sie, lächelt und hebt ihn auf ihren Arm. Sie zwängt sich an der Schlange vor der Kasse vorbei. Da durchfährt sie der nächste Schreck. Der Mann und ihr Einkaufswagen sind weg. Verschwunden!
„Er sah nicht aus wie ein Dieb", sagt sie mehr zu sich als zu ihrem Kind. „Man kann heute niemandem mehr trauen."
Die Frau geht auf den Ausgang zu. Sie hat nicht das Geld, um noch einmal einzukaufen.
„Hallo", ruft da eine Stimme, „wollen Sie Ihren Wagen nicht mitnehmen?"

Inhalt

Eine Mutter hat im Supermarkt ihr Kind verloren. Ein Mann bietet sich an, auf den Einkaufswagen mit der bezahlten Ware aufzupassen, während sie ihren Ausreißer sucht.

Biblische Bezüge

Ps 1,1-2 Wohl dem Mann, der nicht dem Rat der Frevler folgt, nicht auf dem Weg der Sünder geht, nicht im Kreis der Spötter sitzt,
sondern Freude hat an der Weisung des Herrn, über seine Weisung nachsinnt bei Tag und bei Nacht.
Gal 6,9 Lasst uns nicht müde werden, das Gute zu tun; denn wenn wir darin nicht nachlassen, werden wir ernten, sobald die Zeit dafür gekommen ist.

Gesprächsanregungen

Kinder wie Erwachsene überrascht der Schluss. Sie vermuten, dass der Mann mit dem Einkaufswagen verschwunden ist. Warum eigentlich? Die überwiegende Mehrheit aller Mitmenschen hätte doch auch so gehandelt wie der Mann. Sind wir durch die Medien schon so weit beeinflusst worden, dass wir hinter allem nur das Schlechte vermuten?
Norman Vincent Peale schreibt in „So hast du mehr vom Leben“: Manches Versagen liegt darin begründet, dass wir nicht klug genug sind, auf die Kraft des Vertrauens zu bauen. Vielleicht erklärt dies, wie wichtig oft das Absehen vom eigenen Spekulieren ist und warum die größten aller Lehrer uns raten, in manchen Dingen wie ein Kind zu sein, weil kindliches Wesen Zuversicht und Vertrauen ausdrückt.

Themenkreise

Hilfe, Medien, Menschlichkeit, Misstrauen, Miteinander, Vertrauen

Vorlesealter

ab 7 Jahre

95 Immer ehrlich!

Lutz überspringt die unterste Stufe, eilt durch den Gang, wirft sich auf das Polster und schlägt lässig die Beine übereinander. Er sitzt im Bus, mit dem er jeden Mittag von der Schule nach Hause fährt. Seine Tasche stellt er neben sich. Seine Hand gleitet zum Rand des Sitzes. Dort fühlt er etwas. Vorsichtig zieht er es heraus.
Ein Portmonee!

Es steckte zwischen Buswand und Sitzseite. Lutz schaut sich um. Niemand beobachtet ihn. Die wenigen Fahrgäste dösen in der Mittagssonne. Der Bus fährt an. Das Portmonee ist prallvoll. Eine Menge Geldscheine sind zu sehen. Große Scheine! Wenn er sie in seiner Tasche verschwinden ließe, niemand würde es bemerken. Mit so viel Geld könnte er sich so manchen Traum erfüllen. Den Eltern braucht er auch nichts zu sagen. Wenn er das Geld nicht mit einem Male ausgäbe, würden sie nichts bemerken. Er muss das Portmonee nur in seiner Hosentasche verschwinden lassen und alles gehört ihm.
Lutz' Herz klopft, er atmet schwer. Was soll er machen? Er hält viel Geld in seiner Hand. So viel wie noch nie! Der Bus stoppt. Lutz steht auf und geht zum Fahrer.
„Entschuldigung", sagt er, „das habe ich gefunden!"
Der Busfahrer staunt. „Wenn so viel Geld abgegeben wird", erklärt er, „mache ich ein Protokoll."
Er bittet einen Fahrgast hinzu. Gemeinsam zählen sie die Scheine. Der Mann legt Lutz anerkennend die Hand auf die Schulter.
„Es ist gut", sagt er, „dass es noch ehrliche Finder gibt."
„Am besten", meint der Busfahrer, weil die Zeit drängt, „du gibst mir deine Monatskarte, dann schreibe ich für das Protokoll die Personalien ab."
Lutz kann sie ihm nicht zeigen, er hat keine.

Inhalt

Lutz ist Fahrschüler. Eines Mittags findet er im Bus ein Portmonee, in dem viel Geld ist. Die Versuchung ist groß, diesen Fund in seiner Hosentasche verschwinden zu lassen. Doch der Junge entscheidet sich für den ehrlichen Weg und gibt das Geld ab. Als er seine Monatskarte vorzeigen soll, muss er passen, denn er fährt schwarz.

Biblische Bezüge

Ex 20,15 Du sollst nicht stehlen.
Ps 37,27-28 Meide das Böse und tu das Gute, so bleibst du wohnen für immer. Denn der Herr liebt das Recht und verlässt seine Frommen nicht.
Ps 119,4 Du hast deine Befehle gegeben, damit man sie genau beachtet.

Gesprächsanregungen
Lutz scheint ehrlich zu sein, aber er ist es nicht. Eine solche Menge Geld zu unterschlagen, ist für ihn noch eine Nummer zu groß. Im Kleinen betrügt er aber schon eifrig, denn es stellt sich heraus, dass er keine Monatskarte besitzt und ständig „schwarz" fährt. Aber das Fahren ohne gültiges Ticket ist ein Vergehen und kein Kavaliersdelikt genau so wenig wie Ladendiebstahl oder Versicherungsbetrug. Sie kosten die betroffenen Unternehmen Millionen. Hier gilt auch die Volksweisheit: Im Kleinen fängt es an, im Großen hört es auf.

Themenkreise
Betrug, Gewissen, Versuchung

Vorlesealter
ab 6 Jahre

96 Denk-mal

Auf dem Kopf trägt er den Lorbeerkranz, in der Hand das Schwert und unter dem Fuß liegt der Besiegte.
„Das war ein großer Held", sagt der Vater, „der viele Schlachten gewonnen hat. Darum hat man ihm dieses Denkmal gesetzt."
Loredana schaut hinauf zu der mächtigen Statue aus Bronze. Besser erkennt sie die Bilder im Sockel, die in Stein gemeißelt sind. Sie zeigen den Kämpfer im Schlachtengetümmel, zwischen Kriegern und Kanonen, das gezückte Schwert stets in der Hand.
Viele Menschen schreiten ehrfurchtsvoll durch das Halbdunkel des Monuments. Das helle Tageslicht blendet Loredanas Augen, als sie mit dem Vater wieder ins Freie tritt und die Treppe hinuntergeht.
Kinder kommen ihr entgegen, die sich an den Händen halten. Auf einem Absatz sitzt eine Mutter, die ihr Baby stillt, und an der untersten Wand lehnen ein Schwarzer und ein Weißer, die

miteinander plaudern. Der Vater breitet eine Decke im Schatten eines Akazienbaumes aus. Loredana stellt das Körbchen darauf und packt die Butterbrote aus, die sie selbst belegt hat.
„Gibt es überall auf der Welt Denkmäler für Kriegshelden?“, fragt sie, als sie ihren Saft trinkt.
„Überall“, nickt der Vater.
„Denkmäler für große Taten“, sagt Loredana. „Gibt es auch Denkmäler für gute Taten?“

Inhalt
Loredana besucht mit ihrem Vater ein Denkmal, das zu Ehren eines Kriegshelden errichtet worden ist. Nach der Besichtigung will Loredana wissen, ob es neben den Monumenten für „große“ Taten auch welche für gute Werke gibt.

Biblische Bezüge
Mt 20,24-28 Als die zehn anderen Jünger das hörten, wurden sie sehr ärgerlich über die beiden Brüder. Da rief Jesus sie zu sich und sagte: Ihr wisst, dass die Herrscher ihre Völker unterdrücken und die Mächtigen ihre Macht über die Menschen missbrauchen. Bei euch soll es nicht so sein, sondern wer bei euch groß sein will, der soll euer Diener sein, und wer bei euch der Erste sein will, soll euer Sklave sein. Denn auch der Menschensohn ist nicht gekommen, um sich dienen zu lassen, sondern um zu dienen und sein Leben hinzugeben als Lösegeld für viele.
Gal 5,13 Ihr seid zur Freiheit berufen, Brüder. Nur nehmt die Freiheit nicht zum Vorwand für das Fleisch, sondern dient einander in Liebe!

Gesprächsanregungen
Heldendenkmäler findet man überall auf der Welt, Monumente für die Heroen des Alltags nicht.
Albert Schweitzer meinte in einer Predigt: „Wehe denen, die im täglichen Leben zu viel Herz haben“, sagt man gewöhnlich. Gewiss, sie haben es nicht leicht und sie können oft ihren Vorteil nicht in Unbefangenheit verfolgen, wo die anderen es tun. Sie haben nicht die Sicherheit und Zielbewusstheit des Auftretens, die zum Gelingen gehören. Aber sie kennen ein Glück, das den anderen immer verborgen bleibt und sie haben eine tiefere Erkenntnis des Lebens und der Wahrheit. Ihre Seele und ihr Herz haben an ihrem Leben teil und es geht Liebe von ihnen aus.

Themenkreise
Achtung, Alltagsmühe, Anerkennung, Helden, Nächstenliebe, Verehrung

Vorlesealter
ab 7 Jahre

97 Vorgeführt

„Sie können alles fotografieren", sagt der Reiseleiter, „aber vergessen Sie bitte nicht, der alten Frau ein paar Dinare zu schenken. Sie erwartet dies für ihr Entgegenkommen."
Sobald der Bus hält, stürzen alle heraus und begeben sich im Eilschritt zu dem Felsendorf. Sie wissen, sie besuchen eine der wenigen Behausungen, die noch das Leben wie in der Steinzeit zeigt, in der sogar noch jemand wohnen soll.
Tatsächlich, auf dem Innenhof sitzt eine alte Frau. Sie trägt ein langes, ziemlich verschlissenes Kleid und ein Kopftuch, das bescheidener, silberfarbener Schmuck ziert. In ihren fleischigen Fingern hält die Frau einen einfachen Stock, mit dem sie den Mahlstein dreht, unter dem Körner knirschen. Die Videokameras arbeiten, die Fotoapparate klicken, dieses ungewöhnliche Schauspiel ist ein Muss für jeden Filmer und ein Höhepunkt der Reise. Nachdem die Frau von allen Seiten aufgenommen worden ist, wirft man einen Blick in die Räume.
Zögernd betreten die ersten die Küche, in der über einer steinernen Feuerstelle ein Kessel hängt. Schnell verfliegt die Scheu der Eindringlinge und sie inspizieren die wenigen Habseligkeiten genau. Wieder wird aufgenommen, wieder klicken die Fotoapparate oder laufen die Videobänder. Das Gleiche spielt sich im Schlafzimmer ab, in dem eine in den Felsen gehauene Nische zu sehen ist, auf der eine Kamelhaardecke liegt. Auch hier wird gefilmt oder fotografiert. Ein ganz Mutiger legt sich auf die Decke und lässt sich ablichten.

„Wo sind denn hier die Toiletten?“, fragt ein Neunmalkluger. Doch der Reiseleiter überhört die Bemerkung geflissentlich. Statt zu antworten, führt er die Gruppe zum Vorratsraum, in dem nichts zu finden ist als ein paar Getreidekörner.
„Sie sehen“, sagt er erklärend, „wie arm diese Frau ist.“ Die Touristen nicken mitleidsvoll und greifen zum Geld. Sie eilen zurück zu der alten Berberin, die noch immer vor ihrem Mahlstein sitzt. Sie dreht ihn nicht mehr, ihre Hände ruhen in ihrem Schoß. Noch einmal werden Fotoapparate und Videokameras betätigt. Dann fallen diskret ein paar Dinare in die geöffnete Hand. Jeder hält sich an die Anweisung des Reiseleiters. Die Frau bedankt sich dafür mit stillem Lächeln.
Mit sich zufrieden, gehen die Urlauber zum Bus. Alle haben ein gutes Gewissen, denn man hat großzügig gespendet; jeder freut sich, denn man hat gute Aufnahmen, über die Freunde und Verwandte staunen werden. Wer bringt schon von einer Reise solche Bilder mit, ein Dokument, das eine Welt zeigt, die vor zehntausend Jahren einmal existierte. Nachdem die Staubwolke, die der wendende Bus hinterließ, verflogen ist, erhebt sich die Frau. Sie weiß, das war die letzte Reisegruppe für heute. Die Sonne steht schon tief, darum kommt keiner mehr.
Die Berberin begibt sich hinter einen kleinen Hügel, wo ihr Mofa liegt. Der Sattel quietscht, als zwei Zentner darauf Platz nehmen. Die Frau dreht den Zündschlüssel und fährt zur Stadt. Dort verbringt sie den Abend und die Nacht in ihrem Haus, das unter Palmen steht. Sie zählt das Geld und schmunzelt zufrieden, denn heute sind ihre Einnahmen besonders gut.
„Ich bin ein Fotomodell der Spitzenklasse“, denkt sie, als sie ihre Spardose wegschließt.

Inhalt
Eine Reisegruppe besucht eine steinzeitliche Behausung, in der noch eine Frau wohnen soll. Diese ungewöhnliche Bleibe wird von den Urlaubern filmisch wie fotografisch dokumentiert. In Wirklichkeit ist dieser Schauplatz eine gut erhaltene Touristenattraktion.

Biblische Bezüge

Ex 23,1 Du sollst kein leeres Gerücht verbreiten. Biete deine Hand nicht dem, der Unrecht hat, indem du als falscher Zeuge auftrittst.

Spr 23,23 Erwirb dir Wahrheit und verkauf sie nicht mehr.

1 Thess 4,6 Und dass keiner seine Rechte überschreitet und seinen Bruder bei Geschäften betrügt, denn all das rächt der Herr, wie wir euch schon früher gesagt und bezeugt haben.

Gesprächsanregungen

Der Massentourismus zeigt Auswüchse. Die Gier der Reisenden nach ungewöhnlichen Erlebnissen und außergewöhnlichen Motiven fordert solche Täuschungen förmlich heraus. In diesem Fall sind die Folgen noch harmlos und für keinen von großem Schaden. Wenn aber die Urlauber den „Fortschritt" der Entwicklungsländer verhindern, weil er ihnen nicht fotogen genug ist, ist die Angelegenheit mehr als makaber.

Themenkreise

Betrug, Einbildung, Gier, Lüge, Mitleid, Sensationslust, Staunen, Tourismus, Wohnen

Vorlesealter

ab 8 Jahre

Sich suchen - sich finden

98 Gefunden

Die Vorweihnachtszeit ist eine Zeit der Heimlichkeiten. Die Kinder sitzen nun öfter in ihren Zimmern und malen oder basteln. Die Eltern verschwinden schneller nach dem Einkauf in ihrem Schlafzimmer, wo es dann raschelt und knistert. Man flüstert und tuschelt, jeder hat etwas zu verstecken, das erst am Heiligen Abend wieder hervorgeholt wird.
Bei Till ist das anders. Jedes Jahr vor Weihnachten hat er denselben Ärger, jedes Jahr dasselbe Problem. Denn dann quält ihn die Frage: Was schenke ich meinem Vater?
Für die Mutter lässt sich immer etwas finden, Pralinen oder Parfüm, aber sein Vater besitzt alles, was er benötigt. Andere Kinder kaufen Tabak oder Wein, eine CD oder ein Buch, um diese Geschenke am Heiligen Abend auf den Gabentisch zu legen.
Für Till trifft das nicht so zu. Sein Vater hat alles, was er braucht. Selbst für die Segeljacht oder die Tennisausrüstung gibt es nichts, was der Sohn noch hinzufügen könnte. Sein Vater ist reich und was soll man einem steinreichen Mann schenken? Möglichst noch etwas, worüber er sich auch freuen kann. Nicht einmal ein eigenhändig gefertigter Fensterschmuck oder ein selbst gemaltes Bild würde ihn erfreuen. So etwas konnte Till überreichen, als er noch in den Kindergarten ging. Aber jetzt, als Schulkind, muss er sich schon mehr einfallen lassen. Aber was, wenn es doch an nichts fehlt?
Am Morgen des Heiligen Abends hat Till sein Problem immer

noch nicht gelöst. So schlendert er zum wiederholten Male durch die Stadt, die Ersparnisse in seiner Hosentasche, mit denen er so gerne seinem Vater eine Freude bereiten würde. Doch vor welchem Schaufenster er auch stehen bleibt, welche Auslage er sich auch ansieht, nichts Passendes ist für ihn, besser gesagt für seinen Vater, dabei.
Till ist ärgerlich. Bis zum Geschäftsschluss dauert es nicht mehr lange.
Doch da fällt sein Blick, als er über den Markt schlendert, wo schon das große Aufräumen beginnt, auf ein Bund Suppengrün. Till bleibt wie hypnotisiert stehen. Er starrt auf das Gemüse. Da kommt ihm eine Idee und er kauft das Suppengrün. Dann eilt er ins Kaufhaus, um weitere Besorgungen zu erledigen.
An diesem Heiligen Abend, der wie eh und je mit den Großeltern, den Eltern und Onkel Walter, Vaters Bruder, gefeiert wird, stellt Till einen Korb mit dem Suppengrün, dazu zwei Tüten Erbsen, etwas geräucherten Speck, ein paar Zwiebeln, ein Pfund Dicke Rippe und eine große Dose Würstchen auf den Gabentisch.
Alle schauen abwechselnd auf die Lebensmittel, dann auf Till. Sie sind verdutzt. Das Erstaunen wird noch größer, als nicht die Mutter dieses Geschenk erhält, sondern der Vater.
„Ich werde", sagt Till bei der Übergabe, „mit dir am ersten Weihnachtstag eine Erbsensuppe kochen. Das kann ich und dir werde ich es beibringen."
Nach einer Pause setzt er hinzu: „Dies ist ein Geschenk und wie du mich gelehrt hast, sollte man Geschenke nie ablehnen. Am besten wir weichen die Erbsen gleich ein."
Ohne eine Antwort abzuwarten, eilt Till in die Küche und holt eine große Schüssel, in die er die Hülsenfrüchte schüttet.
Die Großeltern lächeln. Auch die Mutter grinst. Aber Till ist, als würde sogar um Vaters Mundwinkel ein Schmunzeln liegen.
Am ersten Weihnachtstag steht Vater mit umgebundener Schürze am Herd, bereit, seine erste Kochstunde zu erhalten. Beim Schälen der Kartoffeln und beim Zerkleinern der Mohrrüben pfeift er sogar.

Statt der üblichen Weihnachtsgans, die diesmal einen Tag später serviert wird, dampft auf dem Tisch Erbsensuppe mit Bockwürstchen.
„Sehr lecker", meint Onkel Walter, nachdem er probiert hat. Dann wendet er sich seinem Neffen zu und lobt: „Ich wusste gar nicht, dass du ein so guter Lehrmeister bist."
„Weißt du", sagt Vater, als er das Würstchen zerschneidet, „wir werden von nun an, lieber Sohn, jedes Jahr am ersten Weihnachtstag unsere Erbsensuppe kochen. Das wird jetzt Tradition." Till ist stolz auf sich und auf seinen Vater.
Schon lange haben sie, Vater und Sohn, nichts mehr zusammen unternommen. An diesem Weihnachtstag haben sie einen neuen Anfang gemacht. Sie haben zusammen etwas geschaffen, eine kleine Aufgabe gefunden, die sie fortan Weihnacht für Weihnacht verbinden wird. Er weiß, Vater sieht das genauso, sonst hätte er nicht gesagt: Das wird Tradition.

Inhalt
Till lebt in einer wohlhabenden Familie; darum fällt es ihm schwer, für seinen Vater ein Weihnachtsgeschenk zu finden. Auf der Suche nach etwas Passendem kommt er auf eine ausgefallene Idee.

Biblische Bezüge
Spr 10,1 Ein kluger Sohn macht dem Vater Freude.
Sir 40,18 Überfluss und Verdienst machen das Leben angenehm, doch mehr als beide, einen Schatz zu finden.
Mal 3,24 Er wird das Herz der Väter wieder den Söhnen zuwenden und das Herz der Söhne ihren Vätern.
Jak 1,17 Jede gute Gabe und jedes vollkommene Geschenk kommt von oben, vom Vater der Gestirne, bei dem es keine Veränderung und keine Verfinsterung gibt.

Gesprächsanregungen
Till hat seinem Vater, aber auch sich selber, ein wichtiges Geschenk gemacht. Für ihn, aber auch für den Vater, ist nicht eine weitere Wertsache bedeutsam - davon scheinen beide genug zu haben -, sondern das gemeinsame Tun. Auch der Vater sieht das gleich so. Die Doppeldeutigkeit des Titels belegt dies.

Ephraim Kishon hat einmal gesagt: Nach den jüngsten statistischen Erhebungen besitzt heute jeder zweite Fernsehapparat eine Familie. In Abwandlung gelten wohl seine Worte auch für diese Familie. Till sucht einen Ausweg und hat an diesem Weihnachtsfest einen Schritt zum Miteinander gemacht.

Themenkreise
Erziehung, Familie, Miteinander, Schenken, Weihnachten

Vorlesealter
ab 8 Jahre

99 Der Stärkere

„Willst du mit mir darüber reden?“, fragt Herr Wenger seinen Sohn. Maximilian schweigt. „Ich merke doch schon seit Tagen, dass zwischen Joschka und dir etwas nicht stimmt.“
Maximilian setzt sich aufs Sofa. „Wir haben uns wegen der Eisenbahn gestritten.“
„Die von Joschkas Vater? Was ist mit der Bahn?“, fragt Herr Wenger und ermuntert seinen Sohn zur Aussprache.
„Ich war vorige Woche Dienstag bei Joschka. Sein Vater fragte uns, ob wir noch ein Stündchen die Züge fahren lassen wollten. Und ob wir wollten, es kommt schließlich nicht oft vor, dass wir das dürfen. Die Eisenbahn ist Herrn Nolte heilig.“
„Ich weiß, sie hat schließlich eine Menge Geld gekostet und er hat viel Arbeit in den Ausbau investiert.“
„Darum lässt er uns auch nie allein mit der Bahn spielen. Er ist also mit uns in den Keller gegangen, wo die Anlage steht, und wir haben etwa eine halbe Stunde die Züge fahren lassen. Plötzlich wurde Herr Nolte von seiner Frau ans Telefon gerufen. Wir haben weitergemacht. Das Gespräch muss wohl sehr wichtig gewesen sein, denn Herr Nolte kam nicht wieder.
Nach einiger Zeit meinte Joschka: ‚Soll ich dir einmal zeigen, wie schnell die Züge fahren können, besonders der neue Trans-

rapid?' Bevor ich antworten konnte, hatte er den Trafo schon auf Höchstgeschwindigkeit gedreht. Die Züge rasten los, donnerten durch die Tunnel, jagten über die Gleise. Die automatischen Schranken konnten sich kaum so schnell schließen und öffnen.
Und es kam, wie es kommen musste. Die kleinste Lokomotive, ein älteres Modell, flog in hohem Bogen aus den Gleisen und landete vor meinen Füßen. Joschka hat sofort alle Züge gestoppt und ich hob vorsichtig die verunglückte Bahn auf und stellte sie zurück auf das Gleis. Einen Schaden habe ich nicht bemerkt. Ich muss aber dazu sagen, dass Joschka die Züge auch nicht mehr fahren ließ, sondern den Strom für die gesamte Anlage abschaltete. Danach bin ich nach Hause gegangen."
„Was ist dann passiert?", fragt der Vater.
„Am folgenden Donnerstag hat mir Joschka mitgeteilt, dass die Vorderradaufhängung von der kleinen Lok defekt sei. Sein Vater hat geschimpft. Joschka hat ihm gesagt, ich sei der Schuldige, weil ich sie mit Gewalt auf die Gleise gedrückt hätte. Der Schaden muss aber entstanden sein, als der Zug zu Boden fiel. Ich glaube, das weiß Joschka auch."
„Was willst du machen? Ihr habt jetzt schon seit einer Woche keinen Kontakt mehr und ihr wart seit Jahren gute Freunde."
„Was soll ich machen? Wenn ich hingehe und sage: ‚Wir wollen uns wieder vertragen', dann kommt es einem Schuldgeständnis gleich. Joschka wird denken: ‚Er hat es also doch gemacht und jetzt kommt er reumütig angekrochen.' Aber ich weiß genau, dass er die Eisenbahn beschädigt hat."
Herr Wenger steht auf, geht unruhig im Zimmer auf und ab.
„Du hast Recht", sagt er plötzlich, „die meisten Menschen denken so. Wer sich zuerst wieder um Frieden bemüht, wer also nachgibt, gilt als der Schwächere."
„Das sage ich doch, also muss Joschka den ersten Schritt machen, zumal er im Unrecht ist."
„Warte", sagt der Vater, „wer nachgibt, gilt als der Schwächere, in Wirklichkeit aber ist er der Stärkere, denn er ist derjenige, der gelernt hat, sich zu überwinden."

Inhalt
Maximilian und Joschka, zwei Freunde, sind zerstritten. Maximilian meint in einem Gespräch mit seinem Vater, nur der Schwächere gebe nach. Der Vater erklärt seinem Sohn, dass derjenige, der sich um Frieden bemühe, Stärke zeigt, weil er sich überwinden könne.

Biblische Bezüge
2 Kor 5,18-19 Aber das alles kommt von Gott, der uns durch Christus mit sich versöhnt und uns den Dienst der Versöhnung aufgetragen hat. Ja, Gott war es, der in Christus die Welt mit sich versöhnt hat, indem er den Menschen ihre Verfehlungen nicht anrechnete und uns das Wort von der Versöhnung (zur Verkündigung) anvertraute.
Hebr 11,34 Sie sind stark geworden, als sie schwach waren.

Gesprächsanregungen
Der erste Schritt zum Frieden, besonders, wenn man sich im Recht fühlt, ist nicht leicht. Dennoch gibt der Vater seinem Sohn einen guten Rat und der Lohn wird der Erhalt der Freundschaft sein. Wenn Joschka ein echter Freund ist, wird er Maximilians Schritt anerkennen und dies auch irgendwie zum Ausdruck bringen, indem er sein Unrecht eingesteht.
Martin Luther sagt: Den Frieden kauft man nie teuer, denn er bringt dem, der ihn kauft, großen Nutzen.

Themenkreise
Freundschaft, Konflikte, Streit, Unrecht, Versöhnen, Verzeihen, Vorurteil

Vorlesealter
ab 8 Jahre

100 Seinen Korb tragen

Der Korb drückt auf Simons Kopf. Feigen und Datteln, Rosinen und Oliven schleppt er durch die Straßen. Andere Kinder haben es besser. Sie dürfen Ziegen hüten, manche sogar spielen. Er aber muss Tag für Tag diesen schweren Korb tragen. Nur am Sabbat kann er sich ausruhen.

Simon schimpft. Warum sind seine Eltern nicht reich? Sie besitzen nur ein kleines Lädchen in einer Seitengasse im Siloeviertel. Wer kommt da schon vorbei?
Heute ist Simon besonders früh aufgestanden. Der Mond scheint noch, als er mit seinem vollen Korb durch die engen Gassen hastet. Er will wenigstens die Stammkunden beliefern, bevor die Straßen völlig verstopft sind. Eine Stunde nach Sonnenaufgang gibt es kaum noch ein Durchkommen. Zu viele Pilger bevölkern vor dem Passahfest Jerusalem.
„Schwer ist es", denkt Simon, „im Gedrängel von Judäern und Galiläern, Arabern und Römern die restliche Ware zu verkaufen."
In diesem Durcheinander beachtet niemand einen 10-Jährigen, da mag er schreien, bis er heiser ist. Am späten Nachmittag ist Simons Korb noch immer halb voll und er drückt auf seinen Kopf, wird von Stunde zu Stunde schwerer. Simon schimpft und flucht. Warum muss er so schwer arbeiten?
Wieder hat er seinen Korb abgesetzt, vielleicht das zehnte Mal an diesem Tag, und sich erschöpft an eine Mauer gelehnt, als eine lärmende Menschenmenge ihm entgegenkommt. An ihrem Gebrüll erkennt er, dass es die Sensationsgierigen sind, die einen Schwerverbrecher nach Golgota begleiten. Sie johlen und schreien und sie würden den Verurteilten erdrücken, bahnten nicht römische Soldaten ihm den Weg.
Simon presst sich noch fester an die Hauswand, um den Tross vorbeizulassen. Doch in dem Augenblick, als der Verurteilte vorbeizieht, verliert dieser das Gleichgewicht.
Die Menschen laufen auseinander, denn der Balken schlägt auf das Pflaster. Sie haben Angst, sich zu verletzen. Das Holz bleibt vor Simons Korb liegen. Der Verurteilte kriecht auf Händen und Füßen zu dem Holzstamm, um ihn wieder aufzuheben und seinen Weg fortzusetzen. Simon blickt in sein Gesicht. Der Verurteilte lächelt ihn an. Die Soldaten legen dem Gebeugten den Balken auf seine Schultern. Wankend schleppt er ihn weiter.
Langsam hebt auch Simon seinen Korb auf den Kopf.

Inhalt
Simon ist das Kind armer jüdischer Eltern. Täglich läuft er mit seinem Früchtekorb durch die Straßen von Jerusalem und bietet seine Ware an. Vor dem Passahfest ist es für den 10-Jährigen in dem Menschengewühl schwer, das Obst zu verkaufen. Das Durcheinander ist zu groß. Simon murrt, denn der Korb drückt. Er setzt ihn ab. Als er sieht, dass ein Verurteilter, den römische Soldaten nach Golgota führen, den Balken, der ihm von der Schulter geglitten ist, willig wieder auf sich lädt, nimmt auch er seine Last wieder auf.

Biblische Bezüge
Mt 16,24 Darauf sagte Jesus zu seinen Jüngern: Wer mein Jünger sein will, der verleugne sich selbst, nehme sein Kreuz auf sich und folge mir nach.
Mt 27,32 Auf dem Weg trafen sie einen Mann aus Zyrene namens Simon; ihn zwangen sie, Jesus das Kreuz zu tragen.

Gesprächsanregungen
Der Ruf Jesu, ihm zu folgen, steht in den Evangelien auffällig oft. Nachfolge Jesu heißt, sein Beispiel der Hingabe und der Nächstenliebe nachzuahmen, vor allem sein „Kreuz" zu tragen, sein Schicksal anzunehmen. Simon versteht diese Aufforderung, auch wenn sie stumm erfolgt.
An keiner Stelle der Geschichte fällt der Name Jesus. Dennoch kann man in dem Kreuzträger den zum Tode verurteilten Messias sehen. Letztlich kann es jeder Mensch sein, der geduldig Leid und Mühsal erträgt, ohne zu hadern.

Themenkreise
Bestimmung, Nachfolge Jesu, Zufriedenheit

Vorlesealter
ab 8 Jahre

101 Auserwählt

„Warum ich?", fragt sich Arne unaufhörlich und heult vor Schmerzen.
Lachend war er heute Morgen noch auf den Berg geliftet. Bei Bilderbuchwetter und Pulverschnee hatte er auch allen Grund,

sich zu freuen. „Was für ein Tag!“, hat er gerufen und ist zu Tal gebraust, allen anderen voran. An der Mittelstation hielt er an, um auf die Schwester und ihren Freund zu warten. Der Schnee glitzerte. Die Kristalle funkelten in der Sonne. Geblendet von der Helligkeit, schloss Arne die Augen.
Sekunden später war alles dunkel. Jemand hat ihn angefahren, zu Boden geschleudert, meterweit mitgerissen. Auf einem Ackja brachte man ihn ins Tal. Sein Bein war gebrochen.
„Warum ich?“, fragt sich Arne, als er im Wartesaal des Krankenhauses sitzt. „Es wimmelte von Menschen auf dem Berg und mich trifft es.“
Der Urlaub, auf den er sich so gefreut hatte, findet eine grausame Wende. Tränen der Bitterkeit feuchten seine Augen. Arnes Schwester hält seine Hand, aber es tröstet ihn nicht.
„Warum ich?“, fragt er sie und sie zuckt die Schultern.
„An meinem zehnten Geburtstag“, sagt der Mann, der neben ihm sitzt, „lief ich mit Freunden eine Runde. Wir waren gute Sportler. Und ohne anzugeben, ich war der beste. Ich träumte von einer großen Karriere als Fußballspieler. ‚Du hast ein Ballgefühl, wie ich es noch nie erlebt habe’, sagte mein Trainer. Ich sah mich schon als Star in den Stadien.
An meinem zehnten Geburtstag, als wir nur unsere Lockerungsrunde liefen, fuhr ein betrunkener Autofahrer in unsere Gruppe. Drei wurden verletzt, keiner so schwer wie ich. Mein rechtes Bein musste amputiert werden.“
Arne bemerkt erst jetzt, dass der Mann eine Prothese trägt. Der Mann nickt.
„Ja“, sagt er, „du siehst es. Damals fragte ich mich: ‚Warum gerade ich?’ Ich haderte mit Gott und meinem Schicksal.
‚Warum’, so wollte ich wissen, ‚gab mir Gott eine solche Begabung und nahm mir die Möglichkeit, sie zu entfalten?’“
Der Mann stützt sich auf seinen Krückstock, sieht Arne liebevoll an und fährt fort: „Ein russisches Sprichwort sagt: ‚Immer wenn Gott eine Tür schließt, öffnet er eine andere.’ Man muss nur hindurchgehen. Nachdem ich meine Enttäuschung überwunden hatte, verbrachte ich die Stunden, die ich früher auf

dem Fußballplatz verlebt hatte, am Klavier. Heute bin ich ein bekannter Komponist und Pianist. Die Musik wurde zum Inhalt meines Lebens, mein ganzes Leben bestimmte sie. Der Fußball wäre nur ein, höchstens zwei Jahrzehnte für mich von Bedeutung gewesen."

Arne schaut den Fremden mit großen Augen an. Der nimmt seine Krücken und steht auf.

„Auch wenn für dich jetzt alles dunkel ist, bedenke, mitten in der Nacht beginnt ein neuer Tag", sagt er beim Weggehen.

Inhalt

Arne ist beim Ski laufen schwer verletzt. Er fragt sich, warum gerade ihm das passieren musste, obwohl mit ihm viele Sportler auf dem Berg waren.

Biblische Bezüge

Ps 27,14 Hoffe auf den Herrn und sei stark! Hab festen Mut und hoffe auf den Herrn!

Spr 3,5-6 Mit ganzem Herzen vertrau auf den Herrn, bau nicht auf eigene Klugheit;

such ihn zu erkennen auf all deinen Wegen, dann ebnet er selbst deine Pfade.

Spr 16,4 Alles hat der Herr für seinen Zweck erschaffen, so auch den Frevler für den Tag des Unheils.

Spr 16,9 Des Menschen Herz plant seinen Weg, doch der Herr lenkt seinen Schritt.

Gesprächsanregungen

Ein Mann erklärt Arne, wie er in seinem Leben die Redensart erfahren hat: Wenn Gott eine Tür zuschlägt, dann öffnet er auch eine andere. Man muss nur selbst hindurchgehen. Er will Arne ermutigen, in allem einen Sinn zu sehen. Blaise Pascal sagt: So düster unser Los auch erscheine, wir müssen hoffen, dass Gott es für uns zu einem Quell der Freude mache, wenn wir ihm die Führung überlassen.

Themenkreise

Enttäuschung, Erfüllung, Gottvertrauen, Krankheit, Leid, Schicksal, Unglück

Vorlesealter

ab 9 Jahre

102 Herzlos

Tym krault mit den Fingerspitzen den Nacken seines Hund Rocko. Sein Blick wandert über den Hafen von Myra. Von seinem Haus aus kann er die Einfahrt sehen und das Anlegen der Schiffe beobachten.
„Einmal“, denkt er, „werde ich auch dort ankern mit einem Schiff, das beladen ist mit Kostbarkeiten, die ich mitbringen werde von meiner Reise in ferne Länder.“ Doch sein Traum wird nicht wahr. Tyms Geschäfte gehen schlecht.
Eines Abends sitzt er wie so oft vor seinem Haus und streichelt seinen Hund, als plötzlich ein Mann vor ihm steht. Der Fremde verbeugt sich leicht und stellt ohne Umschweife seine Frage: „Möchtest du reich werden, sehr reich?“
Tym lacht trocken: „Und ob!“
„Ich kann dich zum wohlhabendsten Mann der Stadt machen.“
„Und was“, fragt Tym, „ist meine Gegenleistung?“ Als gewiefter Kaufmann weiß er, dass alles seinen Preis hat.
Mit abwertender Handbewegung behauptet der Fremde: „Nichts Besonderes! Dein Herz! Tausche es gegen einen Stein! Das ist alles!“
Tym grinst. „Das ist ein gutes Geschäft“, denkt er und ehe es sich der Fremde anders überlegt, willigt er ein.
Von dieser Stunde an laufen Tyms Unternehmungen gut und sein Reichtum mehrt sich. Nicht mit einem Schiff, mit einer ganzen Flotte läuft er bald in den Hafen ein und bringt Samt und Seide, Gold und Edelsteine mit.
Der Reichtum aber, den er erwirbt, versteinert sein Herz. Ein Lächeln schenkt er bald keinem mehr. Sein kaltes Herz kennt keine Freude, er verliert darum alle Freunde. Mürrisch schleicht Tym durch die Straßen der Stadt.
Auch der Hund spürt diese Kälte. Gestreichelt wird er schon lange nicht mehr. Für seine Freudensprünge bekommt er Fußtritte. Rocko bettelt um Zuwendung, kratzt vorsichtig mit den

Pfoten auf dem Boden. Doch statt Liebe bekommt er Hiebe. Rocko beginnt zu lahmen, weil sein Herz leidet. Doch das Herrchen hat keinen Blick für die Not des Tieres, nur harsche Worte und harte Schläge.
Eines Abends klopft jemand an die Tür. Ein Kind steht vor Tym und bettelt um Brot.
„Scher dich fort!", schreit er und will die Tür ins Schloss werfen.
In diesem Augenblick tritt der Hund vor und folgt dem Kind. Alle Versuche, Rocko zurückzuhalten, beantwortet dieser zähnefletschend.
Damit ist der letzte Getreue aus Tyms Leben gegangen. Einsamkeit zieht in seine Villa, in dem die Freudlosigkeit schon lange wohnt. Für seinen Reichtum kann Tym sich nicht eine Sekunde Glück kaufen.
In dieser Not denkt er häufig an den Bischof Nikolaus. Von ihm hat er viel Gutes gehört. Allen, die sich an ihn wandten, hat der Hirte bisher geholfen. Das wenigstens erzählen die Leute. Tym quält die Frage, ob der Bischof auch sein steinernes Herz heilen kann.
Eines Morgens sagt er sich: „Ich geh zu Nikolaus!"
Er fürchtet zwar, der Bischof könne auch ihm die Tür zuschlagen, so wie er es mit jedem anderen jahrelang gemacht hat. Doch der Bischof nimmt ihn auf. Er führt ihn wie einen alten Freund in seine Wohnung. Ohne Aufforderung schildert Tym, wie er leichtfertig sein Herz verschenkt hat.
Der Bischof schweigt nach diesen Ausführungen lange, dann sagt er: „Du kannst dir nur selber helfen."
Tym schaut verwundert und wartet auf eine Erklärung.
„Geh in die Häuser", sagt Nikolaus, „und kümmere dich um die Menschen. Hilf ihnen! Aber gib ihnen nicht von deinem Überfluss. Vielmehr öffne dich für das Leid der Menschen! Wende dich ihnen zu! Lindere ihre Not und ihre Ängste! So wie du tröstest, wirst du dann auch Trost bekommen!"
Nach einer Pause setzt der Bischof seine Ratschläge fort: „Suche vor allem das Kind, das du abgewiesen hast! Du hast

einem Bruder die Tür zugeschlagen." Mit diesen Worten entlässt der Bischof den Kaufmann.

Auf dem Heimweg steht plötzlich der Verführer vor Tym und versperrt den Weg.

„Höre nicht auf den Bischof!", warnt er eindringlich. „Dein Herz bekommst du nie wieder! Getauscht ist getauscht! Verschenkst du nun noch dein Hab und Gut, bist du arm obendrein."

Doch Tym wendet sich von dem Verführer ab.

Schon am nächsten Tag beginnt er mit seiner neuen Aufgabe. Er geht hinunter zum Hafen, zu den verfallenen Hütten. Hinter jeder Tür, die er öffnet, verbergen sich Hunger, Krankheit und Leid. Tym legt Hand an. Er kauft Nahrung, verbindet Wunden, tröstet Menschen. Von morgens bis abends sorgt er sich um andere und hofft, das Kind zu finden.

Mit jeder guten Tat verkleinert sich der Stein in seiner Brust und vergrößert sich sein Herz.

Eines Abends, Tym kehrt wie immer müde, aber zufrieden heim, sitzen auf der Treppe vor seiner Haustür zwei, nach denen er sich so gesehnt hat: das Kind und der Hund. Tym drückt die beiden an sein Herz und er weiß, dass er jetzt einen Schatz in seinen Armen hält, der größer ist als alle anderen der Welt.

Inhalt

Der Kaufmann Tym sehnt sich nach Wohlstand. Ein Verführer verspricht ihm diesen, wenn er dafür sein Herz hergibt. Tym willigt ein. Er wird sehr reich, aber auch sehr einsam, denn wegen seines kalten Herzens wenden sich alle von ihm ab, sogar sein Hund. In dieser Not sucht er Rat beim Bischof Nikolaus.

Biblische Bezüge

Spr 13,7 Mancher stellt sich reich und hat doch nichts, ein anderer stellt sich arm und hat großen Besitz.

Mt 19,23-24 Da sagte Jesus zu seinen Jüngern: Amen, das sage ich euch: Ein Reicher wird nur schwer in das Himmelreich kommen. Nochmals sage ich euch: Eher geht ein Kamel durch ein Nadelöhr, als dass ein Reicher in das Reich Gottes gelangt.

Lk 12, 33-34 Verkauft eure Habe und gebt den Erlös den Armen! Macht euch Geldbeutel, die nicht zerreißen. Verschafft euch einen Schatz, der nicht abnimmt, droben im Himmel, wo kein Dieb ihn findet und keine Motte ihn frisst. Denn wo euer Schatz ist, da ist auch euer Herz.
2 Kor 8,2 Während sie durch große Not geprüft wurden, verwandelten sich ihre übergroße Freude und ihre tiefe Armut in den Reichtum ihres selbstlosen Gebens.

Gesprächsanregungen
Diese Legende vom heiligen Nikolaus ist in der deutschen Literatur durch die schöne Erzählung „Das kalte Herz" von Wilhelm Hauff bekannt geworden. Um den Bischof von Myra rankt sich noch eine Fülle weiterer Legenden, so die Kornvermehrung, die Errettung der unschuldig zum Tode Verurteilten, die drei Jungfrauen, Hilfe in Seenot. Umfassende Informationen über das Leben des Bischofs, sein wechselndes Bild in der Geschichte wie über die mannigfaltigen Legenden finden sich in Halbfas, Lehrerhandbuch 1, S.123ff, Patmos Verlag.

Themenkreise
Advent, Einsamkeit, Herzlosigkeit, Hilfe, Kirchliche Feiertage, Nächstenliebe, Nikolaus, Reichtum

Vorlesealter
ab 7 Jahre

103 Unter deinem Schutz

Erwartungsvoll betritt Paul Reichel die Liebfrauenkirche in Brügge. Seine ganze Aufmerksamkeit gilt dem Kunstwerk, das rechts vom Hauptaltar steht. Es zeigt Maria mit dem Kind. Ursprünglich war diese Marmorgruppe für die Kathedrale in Siena gedacht, doch ihr Schöpfer Michelangelo verkaufte sie im Jahre 1505 für hundert Dukaten an den Brügger Kaufmann Moucron. Somit war dieses Werk das einzige, das zu Lebzeiten des Künstlers über die Alpen gelangte.

In stiller Andacht betrachtet Paul Reichel das zarte Gesicht der Gottesmutter. Ihr Körper scheint zerbrechlich zu sein und bildet einen Gegensatz zu dem etwas korpulenten Kind. Herr Reichel zündet nach einem stillen Gebet eine Kerze an und bittet die Gottesmutter um ihren Schutz auf dieser Urlaubsreise.
Dann verlässt er den Dom und schwingt sich auf sein Rennrad. Seine Fahrt führt ihn an den Grachten entlang. Der Weg ist schmal, nur so breit, dass sich zwei begegnen können. Plötzlich versperren zwei Nebeneinanderfahrende ihm den Weg. Herr Reichel muss hart bremsen. Zorn steigt in ihm auf. Doch dann lächelt er wohlwollend, vor ihm radeln Mutter und Kind. Sie stützt schützend ihren Zögling.

Inhalt
In seinem Urlaub besucht Paul Reichel den Dom zu Brügge, um Maria mit dem Kind, ein Werk Michelangelos, zu betrachten. Diese Begegnung verändert ihn.

Biblische Bezüge
Spr 19,11 Einsicht macht den Menschen langmütig, sein Ruhm ist es, über Verfehlungen hinwegzugehen.
Jak 1,22 Hört das Wort nicht nur an, sondern handelt danach; sonst betrügt ihr euch selbst.
Jak 2,24 Ihr seht, dass der Mensch aufgrund seiner Werke gerecht wird, nicht durch den Glauben allein.
2 Petr 1,5-7 Darum setzt allen Eifer daran, mit eurem Glauben die Tugend zu verbinden, mit der Tugend die Erkenntnis, mit der Erkenntnis die Selbstbeherrschung, mit der Selbstbeherrschung die Ausdauer, mit der Ausdauer die Frömmigkeit, mit der Frömmigkeit die Brüderlichkeit und mit der Brüderlichkeit die Liebe.

Gesprächsanregungen
Der Besuch der Kirche, die Betrachtung der Madonna, das Gebet um Schutz haben Herrn Reichel verändert, machen ihn ausgeglichener. Kann eine solche Stippvisite so etwas bewirken? Es ist die Frage, ob Herr Reichel auf seinem Fahrrad ein zweites Mal betet.
Gerhard Branstner sagt: Rücksicht setzt Einsicht voraus.

Themenkreise
Beherrschung, Gebet, Miteinander, Mutterliebe, Rücksicht

Vorlesealter
ab 8 Jahre

104 Ein anderer sein

„Und“, fragt die Mutter, „was ist es diesmal?“
„Ausreichend“, strahlt Nino und streckt ihr das Schulheft entgegen.
„Eine Vier ist kein Grund zum Jubeln. Andere Kinder schreiben Einsen und Zweien“, dämpft die Mutter die Begeisterung.
Nino ist enttäuscht. Es ist sein erstes Ausreichend in einer Mathematikarbeit und er ist stolz darauf.
Selbst sein Lehrer hat gesagt: „Na, Nino, immerhin!“
Darum hat er geglaubt, Mutter würde sich mit ihm freuen. Aber sie bügelt die Wäsche, schaut nicht einmal in sein Heft. Nino schüttet sich Milch in ein Glas und setzt sich an den Küchentisch.
Plötzlich sagt er wie zum Trotz: „Ich möchte Andreas sein.“
„Andreas?“, staunt die Mutter und schaut vom Bügelbrett auf.
„Der schreibt nur Einsen und Zweien, in allen Fächern immer nur Einsen und Zweien. Der hat noch nie eine Drei mit nach Hause gebracht.“
Nino trinkt seine Milch.
„Dann nimm dir ein Beispiel an ihm!“, rät die Mutter.
„Ungerecht ist das auch“, überlegt Nino, „Andreas ist im Nu mit seinen Hausaufgaben fertig. Ihm fällt das Lernen leicht. Ich dagegen muss mich den ganzen Nachmittag mit dem Schreiben und Rechnen herumquälen und dann sagt der Lehrer noch: ‚Nino, du musst sauberer arbeiten und die vielen Fehler vermeiden.‘“

Nino stellt sich ans Fenster und schaut hinunter auf den Spielplatz. In dem kleinen Sandkasten baut sein Bruder einen Turm. „Andreas wohnt mit seinen Eltern in einem riesigen Haus", denkt Nino. „Jeder in der Familie hat sein eigenes Zimmer und muss es nicht wie ich mit einem quengelnden Bruder teilen."
„Ja", sagt er laut, „ich möchte Andreas sein."
„Aber mir würdest du fehlen", meint die Mutter, „und du hättest mich nicht."
„Ich würde dir nicht fehlen, denn du würdest mich nicht kennen und ich würde dich nicht kennen", antwortet Nino, „und darum würden wir uns nicht vermissen. Abends käme eine andere Mutter und gäbe mir einen Kuss und ich hätte sie lieb wie dich. Glaube ich wenigstens." Mutter schaut ihren Sohn verwundert an. Der wechselt schnell das Thema.
„Weißt du", fragt er, „wo mein Hockeyschläger ist?"
„Er liegt auf dem Schrank", sagt die Mutter. Nino läuft in sein Zimmer. Er zieht sein Sportzeug an, holt seinen Schläger vom Schrank.
„Ich gehe zum Training", ruft er und klappt die Wohnungstür hinter sich zu. Als er auf den Fahrstuhl wartet, überlegt er: „Ich werde heute wieder fünf Tore schießen. Das Spiel mit der Bande beherrscht keiner so gut wie ich."
So denkt er und ist stolz auf sich.

Inhalt
Nino ist kein guter Schüler. Darum wünscht er sich, Andreas zu sein. Den Einwand der Mutter, er würde ihr fehlen, lässt er nicht gelten. Als er aber zum Hockeytraining eilt, denkt er mit Stolz an seine Leistungen in dieser Sportart. Sein Wunsch ist verflogen.

Biblische Bezüge
Ps 62,2 Bei Gott allein kommt meine Seele zur Ruhe, von ihm kommt mir Hilfe.
Mt 19,19 Du sollst deinen Nächsten lieben wie dich selbst!
1 Kor 3,16 Wisst ihr nicht, dass ihr Gottes Tempel seid und der Geist Gottes in euch wohnt?

Gesprächsanregungen
Der Wunsch, ein anderer zu sein, war nur eine vorübergehende Eingebung und hatte nie einen wirklich ernsthaften Hintergrund. Im Grunde ist Nino froh, dass er eben in seiner Haut steckt. Im Sport ist er gut und der ist ihm wichtig, denn hier ist er besser als Andreas. So ist jeder auf seinem Platz wichtig, wenn er ihn entsprechend ausfüllt.
Ein Unbekannter hat einmal gesagt: Jeder Mensch bestimmt das Schicksal der Welt.
Roman Vincent Peale schreibt: Wenn wir zu großer Höhe aufsteigen und einen Überblick über die gesamte zukünftige Landschaft des eigenen Lebens gewinnen könnten, würden wir erkennen, was das Beste für uns ist. Da wir aber nicht sehr weit in die Zukunft blicken können, brauchen wir für jeden Schritt alle Klugheit, die wir aufbringen können, und müssen darauf bauen, dass wir im Augenblick das tun, was für uns richtig ist.

Themenkreise
Begabung, Ich, Identifikation, Lebensweg, Wünsche

Vorlesealter
ab 8 Jahre

105 Losgelassen

Erster Schultag!
Wie sehr hat sich Volker auf diesen Tag gefreut! An seinem sechsten Geburtstag bekam er eine Schultasche und ein Etui, Hefte und Malsachen. Wie oft hat er in den Schrank geschaut und die Sachen heimlich herausgenommen!
Heute ist es so weit! Heute trägt er seinen Tornister auf dem Rücken, hält seine Tüte im Arm und geht an der Hand seiner Mutter zur Schule.
Heute ist sein erster Schultag. Am großen Tor empfängt ihn und alle anderen die Lehrerin.
„Ich habe schon lange auf euch gewartet“, sagt sie zu den Erstklässlern und führt sie in die Aula.

Zur Begrüßung tragen die älteren Kinder Gedichte vor, spielen Stücke und singen Lieder. Die Schulleiterin hält eine Rede.
Nach dieser Feier begleitet Frau Klein, so heißt Volkers Lehrerin, die Kinder in ihren Klassenraum. An die Tafel hat Frau Klein einen großen Teddy gemalt, den Lese-Umi. Er schaut auf die Kinder, die sich einen Platz aussuchen und scheint sie auch willkommen zu heißen. Volker setzt sich in die erste Bank, in die Nähe von Frau Klein, denn er findet sie nett.
Sie nimmt hinter dem Pult Platz und erzählt eine Geschichte. Eine Geschichte von einem Jungen, der in die Welt zieht, um Abenteuer zu erleben. In seinem Herzen aber blieb die Sehnsucht nach daheim. Dann lernen die Kinder ein Lied. Sie singen: „Ich bin jetzt schon ein Schulkind ...“.
Nach dem Lied verabschiedet sich Frau Klein. „Bis morgen!“, ruft sie, als die Kinder auf den Flur stürmen, wo die Eltern warten.
Volker geht mit seiner Mutter heim, neben ihr, wie auf dem Hinweg, fast wie auf dem Hinweg, mit dem Tornister auf dem Rücken, der Schultüte im Arm, - aber nicht mehr an der Hand seiner Mutter.

Inhalt

Volker wird eingeschult. Auf dieses wichtige Ereignis in seinem Leben hat er sich gefreut. An diesem Tag löst er sich ein wenig von der Mutter.

Biblische Bezüge

Ps 37,23-25 Der Herr festigt die Schritte des Mannes, er hat Gefallen an seinem Weg.
Auch wenn er strauchelt, stürzt er nicht hin; denn der Herr hält ihn fest an der Hand.
Ps 37,31 Er hat die Weisung seines Gottes im Herzen, seine Schritte wanken nicht.
Ps 54,6 Doch Gott ist mein Helfer, der Herr beschützt mein Leben.

Gesprächsanregungen

Die Geschichte gehört zum Themenbereich „Selbstständig werden“ und nicht „Einschulung“. Mit dem ersten Schultag fängt auch ein neuer Lebensabschnitt an. Nicht nur, dass nun das Kind die Grundtechniken Rechnen, Schreiben und Lesen erlernt, es erweitern sich in einem erheblichen Umfang die Aufgaben und Pflichten. Es muss einen großen Schritt zur Selbstständigkeit machen. Das symbolisiert auch der Schlusssatz.

Themenkreise
Erziehung, Familie, Selbstständigkeit

Vorlesealter
ab 8 Jahre

106 Eingebläut

Karl hält tapfer dem Lehrer die Hand entgegen und beißt die Zähne zusammen. Dann spürt er die Hiebe des Rohrstockes. Fünfmal schlägt ihm der Lehrer auf die Fingerspitzen. Karl hat Tränen in den Augen, doch er gibt keinen Laut von sich, so sehr die Hand auch schmerzt.
Ohne Hausaufgaben ist er in die Schule gekommen und dies hat sein Lehrer bestraft. Karl hat keine Zeit gehabt, sie zu machen. Mit diesen Fingern, die jetzt anschwellen, hat er gestern den ganzen Nachmittag Kartoffeln ausgegraben und heute muss er trotz der Schmerzen das restliche Feld abernten. Am Abend hat er die Hausaufgaben auch nicht machen können, weil keine Kerze im Haus war. Mutter hatte vergessen, welche zu kaufen. Das alles hätte seinen Lehrer wenig bewogen, Gnade walten zu lassen. Dieser ist schon eine Bank weiter gegangen und hat Johann aufgerufen. Er soll einen Fuchs beschreiben.
Johann hat noch nie einen gesehen und weil er denkt, dass dieser so ähnlich aussieht wie die Hauskatze, beschreibt er ihn auch so. Damit ist der Lehrer ganz und gar nicht einverstanden und zur Strafe muss Johann in der Ecke stehen. Auf den Rücken wird ihm ein Schild gehängt, auf dem mit leuchtender Schrift steht: „Ich bin ein Esel!“

Johann schämt sich und er weint still. Er geht nicht gern in die Schule, denn der Lehrer ist unfreundlich und streng zu den Kindern. Für jedes Vergehen gibt es Prügel. Er weiß genau, welche Schmerzen Karl heute Nacht erdulden muss.
Als er so die Wand anstarrt, überlegt er: „Ob es wohl einmal eine Schule geben wird, in die Kinder gerne gehen? Ob es eine Schule geben wird, in der man den Fuchs auf Bildern zeigt oder eine Tiersammlung hat?“
Ihm fallen die Worte seines Vaters ein: „Einmal sehen ist besser als tausendmal hören.“
Ganz leise fragt er sich auch: „Ob es eine Schule geben wird, in der die Kinder die Lehrer und die Lehrer die Kinder gern haben?“
So überlegt Johann, der mit vollständigem Namen Johann Heinrich Pestalozzi heißt.

Inhalt

Johann geht ungern in die Schule, eine Schule, in der der Lehrer die Kinder für das kleinste Vergehen bestraft. Er träumt von einer Anstalt, in der der Unterrichtsstoff anschaulich dargeboten wird und in die Kinder mit Freude gehen.

Biblische Bezüge

Spr 19,11 Einsicht macht den Menschen langmütig, sein Ruhm ist es, über Verfehlungen hinwegzusehen.
Gal 5,22-23 Die Frucht des Geistes aber ist Liebe, Freude, Friede, Langmut, Freundlichkeit, Güte, Treue, Sanftmut und Selbstbeherrschung.
Gal 6,1 Wenn einer sich zu einer Verfehlung hinreißen lässt, meine Brüder, so sollt ihr, die ihr vom Geist erfüllt seid, ihn im Geist der Sanftmut wieder auf den rechten Weg bringen.
2 Tim 2,24-25 Ein Knecht des Herrn soll nicht streiten, sondern zu allen freundlich sein, ein geschickter und geduldiger Lehrer, der auch die mit Güte zurechtweist, die sich hartnäckig widersetzen.

Gesprächsanregungen

Johann Heinrich Pestalozzi wurde am 12.01.1746 in Zürich geboren und starb am 17.02.1827 in Brugg. Dieser bedeutende Pädagoge hatte großen Einfluss auf die moderne, naturgemäße Erziehungslehre.

1775 gründete er ein Heim für arme Kinder auf seinem Gut Neuhof bei Birr. 1798 übernahm er das Waisenhaus in Staus, leitete dann vier Jahre eine Schule in Burgdorf. Von 1805-1825 war er verantwortlich für die Heimschule in Yverdom. Seine Arbeit hier machte ihn weltbekannt. Seine Grundidee war: Bildung für alle, Veranschaulichung der Lernstoffe und Ausbildung der Lehrer. Die tragenden Gedanken seiner Pädagogik entnimmt er dem Mutter-Kind-Verhältnis, das er auf die Beziehungen zwischen Lehrer und Schüler überträgt. Das Individuelle in jedem Menschen muss entwickelt werden, wobei der Erzieher nur Beistand leisten kann.
In zahlreichen Schriften prangerte Pestalozzi die Missstände seiner Zeit an und zeigte Wege zu deren Beseitigung auf. Sein Gedankengut war befruchtet von Rousseau, vor allem aber durch die Thesen der Französischen Revolution. Grundlegend für seine Ideen ist die Auffassung vom Menschen als sozialem Wesen und von der Erziehung als Mittel zur Vervollkommnung der Gesellschaft, in der der Mensch bewusst und verantwortungsvoll die gemeinsame Lebenswelt gestalten soll.

Themenkreise
Erziehung, Lernen, Machtmissbrauch, Menschlichkeit, Persönlichkeit, Strafe

Vorlesealter
ab 8 Jahre

107 Zur rechten Zeit

Im Festsaal versammelt sich viel Prominenz, um den berühmtesten Sohn der Stadt zu ehren. Johannes Peters hat in vielen Metropolen der Welt gearbeitet und ausgestellt. Er ist aber immer wieder in das kleine Atelier seiner Heimatstadt zurückgekehrt. Darum verleiht man ihm heute die Ehrenbürgerschaft der Stadt. In diesem Saal, in dem immer mehr Menschen Platz nehmen, hängen auch einige seiner Gemälde.
Als die Redner ans Pult treten, loben sie die Aussagekraft der Bilder des Künstlers, die ungewöhnliche Farbgestaltung, aber auch die Schönheit und Anmut der Werke.

Als am Schluss Johannes Peters selbst an das Pult tritt und sein Manuskript ausbreitet, stutzt er.
Plötzlich kehrt er zurück zum Publikum. Man wundert sich. Peters fasst die Hand eines alten Mannes und bittet ihn nach vorne zu kommen. Als sie beide auf der Bühne stehen, sagt der Künstler: „Ich halte hier die Hand eines Mannes, der mir eine Ohrfeige gegeben hat."
Ein Raunen geht durch den Saal.
Peters nickt und ergänzt: „Ja, eine Ohrfeige zur rechten Zeit!"
Selbst der Alte schaut ihn jetzt verwundert an.
„Ich drücke diese Hand in Dankbarkeit. Denn als ich mit einer Spraydose vor seiner Garagenwand stand, um sie zu verunstalten, bekam ich einen Klaps und dieser Mann sagte zu mir: ‚Benutze die Farbe nicht, um die Welt zu verschandeln, sondern um sie zu verschönern!'
Diesen Rat habe ich seitdem stets befolgt. Er wurde zum Leitspruch meines Lebens."

Inhalt
Der Maler Johannes Peters dankt an dem Tag, als ihm die Ehrenbürgerschaft seiner Heimatstadt verliehen wird, dem Mann, der ihm eine Ohrfeige zur rechten Zeit gab.

Biblische Bezüge
Spr 13,18 Armut und Schande erntet ein Verächter der Zucht, doch wer Tadel beherzigt, wird geehrt.
Spr 17,10 Tadel erschüttert einen Verständigen mehr als hundert Schläge einen Toren.
Sir 22,6 Wie Musik zur Trauer ist eine Rede zur falschen Zeit, Schläge und Zucht aber zeugen stets von Weisheit.

Gesprächsanregungen
Wir Menschen haben die Fähigkeit, mit Dingen dieser Welt schöpferisch und kreativ umzugehen. Danach sollten wir auch handeln, daran erinnert der alte Mann den jungen Sprayer. Wie sehr diese Unsitte um sich gegriffen hat, Brücken, Wände oder Züge zu verunstalten, ist in fast allen Großstädten dieser Welt zu sehen.

Der junge Sprayer hat Leonardo da Vinci zu Folge auf das richtige Pferd gesetzt. Denn er behauptete: Die Schönheit sterblicher Dinge vergeht, die Schönheit der Kunst nicht.

Themenkreise
Dankbarkeit, Einsicht, Erziehung, Kreativität, Kunst

Vorlesealter
ab 8 Jahre

108 Hosianna - Kreuzige ihn!

So stand es in der Zeitung:
Das Spiel der Grundschule „Am Südbad“ war wie Ungarischer Gulasch. Ein Spiel mit viel Pfeffer und Würze. Das Salz in der Suppe waren die beiden Außenstürmer Markus Grohe und Manuel Sutter. Diese beiden bekam der Gegner nie richtig in den Griff. Überragend aber die Leistung des Jens Jetski! Er verteilte die Bälle wie der Meisterkoch die Zutaten. Immer im richtigen Moment, immer die richtige Prise. Er gab die Vorlage zum 1:0 und schoss selbst den Siegtreffer. Es war ein Leckerbissen, ihm zuzusehen; das Spiel insgesamt: ein Augenschmaus. Der Einzug ins Endspiel ist verdient. Wiederholen die Schüler ihre Leistung, steht der neue Stadtmeister fest. Es ist der Grundschule „Am Südbad“ zu gönnen, nachdem man ihr zweimal im Endspiel die Suppe versalzen hat. Aber Paprika muss in ihrem letzten Spiel sein!
Jens hat sich diesen Zeitungsartikel ausgeschnitten und über sein Bett gehängt. Ein Bild war unter dem Bericht. Es zeigte ihn beim entscheidenden Torschuss. Nicht nur die Mitschüler wussten von seiner Glanzleistung, auch die Nachbarschaft hatte sie aus der Zeitung erfahren. Selbst der griesgrämige Herr Geitz grüßt jetzt freundlich.

Im Endspiel laufen sie mit der gleichen Mannschaft auf. Ihr Lehrer sagt: „Ein erfolgreiches Team ändert man nicht. Das ist eine alte Fußballweisheit."
Das Spiel beginnt auch gut für die Grünweißen der Schule „Am Südbad". Schon nach zehn Minuten zeigt der Schiedsrichter auf den Elfmeterpunkt, nach einem Foul an Markus Grohe. Den Strafstoß wird Jens treten, das ist keine Frage. Ein frühes Tor würde Sicherheit geben. Jens läuft an. Schuss! Der Ball prallt an die Querlatte und von dort zurück ins Feld. Jens bleibt fassungslos stehen. Aber der Gegner nicht! Mit drei Pässen sind die anderen im Strafraum der Grünweißen. Jens' Untätigkeit wird bestraft und es heißt 1:0 für den Gegner.
„Erst der verschossene Elfmeter, dann das Stehenbleiben! Es ist meine Schuld, dass wir zurückliegen", sagt sich Jens und wirft sich mit Entschlossenheit ins Spiel. Doch Übereifer schadet nur. Für sein hartes Einsteigen bekommt er die gelbe Karte. Jens muss erkennen, ist man auf Erfolgskurs, gelingt fast alles, jetzt misslingen ihm die einfachsten Dinge. Die ersten Pfiffe gellen von den Rängen. Jens versucht noch einmal sein Bestes. Er treibt den Ball voran. Er passt zu Manuel. Der gibt zurück und Jens steht frei vor dem Torwart. Er tritt vor den Ball mit der Wut und der Enttäuschung, die in ihm ist. Der Ball streicht Zentimeter am Außenpfosten vorbei. Aber vorbei! Zentimeter, die über so viel entscheiden.
Lehrer Zörner wechselt aus, nimmt Jens vom Platz und bringt dafür Carsten König. Die Pfiffe und Buhrufe seiner enttäuschten Schulkameraden begleiten Jens in die Kabine. Er weint.

Inhalt

Jens Jetski hat entscheidenden Anteil daran, dass seine Schule im Endspiel der Fußballstadtmeisterschaft steht. Doch in diesem Finale klebt Pech an seinen Schuhen.

Biblische Bezüge

Mt 21,8-9 Viele Menschen breiteten ihre Kleider auf der Straße aus, andere schnitten Zweige von den Bäumen und streuten sie auf den Weg. Die Leute

aber, die vor ihm hergingen und die ihm folgten, riefen: Hosanna dem Sohn Davids! Gesegnet sei er, der kommt im Namen des Herrn. Hosanna in der Höhe!
Mt 27,22 Pilatus sagte zu ihnen: Was soll ich dann mit Jesus tun, den man den Messias nennt? Da schrien sie alle: Ans Kreuz mit ihm!

Gesprächsanregungen
Jens erfährt, wie nahe „Hosianna und Kreuzige ihn!“ beieinander liegen. Er sollte sich aber sagen: Nichts ist so ungewiss und so wertlos wie das Urteil des Pöbels. (Livius)
Johann Wolfgang von Goethe hat einmal gemeint: Welch ein Unterschied ist es, ob man sich oder andere beurteilt.
Jean-Paul Sartre schreibt: Es gibt eine Menge Leute auf der Welt, die in der Hölle sind, weil sie zu sehr vom Urteil anderer abhängen.

Themenkreise
Fairness, Goldene Regel, Miteinander, Verurteilen

Vorlesealter
ab 8 Jahre

109 Wenn ...

„Jetzt muss ich diesen Monat schon das zweite Mal in die Schule kommen“, stöhnt Frau Hesse.
„Die Leistungen Ihres Sohnes werden aber auch immer schlechter“, klagt der Klassenlehrer. „Die Hausaufgaben sind unvollständig und fehlerhaft. Seine Arbeitsmaterialien sind fast nie in Ordnung. Es besteht die Gefahr, dass er das dritte Schuljahr wiederholen muss.“
„Ich sehe ja die schlechten Noten, die er mit nach Hause bringt, wenn ich die Arbeiten unterschreibe. Aber was soll ich machen?“
„Sorgen Sie dafür, dass er seine Hausaufgaben sorgfältig anfertigt und dass er seine Sachen in Ordnung hält.“

„Zu Hause ist es auch nicht besser. In seinem Zimmer sieht es aus wie beim Sperrmüll. Stundenlang sitzt er am Computer oder vor dem Fernseher. Aber um die Schule kümmert er sich nicht, schon gar nicht um die Dinge, die er erledigen sollte. Ich weiß auch nicht, was ich mit dem Bengel noch machen soll.
Ich habe ihm schon alles Mögliche angedroht. Ich habe ihm immer wieder gesagt: ‚Wenn deine Leistungen nicht besser werden, nehme ich dir die Computerspiele weg oder du darfst nicht mehr zum Eishockey gehen.' Ich habe ihm sogar damit gedroht, dass ich ihn beim Fußballverein abmelden werde. Es hat alles nichts genützt."
Der Klassenlehrer sieht Frau Hesse eindringlich an, dann rät er: „Machen Sie doch mal eine Drohung wahr."

Inhalt

Frau Hesse muss in die Schule kommen, weil die Leistungen ihres Sohnes sehr schlecht sind. Der Klassenlehrer fordert sie auf, mehr Konsequenz in der Erziehung zu zeigen.

Biblische Bezüge

Spr 13,24 Wer die Rute spart, hasst seinen Sohn, wer ihn liebt, nimmt ihn früh in Zucht.
Sir 30,1 Wer seinen Sohn liebt, hält den Stock für ihn bereit, damit er später Freude erleben kann.
Sir 30,7 Wer den Sohn verzärtelt, muss ihm einst die Wunden verbinden; dann zittert bei jedem Aufschrei sein Herz.

Gesprächsanregungen

Der Rat des Klassenlehrers ist gut und richtig. Solange der Sohn weiß, dass ihm nur gedroht wird, sonst aber sein Handeln keine weiteren Folgen hat, solange wird er sich nicht ändern. Die Mutter muss ihm aber mit Nachdruck den richtigen Weg weisen. Das gehört zu ihren Erziehungsaufgaben. Sie muss ihn daran gewöhnen, seine Alltagspflichten zu erfüllen.
Rudolf Naujok meint: Die Mutter der Erziehung ist die Gewöhnung.
Ihr Sohn muss es jetzt lernen, in diesem Alter.
Hermann von Keyserling sagt: Was aus einem Menschen wird, entscheidet sich grundsätzlich vor seinem achten Lebensjahr.

Themenkreise
Erziehung, Familie, Konsequenz, Verantwortung

Vorlesealter
ab 9 Jahre

110 Verstehen

Sie gleichen sich wie ein Ei dem anderen, der Ausdruck der Augen und die Gestik der Hände, ihr Strahlen und ihr Staunen, ihr Weinen und ihr Wehklagen. Das ist nicht verwunderlich, denn Julia und Juliane sind Zwillinge.
Doch so gleich ihr Äußeres, so ungleich ihr Inneres. Julia nimmt alles genau, kennt kein Lotterleben. Juliane nimmt alles leicht, liebt das Lockere. Das spiegelt auch das Kinderzimmer wider. Auf Julias Schreibtisch liegt alles akkurat nebeneinander. In ihrem Schrank stapelt sich die Wäsche wie im Modesalon. Auf Julianes Schreibtisch liegt alles kreuz und quer übereinander, in ihrem Schrank türmt sich die Kleidung wie in der Wäschetonne.
Kein anderes Bild bietet der Teil des Gartens, den die Kinder nutzen dürfen. Julias Bereich ist in kleine Beete unterteilt. Im ersten blühen die Blumen, dahinter wachsen die Erdbeeren und am Rand gedeiht das Gemüse. Ganz anders sieht das Stückchen Erde aus, das Juliane ihr Eigen nennt. Hier wachsen Schafgarbe und Wiesenschaumkraut, Ehrenpreis und Gänseblümchen zwischen kniehohem Gras. Alles schaukelt im Wind. Dieser Wind wird zum Zankapfel. Er weht Samen in Julias Garten.
„Der viele Unkrautsamen“, beschwert sich Julia bei ihren Eltern, „der aus dem anderen Teil des Gartens herüberweht, erschwert meine Arbeit.“
Juliane aber meint: „Ich habe keinen Unkrautgarten, sondern eine Naturwiese.“

Während Julia sät und erntet, liegt Juliane auf dem Rücken, träumt und singt. Doch der Streit zwischen den beiden nimmt mehr und mehr zu, je höher und größer die Gräser werden. Die Eltern hören sich die Argumente an, wissen zunächst keinen Rat, denn jedes Kind - und das ist ihr ausdrücklicher Wille - soll seinen Teil so nutzen, wie es ihm beliebt.
Eines Tages nun, als die Beschimpfungen der ungleichen Zwillinge wieder durch das Haus schallen, fassen die Eltern einen Entschluss.
Sie befehlen, jede Tochter soll für den Rest des Sommers den Gartenteil der Schwester nutzen, aber so, wie diese ihn genutzt hat. Julia darf sich auf die Naturwiese legen und den Wolken nachsinnen, während Juliane Erdbeeren ernten und Gemüse pflücken kann. Das behagt anfangs beiden gar nicht. Die Kinder protestieren heftig. Doch die Eltern bleiben unerbittlich. Erst am Ende des Sommers dürfen die Mädchen mit diesem Thema wieder zu ihnen kommen.
Aber ihre Kinder sprechen sie darauf nicht mehr an.

Inhalt
Julia und Juliane sind Zwillinge. Äußerlich gleichen sie sich, charakterlich sind sie grundverschieden. Julia ist sehr ordentlich, Juliane nimmt alles leicht. So besteht Julias Garten aus gepflegten Beeten, während in Julianes Bereich der Wildwuchs herrscht. Der Samen der Pflanzen weht in Julias Beete und verursacht ihr Mehrarbeit. Das führt zu Streit unter den Schwestern. Die Eltern wissen eine Lösung.

Biblische Bezüge
Gen 13,8 Da sagte Abram zu Lot: Zwischen mir und dir, zwischen meinen und deinen Hirten soll es keinen Streit geben; denn wir sind doch Brüder.
1 Kor 13,5-6 Sie (die Liebe) handelt nicht ungehörig, sucht nicht ihren Vorteil, lässt sich nicht zum Zorn reizen, trägt das Böse nicht nach.
Sie freut sich nicht über das Unrecht, sondern freut sich an der Wahrheit.

Gesprächsanregungen
Die Eltern, die den Streit schlichten sollen, ordnen an, dass jedes Kind für den Rest des Sommers den Gartenteil der Schwester nutzen soll - und zwar so, wie

diese ihn bisher genutzt hat. Sie bringen ihre Töchter also dazu, sich in die Lage der Schwester zu versetzen. Die Mädchen erkennen, dass sie auch mit der Rolle der anderen leben können, denn so ist der Satz zu verstehen: „Aber ihre Kinder sprechen sie darauf nicht mehr an."
Sicher ist es ratsam, bei jeder Meinungsverschiedenheit auch einmal die Position des anderen zu bedenken.

Themenkreise
Charakter, Familie, Miteinander, Streit, Toleranz, Versöhnen, Verständnis

Vorlesealter
ab 9 Jahre

111 Der ist wirklich reich

„Es geht ungerecht auf dieser Welt zu", stöhnt Falk, als er die Zeiger des Weckers auf vier Uhr stellt.
„Du wolltest es so haben", sagt der Vater. „Ich gebe dir zu essen und zu trinken und ausreichend Taschengeld. Wenn du dir aber eine teure Computeranlage kaufen willst, musst du schon selber etwas verdienen. So viel Geld habe ich nicht."
„Ich beschwere mich doch gar nicht", murmelt Falk und zieht sich die Bettdecke über die Ohren. In ein paar Stunden wird er aufstehen, um Zeitungen auszutragen. Ungefähr zehn Monate will er diesen Job machen, so lange, bis er das Geld für den geplanten Kauf zusammen hat. Falk schläft bald ein, denn sein Tag war lang und die Nacht wird kurz sein.
Es ist noch dunkel, als er das Haus verlässt. Falks Gebiet, das er beliefern muss, ist die Gegend um den Taubersee. Ein Gebiet, das kein Zeitungsbote liebt. In der Innenstadt wird man in einem Hochhaus mit einem Male zehn, manchmal sogar noch mehr Zeitungen los. Aber hier stehen vornehme Villen einzeln und sind umgeben mit großen Grünanlagen. Darum haben die meisten Häuser eine lange Auffahrt, die Falk hinauflaufen

muss. Denn bis zur Haustür muss er die Zeitungen bringen, so steht es in seinem Vertrag. Manchmal ärgert er sich, wenn er sie ablegt. Er fragt sich: „Warum ist mein Vater nicht so ein reicher Bonze?“

Seine Familie bewohnt keine Villa, nur eine achtzig Quadratmeter große Hochhauswohnung. Und da hatten sie noch Glück, dass Vater diese durch seinen Betrieb bekommen hat.

Als er heute in die Sporenstraße einbiegt, brennt in mehreren Zimmern einer Villa Licht. Auch die Außenlampe ist eingeschaltet.

Falk ist sich sicher, wenn so reiche Leute so früh aufstehen, dann geschieht das nur zu ihrem Vergnügen, sicher nicht, um sich an die Arbeit zu begeben. Er nimmt an, dass diese Familie verreist. Wahrscheinlich müssen sie als Urlauber so zeitig losfahren, um das Flugzeug zu bekommen. Das bringt sie bestimmt auf eine Trauminsel. Vielleicht nach Bali oder Mauritius! Falk stellt sich Sonne, Sand und Palmen vor und träumt davon, bis mittags zu schlafen. Während er sich die Hacken abläuft, wird ein verwöhntes, begütertes Bürschchen dorthin kutschiert. Er muss für einen Computer viele Kilometer zurücklegen, Straße auf und Straße ab eilen.

Grenzenloser Neid steigt in ihm auf. In diesem Augenblick öffnet sich die Haustür. Eine Frau schiebt einen Jungen heraus. Er sitzt im Rollstuhl.

Inhalt

Falk trägt in der Frühe Zeitungen aus. Das Geld, das er dafür bekommt, will er für den Kauf eines Computers verwenden. Sein Zustellgebiet ist ein Villenviertel. Falk ärgert sich, dass er arm geboren ist. Den reichen Kindern, die in diesen Häusern wohnen, fällt - nach seiner Meinung - alles in den Schoß. Als er die Zeitung zu einer Villa bringt, fährt eine Frau einen Jungen zur Tür hinaus. Der ist gelähmt.

Biblische Bezüge

Weish 6,23 Verzehrender Neid soll mich nicht auf meinem Weg begleiten; denn er hat mit der Weisheit nichts gemein.

Sir 11,25 Das Glück von heute lässt das Unglück vergessen, das Unglück von heute lässt das Glück vergessen.
Sir 30,14 Besser arm und gesunde Glieder als reich und mit Krankheit geschlagen.
1 Tim 6,6-7 Die Frömmigkeit bringt in der Tat reichen Gewinn, wenn man nur genügsam ist. Denn wir haben nichts in die Welt mitgebracht und wir können auch nichts aus ihr mitnehmen.

Gesprächsanregungen
Viele Menschen beneiden oft andere, aber nur um deren Sonnenseiten. Die Schattenseiten des anderen, die jener auch durchleben muss, will oder kann der Neider nicht sehen. Falk murrt über sein Schicksal. Er muss dann feststellen, er ist viel reicher als der Junge aus dem Villenviertel, denn er hat zwei gesunde Beine. Sie sind mit Geld nicht zu bezahlen. Vielleicht lernt er aus dieser Erfahrung und wird zufriedener.
Gellert sagt: Nie schenken Güter dem Menschen die Zufriedenheit.
Goethe schreibt in Wilhelm Meisters Lehrjahre I,14: Wie selten ist der Mensch mit dem Zustand zufrieden, in dem er sich befindet! Er wünscht sich immer den seines Nächsten, aus welchem sich dieser ebenfalls heraussehnt.

Themenkreise
Arbeit, Behinderung, Lebensweisheit, Neid, Vorurteil, Zufriedenheit

Vorlesealter
ab 9 Jahre

112 Ein Herzenswunsch

Das ist Jörgs größter Wunsch, sein Herzenswunsch: eine elektrische Eisenbahn. Immer wieder drückt er sich an den Schaufenstern der Spielwarengeschäfte die Nase platt, geht mit der Mutter in die Spielzeugabteilungen der Kaufhäuser oder erzählt dem Vater von den Eisenbahnen der Freunde.
Weihnachten wird sein Wunsch wahr. Jörg bekommt eine elektrische Eisenbahn. Welch ein Heiliger Abend! Stundenlang liegt Jörg auf dem Bauch und beobachtet mit großen Augen, wie die

kleinen Räder des Zuges über die Schienen rollen. Als er ins Bett muss, stellt er die Bahn auf den Nachttisch. Er ist glücklich, obwohl seine Arme und Beine schmerzen, so lange hat er auf dem Fußboden gelegen.

„Weißt du", sagt er beim Gute-Nacht-Kuss zu seinem Vater, „wir müssen noch einen Tisch kaufen, einen für die Bahn. Dann brauche ich nicht mehr auf dem Fußboden zu liegen, denn dort ist es kalt und ungemütlich."

Das leuchtet dem Vater ein und nach den Festtagen wird ein ausziehbarer Tisch besorgt.

Jörg baut die Schienen, die sich zu einem Kreis schließen, auf dem Tisch auf, stellt den Trafo an den Rand und die Eisenbahn auf die Gleise. Nun kann er die Lokomotive kreisen lassen, ohne auf dem kalten Boden zu hocken. Jörg ist glücklich.

„Weißt du", meint er eines Tages zu seinem Vater, „die Lok fährt immer nur im Kreis. Das ist langweilig. Sie müsste über eine Weiche donnern und in ein anderes Schienennetz gleiten."

Erst zögert der Vater, doch dann ist auch er überzeugt, dass eine Weiche, die man stellen, mit der man den Zug umleiten kann, zu einer Eisenbahn gehört. Darum kauft er weitere Schienen und eine Weiche. Auf dem Tisch bilden die Schienen jetzt eine große Acht, in die man den Zug dirigieren kann.

Jörg ist glücklich.

„Aber ein Zug, der nur über die Schienen fährt und nichts befördert, ist sinnlos", denkt er.

Und er erklärt seinem Vater, dass ein Zug etwas transportieren muss, Personen und Güter. Er quengelt so lange, bis der Vater nachgibt und zwei Personenwagen und zwei Güterwagen kauft. Nur je zwei, denn die kleinen Wagen sind sehr teuer. Jörg dankt seinem Vater, nun kann er die Wagen an- und abkoppeln, sie beladen und über die Weiche schicken. Jörg ist glücklich.

Eines Abends klettert Jörg auf Vaters Schoß und umarmt ihn. „Heute", sagt er und seine Augen funkeln, „war ich bei Henning. Wir haben mit seiner Eisenbahn gespielt. Das war kein Eisenbahnnetz, das war ein Traumland. Ein Netz - riesengroß!"

Und Jörg schlägt mit seinen Händen einen Bogen, so breit, dass

der Vater glaubt, sein Sohn wolle sich die Arme ausreißen. „Der Zug fährt durch Täler und Tunnel“, berichtet er, „hält auf Abstellgleisen und in Bahnhöfen. Fünf Eisenbahnen können gleichzeitig kreisen, vorbei an Häusern und Feldern, Burgen und Brücken. Auch Tiere und Menschen stehen am Wegrand. Selbst die Bahnübergänge sind mit kleinen Schranken gesichert. Wunderbar!“
Der Vater setzt seine Brille ab, sieht seinen Sohn lange und ernst an, dann sagt er: „Das Haltesignal hast du vergessen.“

Inhalt
Jörg bekommt zu Weihnachten eine elektrische Eisenbahn. Damit erfüllt sich sein sehnlichster Wunsch - zunächst. Bald bettelt er um Zubehör. Er verlangt den Ausbau des Netzes mit mehr Schienen und Weichen, möchte den Bestand vergrößern durch ein paar Personenwagen und weitere Waggons. Zum Schluss träumt er von Bahnhöfen, Schranken, Brücken und, und, und ...

Biblische Bezüge
Sir 14,9 Dem Auge des Toren ist sein Besitz zu klein.
Sir 18,31 Wenn du erfüllst, was deine Seele begehrt, erfüllst du das Begehren deines Feindes.
Sir 23,5 Übermütige Augen gib mir nicht, halte fern von mir die Begierde!
Sir 40,25 Gold und Silber stützen den Fuß, doch mehr als beide ein guter Rat.

Gesprächsanregungen
Ein Wunsch gebiert den nächsten, sagt der Volksmund - und so ist es auch bei Jörg. Als sein Verlangen ausufert, ermahnt ihn der Vater zu Bescheidenheit, denn das Haltesignal, das er anspricht, soll symbolisch Grenzen aufzeigen. Christian Grabbe fragt: Musst du denn besitzen, was dich erfreut? - Unerreichbar wandeln die Sterne ihre Bahnen und jeder freut sich ihrer dennoch. Leo Tolstoi behauptet: Einen ewigen Fehler machen alle jene Menschen, die sich unter Glückseligkeit die Erfüllung ihrer Wünsche vorstellen.

Themenkreise
Bescheidenheit, Erziehung, Wünsche

Vorlesealter
ab 6 Jahre

113 Erhans Heimat

„Ich nehme Erhan, den Türken“, sagt Sven, „den stellen wir ins Tor.“

Manchmal nennen seine Freunde ihn den Türken, um ihn zu unterscheiden von Erhan, dem Griechen. Eigentlich heißt er Erhan Senel. Geboren ist er im Städtischen Krankenhaus in Dortmund. Er spricht besser deutsch als türkisch. Nur bei den Endungen und den Artikeln hat er manchmal Probleme. Erhan hat schon im Kindergarten die deutsche Sprache gelernt.

Jetzt geht er in die dritte Klasse und kann seine Diktate fast fehlerlos schreiben. Am besten ist er im Sport, Fußball ist sein Hobby. Auf der Flöte kann er auch gut spielen. Zu Weihnachten darf er immer den Chor begleiten. Viele Lieder kann er auf der Flöte vortragen. Am Hl. Abend bekommt Erhan von seinen Eltern kleine Geschenke. Große gibt es am Ende des Ramadan. Sehr schön feiert seine Familie das Opferfest, dazu kommen auch alle Onkel und Tanten, die in Deutschland wohnen. Über die Bedeutung dieses Festes wissen die christlichen Kinder in seiner Klasse auch Bescheid. Auch sie haben schon von Abraham gehört, der seinen Sohn Isaak opfern wollte, weil Gott es befahl. Die christlichen Kinder feiern dieses Fest nicht.

Eine große Feier aber haben alle letztes Wochenende gemeinsam gehabt! Sie haben Borussia Dortmunds Pokalsieg bejubelt. Erhan kennt alle Spieler. Wenn er genug Geld hat, dann geht er auch ins Westfalenstadion, um das Spiel des BVB mitzuerleben. Im Stadion feuert er seine Mannschaft an wie alle Fans und schwenkt mit ihnen die schwarzgelbe Fahne. Nur manchmal, wenn ein türkischer Verein nach Dortmund kommt, dann holt Erhan seine rote Fahne aus dem Schrank.

Wenn die Türken gewinnen, freut er sich. Aber wenn die Borussia siegt, ist er auch nicht traurig. Es ist doch „seine“ Borussia.

In den Sommerferien fährt Erhan häufig in die Türkei. Seine El-

tern kommen aus Rize. Die Großeltern leben noch dort. Sie besitzen ein Haus, das direkt am Schwarzen Meer liegt. Mit einem alten Holzboot fährt Erhan oft hinaus, um zu fischen. Der Großvater hat ihm das beigebracht. Er begleitet ihn auch immer.
Als Erhan letzten Sommer in der Türkei war und er am Strand Fußball spielen wollte, sagte Mohammed: „Ben Alman Erhani aliyorum!"
Das heißt: Ich nehme Erhan, den Deutschen.

Inhalt

Erhans Eltern kommen aus der Türkei. Er aber ist in Dortmund geboren. Er spricht besser deutsch als türkisch. Ans Schwarze Meer fährt er manchmal in den Ferien. Dort besucht er die Großeltern. Die deutschen Kinder nennen ihn Erhan, den Türken. Die türkischen Kinder nennen ihn Erhan, den Deutschen.

Biblische Bezüge

Ex 23,9 Einen Fremden sollst du nicht ausbeuten. Ihr wisst doch, wie es einem Fremden zu Mute ist; denn ihr selbst seid in Ägypten Fremde gewesen.
Ijob 19,15 Als Fremder gelte ich meinen Mägden, von anderem Stamm bin ich in ihren Augen.
Ijob 31,32 Kein Fremder musste draußen übernachten, dem Wanderer tat meine Tür ich auf.
Jes 61,5 Fremde stehen bereit und führen eure Herden auf die Weide, Ausländer sind eure Bauern und Winzer.
Mt 25,35 Denn ich war hungrig und ihr habt mir zu essen gegeben; ich war durstig und ihr habt mir zu trinken gegeben; ich war fremd und obdachlos und ihr habt mich aufgenommen.

Gesprächsanregungen

Wo ist mein Zuhause, wo meine Heimat? Diese Frage stellt sich nicht nur Erhan. Immer mehr ausländische Mitbürger, vor allem die, die schon in der zweiten oder dritten Generation hier leben, haben Identifikationsprobleme. Durch ihre Familien erleben sie häufig noch die nationalen Traditionen, ihre gesamte sonstige Sozialisation ist aber von der restlichen Umwelt geprägt. Hier zwei konträre Meinungen zu diesem Thema:
Knut Hamsun: Der Mensch soll nicht Allerwelt Kind, der Mensch soll das Kind seiner Heimat sein. Und dort soll er zu Hause sein.
Theodor Herzl: Ich bin dafür, dass jeder Mensch eine liebe Heimat haben soll, aber keine Nation.

Themenkreise
Geborgenheit, Heimat, Identifikation, Kulturkreise, Multikulturelle Gesellschaft, Zwiespalt

Vorlesealter
ab 9 Jahre

114 Gitterstäbe

Die kleinen Rahmen der Butzenscheiben erscheinen Thomas wie Gefängnisstäbe. Wie im Gefängnis fühlt er sich auch.
Seit zwei Wochen liegt er nun schon hier in diesem Bett und starrt täglich viele Stunden auf diese Scheiben. Gefängniswärter sind die Krankenschwestern aber nicht. Oh nein! Sie sind immer freundlich und hilfsbereit. Dennoch sehnt sich Thomas nach seinen Freunden. Claudius, Rolf und Robert haben ihn zwar öfter im Krankenhaus besucht. Aber es ist ein Unterschied, ob man mit ihnen im Park toben kann oder ob sie ab und zu auf der Bettkante sitzen.
Unglaublich, selbst an die Schule denkt Thomas heute mit Freude. Er sehnt sich nach seiner Lehrerin Frau Bommer, nach den Klassenkameraden und sogar - Thomas versteht das selber nicht - nach den Schularbeiten.
Morgen ist es so weit! Morgen darf Thomas das Krankenhaus verlassen und übermorgen darf er wieder in die Schule gehen. Juchhuh!
Am nächsten Morgen wartet Thomas ungeduldig auf seine Eltern. Schon vor dem Frühstück sitzt er gewaschen, angezogen und startbereit an seinem Tischchen im Krankenzimmer. Eine Ewigkeit vergeht, bis endlich die Eltern die Tür öffnen. Thomas fällt ihnen in die Arme, strahlt glücklich und drängelt zum Aufbruch. Vater packt hastig die Kleidungsstücke ein, Mutter sammelt die Spiele zusammen.

Dann sausen sie los, Hand in Hand die Treppe hinunter, flitzen über den Parkplatz und streben zum Auto.
An diesem Tag spielt Thomas stundenlang mit Claudius, Rolf und Robert und die Sonne lacht dazu. Todmüde, aber glücklich klettert Thomas am Abend ins Bett, in sein Bett und nicht mehr in das des Krankenhauses.
Als er einschläft, träumt er von der Schule, von Frau Bommer und seinen Klassenkameraden.
Um sieben Uhr klingelt der Wecker. Mutter steckt den Kopf durch die Tür. „Auf! Auf!", ruft sie und mahnt zur Eile.
Thomas gähnt, dreht sich zur Seite und denkt: „Im Krankenhaus konnte ich immer liegen bleiben!"

Inhalt
Seit zwei Wochen liegt Thomas im Krankenhaus. Er sehnt sich nach zu Hause, dem Spielen im Freien, sogar nach der Schule und den Hausaufgaben. Als er aber daheim aufstehen soll, denkt er an sein bequemes Leben in der Klinik.

Biblische Bezüge
Ps 38,10 All mein Sehnen, Herr, liegt offen vor dir, mein Seufzen ist dir nicht verborgen.
Spr 13,19 Ein erfüllter Wunsch tut dem Herzen wohl.
Hebr 13,5 Seid zufrieden mit dem, was ihr habt.

Gesprächsanregungen
Der Mensch sehnt sich oft nach dem, was er nicht hat. Das geht nicht nur Erwachsenen so, auch Kindern, wie dem türkischen Schüler, der meinte: „Vor den Sommerferien freue ich mich so sehr darauf, endlich in die Türkei zu fahren. Aber ich weiß jetzt schon, nach ein paar Tagen möchte ich wieder nach Deutschland zurück."
Johann Wolfgang von Goethe sagte: Nur wer die Sehnsucht kennt, weiß, was ich leide.

Themenkreise
Sehnsucht, Unzufriedenheit, Wünsche

Vorlesealter
ab 7 Jahre

Anders sehen - die anderen sehen

115 Vater, vergib!

„Was ist das für ein merkwürdiges Kreuz?“, fragt Dorothea, als sie mit ihrer Mutter eine Kirche in Dresden besichtigt. Es wird aus drei Nägeln gebildet. Einer stellt den Stamm dar. Die beiden anderen sind übereinander geschoben und werden zum Querbalken.

Die Mutter setzt sich mit der Tochter auf eine Bank, betrachtet noch einmal das Kreuz aus Nägeln, dann erklärt sie: „Vor Jahren gab es einen furchtbaren Krieg, in dem Millionen Menschen umkamen. Städte und Dörfer wurden verwüstet. Am Anfang dieses Krieges flogen deutsche Kampfflugzeuge über England und warfen Brandbomben ab. Eine traf die Kathedrale von Coventry. Das Deckengewölbe der Kirche stürzte ein. Hass erfüllte die Herzen der Menschen, als sie ihr verwüstetes Gotteshaus sahen. Viele schrien nach Vergeltung und Rache.

Tief erschüttert schritt auch der Dompropst Richard Howard durch die Trümmer. Plötzlich aber blieb er stehen. Sein Blick fiel auf zwei Balken, die so übereinander gefallen waren, dass sie ein Kreuz bildeten. Es wurde für ihn zum Fingerzeig Gottes, denn es fiel ihm Jesus ein, der in der schwersten Stunde, seiner Todesstunde, seinen Widersachern vergab.

Der Propst nahm drei dicke Zimmermannsnägel, die aus den verkohlten Balken herausragten, bildete mit ihnen ein Kreuz und hängte es später an die zerstörte Kirchenwand. Darunter ließ er in das Gestein der Ruine die Worte Christi meißeln: ‚Vater, vergib!‘“

Inhalt
Dorothea entdeckt in einer Kirche ein Kreuz aus drei Nägeln. Ihre Mutter erklärt ihr die Geschichte des Nagelkreuzes.

Biblische Bezüge
Lk 23,34 Jesus aber betete: Vater, vergib ihnen, denn sie wissen nicht, was sie tun.
1 Kor 1,18 Denn das Wort vom Kreuz ist denen, die verloren gehen, Torheit; uns aber, die gerettet werden, ist es Gottes Kraft.
2 Kor 5,19 Ja, Gott war es, der in Christus die Welt mit sich versöhnt hat, indem er den Menschen ihre Verfehlungen nicht anrechnete und uns das Wort von der Versöhnung (zur Verkündigung) anvertraute.
Eph 2,15-16 Er stiftete Frieden und versöhnte die beiden durch das Kreuz mit Gott in einem einzigen Leib. Er hat in seiner Person die Feindschaft getötet.
Kol 1,19-20 Denn Gott wollte mit seiner ganzen Fülle in ihm wohnen, um durch ihn alles zu versöhnen. Alles im Himmel und auf Erden wollte er zu Christus führen, der Friede gestiftet hat am Kreuz durch sein Blut.

Gesprächsanregungen
Am 14./15. November 1940 wurde die Kathedrale von Coventry bei einem deutschen Bombenangriff zerstört. Beim Anblick sagte der Domprobst, obwohl die Gläubigen seiner Gemeinde nach Vergeltung riefen, die Worte: „Vater, vergib!" Sie erinnern an Jesu Verzeihen am Kreuz. Indem er das „ihnen" aber weglässt, bezieht er sich und das englische Volk mit in den Kreis der Sünder ein. Denn jeder, der auf Rache sinnt, bedarf der Vergebung.
Dieses Verzeihen bestimmt auch das Versöhnungsgebet von Coventry. Heute steht dort auf dem Altar das Original. Es wurde zum Symbol für Frieden und Aussöhnung, ein Zeichen für den Dialog zwischen den Menschen verschiedener Nationen und Religionen. In Deutschland findet man diese Kreuze in Kiel, Lübeck, Hamburg. Neuruppin, Berlin, Cottbus, Leipzig, Halle, Dresden, Lemgo, Münster, Iserlohn, Meschede, Frankfurt, Mainz, Darmstadt, Pforzheim, Ottobeuren und Lagerlechfeld. In Baumgartsbrunnen (Namibia) z. B. steht das Nagelkreuz auf dem Altar einer Schulkirche, wo jungen Afrikanern eine Bildungschance geboten wird, wo sie ihre menschlichen und sozialen Konflikte vor diesem Kreuz und im Sinne Jesu austragen können.

Themenkreise
Christentum, Kirche, Kreuz, Krieg, Versöhnen, Verzeihen

Vorlesealter
ab 8 Jahre

116 Andere Augen

Der Frosch steckt verwundert seinen Kopf aus dem Wasser. Der Molch schaut erstaunt unter seinem Stein hervor. Selbst die stahlblaue Libelle und ihr Kind sind überrascht. Das haben alle noch nie gesehen. Eine feuerrote Libelle schwebt über dem Teich. Sie schaut ängstlich hin und her, blickt Hilfe suchend zu den anderen Artgenossen.

„Du siehst so anders aus“, sagt eine kleine Libelle.

„Wo ich herkomme“, antwortet die feuerrote Artgenossin, „sehen alle so aus. Dort würdet ihr ‚anders’ aussehen.“

„Woher kommst du?“, fragt die kleine Libelle.

„Ich komme aus einem Land, über dem die Sonne viel scheint, wo es wenig Wasser gibt, weil in der Hitze alles austrocknet. Dort müssen wir lange suchen, um einen solch schönen Teich zu finden.“ Stolz steckt der Frosch seinen Kopf aus dem Wasser und der Molch kriecht sogar unter seinem Stein hervor.

„Dafür sind die Tiere, die dort leben, viel größer und schöner als hier“, berichtet die feuerrote Libelle.

Frosch und Molch ziehen ihre Köpfe zurück. Hilflos schaut die feuerrote Libelle die kleine Artgenossin an und sagt: „Ich habe mich verflogen, ich möchte wieder in meine Heimat zurück.“

„Da musst du aber weit fliegen“, mischt sich die Mutter ein, „und der Weg ist schwer zu finden.“

Tränen schießen der feuerroten Libelle in die Augen.

„Nun weine nicht“, sagt die Mutter, „wir begleiten dich, bis du allein deinen Weg findest.“

Sie fliegen los. Die kleine Libelle folgt ihrer Mutter und die feuerrote bildet den Schluss.

„Schön ist es“, sagt sie, „andere Libellen zu finden, die dir weiterhelfen“, und sie schaut auf die stahlblauen Libellen, die vor ihr herfliegen.

„Nicht alle Lebewesen dieser Erde sind so“, sagt Mutter. „Wir helfen einander, ob wir groß oder klein, feuerrot oder stahlblau

sind. Aber es gibt Wesen, die sind von der gleichen Rasse und nur weil sie ein wenig anders aussehen, bekämpfen sie sich."
„Warum machen sie das?", fragt die feuerrote Libelle.
„Das weiß ich nicht", erwidert die Mutter. „Sie sehen die Welt mit anderen Augen. Ihre Augen sind nicht so facettenreich wie unsere. Sie wissen nicht, dass erst die Vielfalt unsere Welt schön macht."

Inhalt
Eine feuerrote Libelle hat sich verflogen. Die stahlblauen Libellen helfen ihr, den Heimweg zu finden.

Biblische Bezüge
Mt 5,42 Wer dich bittet, dem gib, und wer von dir borgen will, den weise nicht ab.
1 Joh 2,7-10 Liebe Brüder, ich schreibe euch kein neues Gebot, sondern ein altes Gebot, das ihr von Anfang an hattet. Das alte Gebot ist das Wort, das ihr gehört habt. Und doch schreibe ich euch ein neues Gebot, etwas, das in ihm und in euch verwirklicht ist; denn die Finsternis geht vorüber und schon leuchtet das wahre Licht. Wer sagt, er sei im Licht, aber seinen Bruder hasst, ist noch in der Finsternis. Wer seinen Bruder liebt, bleibt im Licht; da gibt es für ihn kein Straucheln.

Gesprächsanregungen
Die Libellen haben wie fast alle Insekten Facettenaugen. Es wäre gut, wenn wir Menschen die Welt auch ein bisschen so sehen würden. Es gehört nun einmal die Vielfalt zur Erde, über die wir uns freuen sollten.
Ludwig Börne sagt mit Recht: Vieles kann der Mensch entbehren, nur den Menschen nicht.
Der schweizer Pfarrer und Schriftsteller Kurt Marti gibt zu bedenken: Gott ist nicht Christ. Gott ist nicht Jude. Gott ist nicht Muslime. Gott ist nicht Hindu oder Buddhist. Gott ist Liebe.

Themenkreise
Hilfe, Miteinander, Multikulturelle Gesellschaft, Nächstenliebe

Vorlesealter
ab 8 Jahre

117 Fremde

Der See ist ruhig. Enten ziehen weite Kreise über das Wasser. Frösche schlummern unter großen Blättern. Haubentaucher singen im Schilf. Jeder hat seinen Platz, jeder hat zu fressen, alle sind zufrieden. Da flattern plötzlich mit donnernden Flügelschlägen zwei mächtige Schwäne heran und lassen sich mitten auf dem Wasser nieder. Erschreckt fahren die Tiere des Sees auf.

„Wenn die bleiben“, schnattert die Ente, „wird die Nahrung nicht für alle reichen.“

„Wenn die bleiben“, quakt der Frosch, „müssen wir hungern.“

„Wenn die bleiben“, piepst der Haubentaucher, „sterben wir an Unterernährung.“

„Sie sind groß und mächtig“, schnäbeln die Enten, „sie werden uns von den Futterplätzen vertreiben.“

„Sie sind groß und mächtig“, maulen die Frösche, „und werden uns viel wegfressen.“

„Sie sind groß und mächtig“, flöten die Haubentaucher, „und werden die Herren des Sees sein.“

Die Tiere stecken ihre Köpfe zusammen, schnäbeln, quaken und piepsen. Sie sehen nicht die Schönheit der Schwäne.

Aber die Menschen, die um den See wandern, bleiben erstaunt stehen. Kinder laufen an das Ufer und werfen Brotstücke ins Wasser. Tag für Tag kommen mehr und immer mehr Brotstücke schwimmen im Wasser. So viele, dass die Enten dicke Bäuche bekommen. So viele, dass auch die Haubentaucher keinen Hunger leiden, und die Frösche Mücken, Fliegen und Käfer allein verspeisen können.

Inhalt

Alle Tiere des Sees sind zufrieden. Alle haben genug Futter. Plötzlich fallen zwei Schwäne ein und die Stammbewohner fürchten um ihre Pfründe.

Biblische Bezüge
Röm 13,9 Denn die Gebote: Du sollst nicht die Ehe brechen, du sollst nicht töten, du sollst nicht stehlen, du sollst nicht begehren!, und alle anderen Gebote sind in dem einen Satz zusammengefasst: Du sollst deinen Nächsten lieben wie dich selbst.
1 Kor 10,17 Ein Brot ist es. Darum sind wir viele ein Leib; denn wir alle haben teil an dem einen Brot.

Gesprächsanregungen
Die Bewohner des Sees lehnen die Schwäne ab, weil sie nicht teilen wollen. Dass die „Fremden" auch eine Bereicherung sein können, erkennen sie nicht.
Gautama Buddha sagt: Selig ist, wer ohne Hass lebt, obwohl Hass und Lieblosigkeit ringsumher walten.
Selig ist, wer frei atmen kann, weil er das nimmersatte Raffen aufgegeben hat, obwohl die Welt voller Gier sich selber frisst.
Selig ist, wer die Armut gewählt hat, denn ihn durchströmt beseligend-göttliche Heiterkeit.
Richard Dehmel meint: Nur in anderen kann man sich ausleben.

Themenkreise
Egoismus, Gastfreundschaft, Miteinander, Multikulturelle Gesellschaft, Teilen, Toleranz

Vorlesealter
ab 6 Jahre

118 Menschen

Christians Vater ist Chirurg.
„Das ist ein Beruf wie jeder andere", sagt er. „Die einen reparieren Leitungen und Wasserhähne, die anderen Lungen und Bauchspeicheldrüsen." Wie die Fabrikarbeiter und die Büroangestellten kommt Vater auch gegen Abend nach Hause.
Heute nicht! Heute bleibt er in der Klinik. Wahrscheinlich die ganze Nacht! Schon am Nachmittag bringt das Fernsehen Bilder von misshandelten Menschen. Sie wurden überfallen, ge-

schlagen und getreten. Sie haben eine andere Hautfarbe, deshalb hat man sie so zugerichtet. Sie waren auf der Suche nach einem Zuhause. Statt sie als Gäste zu begrüßen, hat man sie gequält. So, dass Christians Vater sie behandeln muss.
An diesem Abend kann Christian seinem Vater keinen Gute-Nacht-Kuss geben.
Am nächsten Morgen sitzt der Vater in der Küche, müde und abgekämpft. Er trinkt einen Kaffee. Er hat seine Arbeit getan. „Auf dem Operationstisch", sagt er, „sind alle Menschen gleich; ob ihre Haut schwarz, weiß oder gelb ist, ihr Blut ist rot."

Inhalt
Christians Vater ist Chirurg. Heute kommt er nicht nach Hause. Er muss operieren. Menschen sind Opfer ausländerfeindlicher Übergriffe geworden.

Biblische Bezüge
Mk 9,50 Das Salz ist etwas Gutes. Wenn das Salz die Kraft zum Salzen verliert, womit wollt ihr ihm seine Würze wiedergeben? Habt Salz in euch und haltet Frieden untereinander!
Gal 6,15-16 Denn es kommt nicht darauf an, ob einer beschnitten oder unbeschnitten ist, sondern darauf, dass er neue Schöpfung ist. Friede und Erbarmen komme über alle, die sich von diesem Grundsatz leiten lassen.

Gesprächsanregungen
Auf dem Operationstisch spielt die Hautfarbe eines Menschen keine Rolle, sie sollte auch im alltäglichen Leben bedeutungslos sein. Dennoch wächst die Ausländerfeindlichkeit in unserem Land. Dies wird sich noch steigern, je leerer die öffentlichen Kassen sind und alle den Gürtel enger schnallen müssen. Vom Überfluss etwas abgeben ist leicht. Aber wenn zu Gunsten der anderen verzichtet werden muss, sieht das schon anders aus.
Albert Einstein hat noch ein anderes Argument. Er schreibt in einem Brief: Ich glaube, dass der erschreckende Verfall im ethischen Verhalten in erster Linie mit der Mechanisierung und Entpersönlichung unseres Lebens zu tun hat - ein verhängnisvolles Nebenprodukt der Entwicklung des wissenschaftlich-technischen Geistes. Nostra culpa! Ich sehe nicht den Weg, um diesem verhängnisvollen Mangel beizukommen. Der Mensch erkaltet schneller als der Planet, auf dem er sitzt.

Themenkreise
Ausländerfeindlichkeit, Gastfreundschaft, Gewalt, Intoleranz, Multikulturelle Gesellschaft

Vorlesealter
ab 6 Jahre

119 Das wichtigste Gebot

Keiner in der Klasse mag ihn. Vielleicht neidet man ihm seinen Erfolg. Sein Name steht in großen Buchstaben auf den Plakaten, die in den Städten aufgehängt werden. Sein Flug durch die Luft auf die Spitze einer menschlichen Pyramide mit zweifachem Salto lässt den Atem der Zuschauer stocken. Im Sport ist er allen Klassenkameraden haushoch überlegen. Kein Wunder, wenn man schon als kleines Kind stundenlang Purzelbäume, Schrauben und Flickflacks übt.
„Wenn ich schon seine Autogrammkarten sehe, dann dreht sich mir der Magen um", sagt Sebastian zu den anderen. Keiner aus der Klasse nimmt eine. Keiner hat in dieser Woche mit Manuel ein Wort gewechselt.
Am Freitag aber, am Beginn der Sportstunde, geschieht etwas Überraschendes. Der Sportlehrer hat Dirk und Mustafa dazu bestimmt, Mannschaften zusammenzustellen. Mustafa wählt zuerst Kevin, einen guten Läufer.
Dirk zögert einen Augenblick, dann sagt er: „Ich nehme Manuel!" Alle starren Dirk an. Grenzenloses Erstaunen kennzeichnet ihre Blicke. Auch Manuel ist überrascht. Doch dann steht er auf und setzt sich neben Dirk.
Als die Mannschaften gebildet sind, sagt Dirk zu Manuel: „Stell dich an den Kreis! Der Fänger dort ist der wichtigste Spieler. Er entscheidet fast allein über Sieg oder Niederlage." Dirks Mannschaft gewinnt dank Manuels Leistungen.

Als die Schüler die Turnhalle verlassen, sagt Manuel zu Dirk: „Wenn du willst, kannst du mich heute Nachmittag besuchen.“ Ohne die Antwort abzuwarten, läuft er davon. Auf dem Heimweg denkt Dirk über die Einladung nach. Eigentlich würde er gern einmal einen Zirkus sehen. Nicht die Vorstellung! Nein, das Leben dieser Menschen. Darum macht er sich nach dem Mittagessen auf den Weg. Ein großes Schloss hängt vor dem Eingang. Dirk geht um das Gatter herum.
„Manuel!“, ruft er, zu dem Zelt gewendet. „Manuel!“ Sein Klassenkamerad taucht zwischen den Wagen auf.
„Komm zum Eingang! Ich öffne dir das Tor!“, antwortet Manuel. Wenige Augenblicke später treffen sich beide dort. Sie gehen zum Zelt. Dirk betritt es fast ehrfurchtsvoll. Mitten in der Manege steht der Clown mit langem Hemd und großen Schuhen. Er spielt auf seiner Geige eine wehmütige Melodie. Als sie das Zelt verlassen, erklärt Manuel: „Er steht oft allein dort. Er ist sehr traurig. Dreißig Jahre ist er mit diesem Zirkus durch die weite Welt gezogen. Keiner weiß, wie lange noch. Die Unkosten sind enorm hoch und immer weniger Menschen besuchen die Vorführungen. Obwohl in diesem Zelt zweitausend Personen Platz finden, ist es oft nur zur Hälfte gefüllt.“
Dirk hat sich noch nie Gedanken gemacht, mit welchen Problemen sich diese Menschen herumschlagen müssen. Auf einmal sieht er Manuel mit ganz anderen Augen.
Hinter dem Zelt, in der warmen Sonne, übt ein Jongleur. Sie eilen vorbei an einem Messerwerfer und folgen einem Mann, der dicke Fleischstücke in den Händen hält.
„Das ist unser Dompteur“, erklärt Manuel, „er füttert gleich die Tiger. Das macht er immer selbst. Er baut so ein Vertrauensverhältnis zwischen sich und den Katzen auf, sagt er.“
Sie bleiben vor dem Käfig stehen. „Sie sind unser ganzer Stolz, die Zierde unseres Zirkus. Weiße Tiger!“
Die Raubkatzen stürzen sich gierig auf das Fleisch.
„Ein prachtvolles Fell haben sie!“, denkt Dirk. Nach einer Weile zerrt Manuel ihn am Ärmel.
„Wir gehen zu den Pferden.“ Edle Schimmel wiehern, als die

beiden sich nähern. Dirks Aufmerksamkeit gilt aber den Ponys. Solch liebenswerte Tiere hat er noch nie gesehen. Als er den Hals eines Pferdes streichelt, sagt ein Mann, der plötzlich hinter ihnen steht: „Rosinante ist erst drei Jahre alt. Sie ist hier im Zirkus geboren. Gefällt sie dir?“ Dirk nickt. „Du ihr aber auch, sonst würde sie nicht so stillhalten.“

Dann wendet er sich zu Manuel und sagt: „Vergiss deine Probe nicht! Sie beginnt gleich.“

„Ich weiß“, antwortet Manuel. „Darum komm! Ich zeige dir noch schnell mein Zuhause.“ Er geht zu einem der vielen Wagen, die hier stehen.

Als Dirk ihn betritt, staunt er. Viel geräumiger ist es im Inneren, als er es sich vorgestellt hat und unglaublich gemütlich! Manuel nimmt aus dem Kühlschrank einen Saft und reicht ihn Dirk. Er ist schön kalt.

„Für den Heimweg!“, meint Manuel und geht zum Ausgang. „Ich muss zur Probe. Dabei sind Zuschauer unerwünscht. Sie stören die Konzentration. Aber wenn du Lust hast, kannst du morgen früh wiederkommen. Ich muss dann die Pferde striegeln und würde mich über Hilfe freuen!“

„Ich komme“, antwortet Dirk, als Manuel hinter ihm das Tor zuschließt. „Ich habe eine Tür aufgestoßen zu einer schönen Freundschaft - für mich“, denkt er, während er in die Stadt eilt.

Inhalt

Die Schüler einer Klasse meiden jeden Kontakt mit Manuel, einem Zirkusjungen. Sie neiden ihm seine Publicity. Nur Dirk wendet sich Manuel zu und wird dafür belohnt - mit dem Beginn einer ungewöhnlichen Freundschaft.

Biblische Bezüge

Röm 15,7 Darum nehmt einander an, wie auch Christus uns angenommen hat, zur Ehre Gottes.

1 Joh 2,9-11 Wer sagt, er sei im Licht, aber seinen Bruder hasst, ist noch in der Finsternis. Wer seinen Bruder liebt, bleibt im Licht.

1 Joh 5,2 Wir erkennen, dass wir die Kinder Gottes lieben, wenn wir Gott lieben und seine Gebote erfüllen.

Gesprächsanregungen
Dirk erfährt, dass die Forderung Jesu „Liebe deinen Nächsten!“ nicht nur ein Gewinn für den anderen ist, sondern auch einen selbst bereichert. Indem er sich Manuel zuwendet, erlebt er eine ihm bisher unbekannte Welt, die Wunderwelt des Zirkus. Man braucht nicht viel Fantasie, um sich den weiteren Weg dieser Freundschaft auszumalen.
Es wird aber auch deutlich, dass Feindschaft oder Hass den Menschen einengen, das gilt für die gesamte Klasse. Der Grund liegt darin, dass man sich nur noch oder zumindest sehr stark mit dem negativen Bild beschäftigt und sich oftmals dabei in noch stärkere Ablehnung hineinsteigert. Man nimmt sich selbst Ausgeglichenheit und Ruhe und vielleicht sogar viel Freude.

Themenkreise
Außenseiter, Freundschaft, Nächstenliebe, Neid, Solidarität

Vorlesealter
ab 8 Jahre

120 Aus Liebe lügen

„Dein Trainer hat angerufen“, sagt Philipps Vater, als er den Hörer aufgelegt hat. „Du hast ihn belogen, als er dich fragte: ‚Ist alles in Ordnung?’. Du hast genickt. Dieses Nicken war eine Lüge, du hättest ihm nicht verschweigen dürfen, dass du Läuse hast. Jetzt hat es ihm Markus gesagt, den du eingeweiht hattest.“
Philipp bekommt einen roten Kopf.
„Wenn ich ihm das gesagt hätte, wäre ich nicht aufgestellt worden.“
„Und doch hättest du es ihm mitteilen müssen.“
„Dann wären wir mit größter Wahrscheinlichkeit nicht aufgestiegen. Die beiden Tore habe ich geschossen. Die anderen Stürmer treffen zur Zeit nicht. Rainer schießt sogar aus zwei Metern an einem Möbelwagen vorbei.“
„Das ist kein Argument. Die Gesundheit deiner Kameraden ist

wichtiger als euer Aufstieg. Durch deine Lüge hast du deine Mitspieler gefährdet und wer weiß, vielleicht haben sie jetzt auch Läuse."
„Das glaube ich nicht!"
„Das kannst du gar nicht wissen. Zur Strafe gehst du in dein Zimmer, die Sportschau fällt für dich heute aus und morgen hast du auch keinen Ausgang; du begleitest uns, wenn wir Großvater besuchen."
„Aber ..."
„Ich dulde keine Widerrede, in deinem Zimmer kannst du über deine Wahrheitsliebe nachdenken."
Philipp schweigt und verschwindet. Er weiß, jedes Wort ist jetzt sinnlos. Sein Vater nimmt nie eine Entscheidung zurück. Schuldig fühlt sich Philipp nicht. Mit der Strafe muss er leben. Die Ergebnisse der Bundesligaspiele kennt er schon. Darum ist es nicht so schlimm, dass er die Sportschau nicht sehen darf. Mehr trifft ihn schon die Anordnung, Großvater besuchen zu müssen. Er langweilt sich dort. Zudem hat er sich mit Jürgen verabredet. Sie wollen ins Kino gehen.
Philipp weiß, er muss Großvater besuchen. Vielleicht könnte er seine Läuse als Hinderungsgrund ins Spiel bringen. Aber die sind mit Sicherheit morgen verschwunden. Mutter hat schon seinen Kopf behandelt.
Zum zigsten Male hört Philipp, als er Großvaters Wohnung betritt: „Bist du groß geworden! In der Pubertät schießen die Jugendlichen in die Höhe." Nach einer kleinen Pause fügt Großvater wie immer hinzu: „Das war bei dir genauso." Und er schaut Vater an. Der lächelt wie jedes Mal.
Philipp setzt sich an den Tisch. Albern findet er dieses Gerede. Er hört kaum hin. Als er sich Sprudel einschüttet, vernimmt er: „Habe ich euch schon die Geschichte vom alten Linhof erzählt?" Philipp weiß, was jetzt folgt. Großvater wird wieder berichten, wie der alte Linhof, ihr Nachbar, beim Verputzen seines Hauses sich den Baubock auf die Schultern laden wollte. Wie dieser dabei das Gleichgewicht verlor und rückwärts in die Tonne fiel, in der Speis angerührt war. Dann wird sich Großva-

ter lachend erheben, sich mit beiden Händen auf sein ausgestrecktes Hinterteil klopfen, so wie es damals der alte Linhof getan hat und dann wird er sich wieder auf das Sofa fallen lassen, immer noch pustend vor Lachen und wird ergänzen: „Wenn er sich nicht schnell die Hose heruntergerissen hätte, er hätte sie nie mehr ausziehen können."
„Die Geschichte vom alten Linhof?", überlegt Vater. „Nein, die kenne ich nicht!" Da dreht sich Philipp um und sagt: „Die Geschichte vom alten Linhof haben wir doch schon hundertmal gehört." Vater wird rot vor Wut.

Inhalt

Philipp hat seinem Trainer verschwiegen, dass er Läuse hat. Er befürchtete, er wäre sonst nicht aufgestellt worden. Der Vater verurteilt Philipps Lüge, sagt aber am nächsten Tag selbst die Unwahrheit, weil er seinerseits seinem alten Vater eine Freude machen will.

Biblische Bezüge

Ex 20,16 Du sollst nicht falsch gegen deinen Nächsten aussagen.
Spr 12,19 Ein Mund, der die Wahrheit sagt, hat für immer Bestand, eine lügnerische Zunge nur einen Augenblick.

Gesprächsanregungen

Die Geschichte bietet viel Stoff für ein Rollenspiel, für eine Diskussion zwischen Vater und Sohn, die auf dem Heimweg stattfinden könnte.
Wegen der Komplexität der Aussage kann auch als erster Einstieg in die Erarbeitungsphase die Methode 6-3-5 gewählt werden. Sie stellt einen stummen Dialog dar. S e c h s Schüler bilden eine Gruppe. Jeder hat vor sich ein Blatt Papier, das in d r e i Rubriken unterteilt ist. Der Schüler formuliert drei Frage- oder Aussagesätze, ganz nach seinem Belieben, z.B. Ich halte die Strafe des Vaters für unangebracht. Philipp hat im Interesse des Vereins gehandelt, der Trainer hätte doch froh sein können. Warum heißt die Überschrift „Aus Liebe lügen"? Seine Überlegungen trägt er in die Rubriken ein. Dann reicht er seinen Zettel weiter. Die anderen seiner Gruppe antworten darauf schriftlich. Sie sollten auf jeden Fall alle vorherigen Bemerkungen erst lesen und dann ihre Stellungnahme formulieren. Wenn f ü n f Mal Antworten gegeben wurden, ist das Schriftstück einmal herumgegangen. Das Aufgeschriebene wird verlesen und zur Diskussion gestellt.

Themenkreise
Familie, Lüge, Strafe, Unrecht, Verständnis

Vorlesealter
ab 9 Jahre

121 Eine Tüte voller Liebe

„Du nimmst morgen Abend nicht an der Nikolausfeier teil", ordnet Herr Schreiner an und schickt Sebastian auf sein Zimmer. Am Nikolausabend liegt er allein auf seinem Bett. Die anderen Kinder erwarten den heiligen Mann. Tränen stehen in Sebastians Augen. Mit Wehmut denkt er an seine Eltern. Die Nikolausabende gehörten zu den schönsten seiner Kindheit. Onkel Dietmar hat immer den Nikolaus gespielt. Das wusste Sebastian schon, als er erst fünf Jahre alt war. Mutter hat ihrem Schwager gesagt, was er an Sebastians Verhalten loben und tadeln sollte. Die lobenden Worte waren stets in der Überzahl, darum gab es auch immer eine große Tüte, die gefüllt war mit selbst gebackenen Plätzchen, gekauften Süßigkeiten und vielen Nettigkeiten.
Heute liegt er hier auf seinem Bett und bekommt nichts! Herr Schreiner hat ihn von der Feier ausgeschlossen. Sebastian atmet schwer, wischt sich die Tränen aus den Augen. Er denkt an Vater und Mutter.
„Was wird aus mir?", hat er geschrien, als man ihm die Nachricht von ihrem Verkehrsunfall brachte. Beide sind dabei ums Leben gekommen. Sie waren auf der Stelle tot. Inständig hat er gehofft, dass Vaters Bruder, Onkel Dietmar, ihn zu sich nehmen würde. Aber die Tante war dagegen. So ist er in dieses Heim gekommen. Zu diesem Herrn Schreiner, den er nicht besonders mag. Mit einigen Erziehern versteht er sich gut. Vielleicht hat Herr Schreiner früher einmal seinen Beruf gern

ausgeübt. Aber davon ist jetzt nichts mehr zu spüren. Ständig schnauzt und schimpft er mit den Kindern wegen jeder Kleinigkeit; jede Unachtsamkeit wird bestraft. Sebastian denkt dann um so mehr an seine Eltern und ihre verständnisvolle Erziehung.

Er war acht Jahre, als er sie verlor. An einem solchen Tag wie heute fehlen sie ihm besonders. Sebastian weint hemmungslos und es tut ihm gut, den Tränen freien Lauf zu lassen. Zwei Jahre erträgt er nun schon dieses Dasein.

Er weiß nicht, was in ihn gefahren war. Aber bei dem Gedanken an den Nikolausabend zu Hause und den ersten hier im Heim war ihm ganz flau geworden. Vor dem zweiten hat er durchgedreht und ist ausgerissen. Von der Polizei wurde er hier wieder abgeliefert. Darum hat Herr Schreiner die Teilnahme an der Nikolausfeier untersagt. Geschenke bekommen Ausreißer schon gar nicht.

Sebastian liegt still. Er hört Schritte und Türen schlagen. Die Feierstunde ist beendet. Er fühlt sich von allen verlassen.

Plötzlich öffnet sich seine Zimmertür. Die anderen Heimkinder stürmen herein, allen voran Ingo. Über den Schultern baumelt ein langes Bettlaken.

„Ich bin der Nikolaus“, sagt er mit verstellter Stimme. „Der Nikolaus vergisst kein Kind und der heilige Mann kann auch verzeihen.“ Alle setzen sich zu Sebastian aufs Bett. Feierlich überreicht Ingo eine Tüte. Sie ist praller als alle anderen. Sebastian weiß, jeder hat von seiner etwas abgegeben. Er lächelt.

Inhalt

Sebastian lebt im Heim. Weil er ausgerissen ist, wird er von der Nikolausfeier ausgeschlossen. Geschenke erhält er auch nicht. Sebastian fühlt sich im Stich gelassen. Das ist aber nicht der Fall. Die anderen Heimkinder geben von ihren Gaben ab und überreichen ihm eine Tüte, die größer ist als die eigene.

Biblische Bezüge

Spr 17,17 Der Freund erweist zu jeder Zeit Liebe, als Bruder für die Not ist er geboren.

Sir 4,10 Sei den Waisen wie ein Vater und den Witwen wie ein Gatte! Dann wird Gott dich seinen Sohn nennen.
Sir 40,24 Bruder und Helfer nützen in der Zeit der Not, doch mehr als beide eine rettende Liebesgabe.

Gesprächsanregungen
Die oft geäußerte Meinung: „Was kann ich schon verändern, was kann mein kleiner Beitrag schon lindern?" ist falsch. Die Heimkinder beweisen dies eindrucksvoll. Jede Spende, jede Gabe kann Not schmälern, ist sie auch noch so klein, und den Betroffenen neue Hoffnung geben, da sie sich nicht allein gelassen fühlen. Dies gilt für den ständigen Aufruf, für Hungernde zu spenden, aber auch für die aktuelle Bitte, in Not Geratenen zu helfen.
Friedrich Hebbel meint: Ein Herz hat nur, wer es hat für andere.
Friedrich Nietzsche sagt: Das beste Mittel, jeden Tag gut zu beginnen, ist: beim Erwachen daran zu denken, ob man nicht wenigstens einem Menschen an diesem Tage eine Freude machen könne.
Sebastian erfährt, wie schnell sich ein Leben zum Schlechten wenden kann. Das kann von heute auf morgen geschehen. Gott danken müsste jeder, dessen Leben weitgehend sorgenfrei ist und in geordneten Bahnen verläuft.

Themenkreise
Dankbarkeit, Einsamkeit, Familie, Gemeinschaft, Leid, Nächstenliebe, Solidarität, Wohnen

Vorlesealter
ab 8 Jahre

122 Warum die Vögel singen

Lange bevor die Europäer in den amerikanischen Kontinent vordrangen, lebten im „Tal der Singenden Vögel" zwei Stämme, die sich häufig bekriegten. Dabei ging es immer um die Jagdgründe, also um die Grenzen ihres Gebietes. In diesen Kämpfen waren viele umgekommen: Brüder und Söhne, Väter und Ehemänner. Abgrundtiefer Hass war darum zwischen den Menschen gewachsen.

Einmal nun setzten sich die beiden Häuptlinge und die Ältesten der verfeindeten Stämme zusammen und suchten nach Wegen zum Frieden. Man war sich darüber im Klaren, dass eigentlich das Tal und die umliegenden Berge allen genug zu essen bot. Doch es ist schwer, den Hass zu besiegen. Dennoch waren die Abgesandten willens, am Ende der Besprechung die Friedenspfeife miteinander zu rauchen.
Als nun einer der Häuptlinge einen Vorschlag unterbreiten wollte, wurde er in seiner Rede von dem lauten Gezwitscher einer Lerche unterbrochen. Das kleine Tier ließ seinen Gesang so laut erschallen, dass der Häuptling schweigen und warten musste, bis sich der muntere Musikant in die Lüfte erhob.
Der Häuptling schaute ihm lange nach. Dann sagte er: „Dieser kleine Vogel ist ein Fingerzeig des Großen Geistes. In seiner Schöpfung erklärt er uns, wie man Grenzen sichert. Mit ihrem Gesang schützen die Vögel friedlich ihr Terrain. Wir sollten es ihnen gleichtun. Ich habe gesprochen."
Sie rauchten die Friedenspfeife miteinander. Seit diesem Tag ziehen die Stämme jeden Morgen singend um ihre Zelte und damit kehrte Frieden und Fröhlichkeit in das Tal ein.

Inhalt

Zwei Indianerstämme leben in Feindschaft miteinander. Beim Bemühen um den Frieden nimmt sich einer der Häuptlinge ein Beispiel an Gottes Schöpfung.

Biblische Bezüge

Sir 10,1 Ein weiser Herrscher festigt sein Volk, die Regierung eines Verständigen ist wohl geordnet.
Sir 30,22 Herzensfreude ist Leben für den Menschen, Frohsinn verlängert ihm die Tage.
Sir 43,30 Ihr, die ihr den Herrn lobt, singt laut, so viel ihr könnt; denn nie wird es genügen.
Ihr, die ihr ihn preist, schöpft neue Kraft.
Röm 14,19 Lasst uns also nach dem streben, was zum Frieden und zum Aufbau (der Gemeinde) beiträgt.

Gesprächsanregungen
Der Vorschlag des Häuptlings ist ein guter. Er sollte auch gelten für den Einzelnen. Wie viel nachbarschaftlicher Unfriede herrscht an den Zäunen, wie viel Streit in den Familien um Kleinigkeiten, obwohl alle genug haben wie die Bewohner des „Tals der Singenden Vögel“. Der Häuptling besinnt sich darauf, statt Hass den Frohsinn ins Herz einkehren zu lassen, die eigene Grenze zu Toleranz und versöhnlichem Miteinander nicht zu eng zu ziehen.

Themenkreise
Feindschaft, Frohsinn, Gesang, Grenzen, Schöpfung, Unfriede

Vorlesealter
ab 8 Jahre

123 Nur gefragt!

„Sind alle Zigeuner Diebe?“, fragt Denis.
„Ich bin kein Zigeuner“, sagt Nuri, „und ich weiß auch nicht, ob Zigeuner stehlen.“ Mit dieser Antwort setzt er sich auf seinen Platz und nimmt das Lesebuch aus seiner Tasche.
Nuri ist erst seit ein paar Tagen in der Klasse. Die Mitschüler meiden ihn, ärgern ihn sogar manchmal. Denn er ist anders als sie, nicht nur dunkelhäutiger, er lebt auch anders. Sein Zuhause sind die kleinen Wohnwagen und die große Welt. Im Frühling, Sommer und Herbst zieht er mit seiner Familie von Ort zu Ort, um in den Städten Vorstellungen unter der Zirkuskuppel zu geben. Jetzt aber ist Winter. Da bleibt die Truppe für ein paar Monate auf einem Platz. Und Nuri besucht nun für eine längere Zeit die dritte Klasse.
Auch der Lehrer behandelt ihn nicht besonders herzlich. Nuri weiß vieles nicht, er kann nur stotternd lesen, nur fehlerhaft schreiben und nur mäßig rechnen. Zu oft hat er in der Schule gefehlt. Er wird auch diesmal nicht lange bleiben, denn die Sonnenstrahlen werden schon wärmer.

„Jemand hat mir mein Milchgeld gestohlen!", ruft Nico eines Morgens entsetzt in die Klasse und für Sekunden herrscht eisiges Schweigen. Alle starren Nuri an, auch der Lehrer.
„Hast du es genommen?", fragt Denis und schaut Nuri herausfordernd an. Der schüttelt schweigend den Kopf.
„Schau noch einmal in deinem Etui und in deiner Schultasche nach", verlangt der Lehrer. Nico kramt. Aber das Geld findet er nicht.
Die Blicke richten sich wieder auf den Zirkusjungen. Der schweigt.
„Nehmt die Lesebücher heraus", beendet der Lehrer die peinliche Situation. Die Schultaschen klappern, dann wird es still im Raum. André, der ruhigste der Klasse, beginnt zu lesen.
Aber nach Schulschluss schwillt der Lärm wieder an. Die Kinder tuscheln. Nuri greift eilig seinen Tornister und rennt hinunter zum Fußweg am Fluss, der zu seinem Zuhause führt.
Am nächsten Tag legt Nico das Geld auf das Pult.
„Haben dir deine Eltern nun zweimal Milchgeld geben müssen?", fragt der Lehrer.
Nico schüttelt den Kopf, er wird rot und stottert: „Ich habe es gestern auf dem Küchentisch liegengelassen."
Die Blicke der Kinder wandern von Nuri zu Denis.
„Ich habe doch nur gefragt, ob er das Geld genommen hat! Es war nur eine Frage!", verteidigt sich Denis und setzt sich, die anderen nicken zustimmend. Der Lehrer will gerade die Hausaufgaben herausnehmen lassen, da steht André auf, geht langsam durch die Klasse. Alle schauen verwundert. Er bleibt vor Nuri stehen, streckt seine Hand aus und sagt laut, fast trotzig: „Ich möchte mich bei dir entschuldigen, Nuri."

Inhalt

Nuri ist ein Zirkuskind. Seine Mitschüler verhalten sich ihm gegenüber fast feindselig. Als Nicos Milchgeld fehlt, verdächtigen alle Nuri, es genommen zu haben. Sie äußern diese Vermutung aber nur versteckt. Als sich herausstellt, dass er es nicht war, entschuldigt sich ein Kind für sein Verhalten.

Biblische Bezüge
Ps 39,2 Ich sagte: Ich will auf meine Wege achten, damit ich nicht sündige mit meiner Zunge. Ich lege meinem Mund einen Zaum an.
Jes 11,3 Er richtet nicht nach dem Augenschein und nicht nur nach dem Hörensagen entscheidet er,
sondern er richtet die Hilflosen gerecht und entscheidet für die Armen des Landes, wie es recht ist.
Röm 12,21 Lass dich nicht vom Bösen besiegen, sondern besiege das Böse durch das Gute!

Gesprächsanregungen
André sieht seinen Verdacht als Untat an. Die anderen verstecken sich hinter Nicos Behauptung: Er habe nur gefragt. Aber diese Frage war eine gemeine Unterstellung und so sieht es auch André. Sein Verhalten ist vorbildlich, das der anderen leider typisch und Alltag in unseren Schulen.
Winston Churchill hat einmal gesagt: An bösen Worten, die man ungesagt hinunterschluckt, hat sich noch niemand den Magen verdorben.

Themenkreise
Außenseiter, Diebstahl, Fairness, Gemeinschaft, Gewissen, Mut, Schuld, Unschuld, Verleumdung, Vorurteil

Vorlesealter
ab 8 Jahre

124 Sicht - weise

Als Nadine nach Hause kommt, begibt sie sich sogleich in ihr Zimmer. Ihre Mutter bemerkt trotz der Eile, mit der ihre Tochter verschwindet, dass sie etwas bedrückt. Irgendetwas muss vorgefallen sein. Dennoch lässt sie noch einige Zeit vergehen, bevor sie sich zu Nadine begibt. Diese liegt ausgestreckt auf ihrem Bett und starrt zur Decke. Die Mutter setzt sich auf die Bettkante und streicht mit der Hand über das Haar ihrer Tochter. „Was ist?“, fragt sie, „war die Feier nicht schön?“

Nadine war nämlich mit ihren Freundinnen zu einer Geburtstagsparty bei Inga eingeladen worden.

„Es war ganz toll“, murmelt Nadine. Nach einer Pause setzt sie hinzu: „Es ist schon alles okay.“

„Ich spüre doch, dass dich etwas bewegt“, stellt die Mutter fest.

„Nein, nichts!“, wehrt Nadine ab und dreht sich zur Seite. Die Mutter streichelt ihre Wange: „Nun rede schon!“

Nadine holt tief Luft, dann berichtet sie: „Inga wohnt mit ihren Eltern in einem wunderschönen Haus, das ein riesiger Garten umgibt. Erst haben wir im Wohnzimmer Limonade getrunken, später auf der Terrasse gegrillt. Die Bratwurst hat ganz anders geschmeckt als unsere, die wir in der Pfanne brutzeln. Die Koteletts und die Cevapcici waren traumhaft. Gegessen haben wir unter einem mächtigen Apfelbaum, der uns Schatten spendete. Vor dem Essen haben wir Verstecken gespielt. Das Haus hat so viele Zimmer, dass man sich schon sehr anstrengen musste, um die anderen zu finden. Einmal habe ich mich ins oberste Stockwerk verkrochen, ins Atelier. Die gesamte Vorderfront besteht dort aus einem riesigen Fenster. Von da hat man einen herrlichen Blick über den Main und die Weinberge.“

„Und nun“, stellt die Mutter fest, „kommst du nach Hause und bist unzufrieden.“

„Wenn man sieht, wie andere Menschen leben und dies mit unserer Kellerwohnung vergleicht, dann wird man schon nachdenklich und sicher auch neidisch.“

„Du weißt, wir können uns keine größere Wohnung leisten. Vati ist schon seit Jahren arbeitslos und das Geld, von dem wir leben müssen, reicht nicht für mehr. Wir sind froh, dass wir dich und deine Schwester auf das Gymnasium schicken können. Vatis Schuld ist es bestimmt nicht, dass er keine Arbeit findet. Er bemüht sich redlich um einen neuen Job. Aber die wirtschaftliche Lage in ganz Deutschland ist eben nicht rosig.“

„Ich weiß das. Ich mache auch keinem einen Vorwurf.“

„Rück ein Stückchen!“, bittet die Mutter und legt sich dann zu ihrer Tochter auf das Bett. Sie blickt durch das schmale Kellerfenster nach oben.

„Schau nur!", sagt sie, „du siehst von hier die Sonne und die Wolken, die der Wind vorübertreibt. Nachts kannst du den Mond und die Sterne beobachten. Du vermagst auch sehr weit zu sehen."
Nach einer Pause setzt sie hinzu. „Man hat den Himmel im Herzen, wenn man zufrieden ist."

Inhalt
Nadine hat ihre Freundin Inga besucht, die mit ihren Eltern ein großes Haus mit einem beachtlichen Anwesen bewohnt. Als sie dieses Domizil mit ihrer Kellerwohnung vergleicht, wird sie neidisch. Ihre Mutter macht ihr klar, dass man sich um Zufriedenheit bemühen muss.

Biblische Bezüge
Röm 12,3 Strebt nicht über das hinaus, was euch zukommt, sondern strebt danach, besonnen zu sein, jeder nach dem Maß des Glaubens, das Gott ihm zugeteilt hat.
Jak 3,14-15 Wenn aber euer Herz voll ist von bitterer Eifersucht und von Ehrgeiz, dann prahlt nicht und verfälscht nicht die Wahrheit! Das ist nicht die Weisheit, die von oben kommt, sondern eine irdische, eigennützige, teuflische Weisheit.
1 Petr 2,11 Liebe Brüder, da ihr Fremde und Gäste seid in dieser Welt, ermahne ich euch: Gebt den irdischen Begierden nicht nach, die gegen die Seele kämpfen.

Gesprächsanregungen
Ein Wortspiel mit dem Titel zwängt sich auf. Man kann aus Sichtweise - weise Sicht werden lassen. Zu der ist die Mutter fähig. Ihr Blick geht hinauf zum Himmel und weitet sich, auch symbolisch. Die Tochter sollte sich an dieser Zufriedenheit ein Beispiel nehmen. Die Worte Jean Pauls bekräftigen die zentrale Aussage: Man kann einen seligen, seligsten Tag haben, ohne etwas anderes dazu zu gebrauchen als blauen Himmel und grüne Frühlingserde.

Themenkreise
Bescheidenheit, Erziehung, Familie, Lebensweisheit, Neid, Trost, Zufriedenheit

Vorlesealter
ab 8 Jahre

125 Das hässliche Bäumchen

Die Luft ist nasskalt, der Himmel wolkenschwarz. Die Menschen eilen durch Pfützen, schleppen ihre Weihnachtseinkäufe zu den Tiefgaragen. Einige Nachzügler kaufen noch Tannenbäume, die ein vor Kälte zitternder Mann auf dem Rathausplatz anbietet.

„Mein Gott, ist die hässlich", sagt ein kräftiger Bursche und schiebt eine kleine Tanne beiseite, deren Äste kreuz und quer gewachsen sind. Das Bäumchen schämt sich bis in die Nadelspitzen.

„Die anderen Bäume werden heute Abend in warmen Stuben stehen und im Lichterglanz erstrahlen", denkt die kleine Tanne, „ich werde im Dunklen hocken. Man wird mich auf den Müll werfen oder im Ofen verbrennen." Das Bäumchen lässt traurig die Zweige hängen und sieht nun noch hässlicher aus.

Als die Lichter in den Kaufhäusern verlöschen und die großen Glastüren schließen, hat auch der Mann seine Bäume verkauft, nur die kleine Tanne liegt noch auf der nassen Erde. Niemand will sie haben. Der Mann zieht seine schmutzigen Handschuhe aus, wirft sie auf den Wagen, räumt Bindfaden und Schere ein und gibt der kleinen Tanne einen Tritt, so dass sie in die Gosse rollt. Ohne sich umzuschauen, fährt er davon.

Das Bäumchen friert auf dem feuchten Asphalt und sieht durch die Fenster in die Stuben, in denen weihnachtlich geschmückte Tannenbäume stehen. „Weihnachten ist das Fest der Liebe", denkt es und ist traurig.

Plötzlich hört es eine Stimme. „Lass uns den kleinen Baum mitnehmen, Vati, bitte", bettelt ein dunkelhaariges Mädchen mit großen, braunen Augen. Das Mädchen zieht an seinem Kopftuch und schaut seinen Vater fragend an. Der kleine Tannenbaum horcht und hofft.

„Nein", antwortet der Mann barsch, „wir Muslime feiern nicht Weihnachten", und zieht am Arm seiner Tochter. Er will fort.

„Alle Kinder meiner Klasse feiern Weihnachten“, protestiert das Kind und rührt sich nicht von der Stelle. „Wir können doch auch einen Baum aufstellen.“
Der Mann zerrt das Kind, das nicht mitgehen will, heftiger. Dann hält er inne, ergreift unwirsch die kleine Tanne, damit seine Tochter ihm folgt.
„Mutter, Cihan und Mohammed werden sich freuen“, denkt das Mädchen und schaut glücklich auf den kleinen Baum, der vor Freude bebt. Im Hauseingang begegnet den Heimkehrenden die Nachbarin, Frau Lindner. Sie staunt über den Weihnachtsbaum unter Herrn Ümrans Arm.
Cihan und Mohammed klatschen vor Freude in die Hände, als sie das kleine Bäumchen sehen. Mutter Ümran macht sich daran, die Tanne aufzustellen. Das ist gar nicht einfach ohne Ständer. Plötzlich klingelt es an der Tür. Herr Ümran öffnet.
„Entschuldigen Sie“, sagt Frau Lindner, „Sie werden einen Ständer benötigen und Kerzen und Kugeln zum Schmücken.“
„Er fällt immer um!“, ruft Ali aus dem Wohnzimmer.
„Kann ich Ihnen helfen?“, fragt Frau Lindner.
Herr Ümran nickt. Frau Lindner stellt fachmännisch den Baum auf, schmückt ihn mit Kindereifer.
„Es ist schön, im Warmen zu stehen und die Menschen zu erfreuen“, denkt dankbar die kleine Tanne und streckt ihre Zweige weit aus.
„Wollen Sie mit uns essen?“, fragt Herr Ümran. „Meine Frau hat Reis mit Rindfleisch gekocht, mit viel Knoblauch!“
Frau Lindner lächelt: „Ich hole die Ente, die ich aufgesetzt habe.“
Ehe die anderen antworten können, ist die Nachbarin verschwunden. Minuten später steht sie wieder vor der Tür und hält einen großen Topf in ihren Armen.
„Wohl bekomm's“, sagt sie und stellt ihn mitten auf den Esstisch. Sie hebt den Deckel und der Geruch von knuspriger Ente zieht durch den Raum, vermischt sich wenig später mit dem Duft von gebratenem Rindfleisch. Als alle essen, summt Frau Lindner leise.

Inhalt
Eine hässliche Tanne träumt davon, als geschmückter Weihnachtsbaum im warmen Raum zu stehen, aber sie landet in der nassen Gosse. Auf Verlangen eines muslimischen Kindes wird sie doch noch zum Christbaum und bringt die türkische Familie mit der deutschen Nachbarin zusammen.

Biblische Bezüge
Mt 2,1-12 Die Huldigung der Sterndeuter
Lk 2,1-20 Die Geburt Jesu
1 Joh 4,7-8 Liebe Brüder, wir wollen einander lieben; denn die Liebe ist aus Gott, und jeder, der liebt, stammt von Gott und erkennt Gott. Wer nicht liebt, hat Gott nicht erkannt; denn Gott ist die Liebe.

Gesprächsanregungen
Zu unserem Weihnachtsfest gehört der Baum genauso wie die Geschenke und das Mahl. Das ist Tradition. Immer mehr Andersgläubige, mit denen wir zusammenleben, werden mit diesem christlichen Brauchtum konfrontiert, vor allem die Kinder, denn die Lese- und Sprachbücher enthalten entsprechende Texte. Der Unterricht ist auf die Festtage abgestimmt. Immer mehr muslimische Familien feiern darum im kleinen Rahmen mit. Wir sollten sie dazu ermutigen. Die Geschichte versucht das. Die Familie Ümran und Frau Lindner, Nachbarn in einem Haus, lassen diese Tage sogar zu einem Fest der Begegnung werden.

Themenkreise
Erfüllung, Gastfreundschaft, Kirchliche Feiertage, Miteinander, Multikulturelle Gesellschaft, Nachbarschaft, Toleranz, Weihnachten, Weltreligionen

Vorlesealter
ab 6 Jahre

126 Aus seiner Sicht

„Schwein, schwarzes!“, schimpft Herr Groll und droht mit der Faust. „Alte Drecksau! Das ist doch eine bodenlose Unverschämtheit, mit einer solchen Geschwindigkeit durch eine Pfüt-

ze zu rasen! Nach dem Regen müsste jeder ein wenig Rücksicht auf den anderen nehmen."
Das Auto setzt seine schnelle Fahrt fort. Wütend wischt sich Herr Groll die Spritzer von seiner Hose. Einen Augenblick überlegt er, ob er den Verkehrsrüpel anzeigen soll. Doch dann sagt er sich: „Das bringt nichts. Man bekommt nur dumme Antworten wie ‚Ich kann meinen Wagen nicht über die Pfütze heben' oder ‚Warum stellen Sie sich denn so nah an die Wasserlache'." Außerdem hat er das Kennzeichen in seiner Erregung gar nicht registriert.
Herr Groll geht über den Parkplatz und steigt in sein Fahrzeug. Bevor er den Zündschlüssel herumdreht, reibt er mit einem Taschentuch die Hose noch einmal ab. Dann gibt er Gas. Um fünf Uhr möchte er zu Hause sein, denn sein Chef kommt heute Abend zu Besuch und dafür muss er noch einiges erledigen.
Am Südengraben stehen zwei Frauen. Herr Groll nimmt sie wahr. Da sie aber keine Anstalten machen, die Straße zu überqueren, fährt er an ihnen vorbei. Zudem ist an dieser Stelle kein Zebrastreifen.
Im selben Augenblick hört er einen Schrei des Entsetzens. Ein Wasserschwall, der bis zu den Hüften der Frauen reicht, trifft sie. Nicht ein paar Spritzer! Die Röcke sind pitschnass und schmutzig. Von oben bis unten! Mit beiden rechten Reifen ist Herr Groll durch die Pfütze gesaust. Er hat sie vorher gar nicht gesehen, weil er sich auf die Frauen konzentrierte. So konnte er das Missgeschick auch nicht verhindern. Darum setzt er mit unverminderter Geschwindigkeit seine Fahrt fort.
Genüsslich steckt er sich eine Zigarette an und denkt: „Die beiden hat es aber ordentlich erwischt."

Inhalt

Herr Groll wird an einem Regentag von einem vorbeifahrenden Auto bespritzt. Darüber ärgert er sich fürchterlich. Wenige Minuten später fährt er selbst durch eine Pfütze und der Wasserschwall trifft zwei Frauen. Ohne anzuhalten setzt er seine Fahrt fort und statt Reue empfindet er Schadenfreude.

Biblische Bezüge

Sir 28,2 Vergib deinem Nächsten das Unrecht, dann werden dir, wenn du betest, auch deine Sünden vergeben.

Sir 28,7 Denk an die Gebote und grolle dem Nächsten nicht, denk an den Bund des Höchsten und verzeih die Schuld!

Mt 7,3 Warum siehst du den Splitter im Auge deines Bruders, aber den Balken in deinem Auge bemerkst du nicht?

Gesprächsanregungen

Herr Groll benimmt sich nun wirklich nicht wie ein Gentleman. Er selbst regt sich über ein paar Spritzer auf. Das Unglück der beiden Frauen lässt ihn kalt.

George Bernard Shaw schreibt: Das größte Übel, das wir unseren Mitmenschen antun können, ist nicht, sie zu hassen, sondern ihnen gegenüber gleichgültig zu sein. Das ist absolute Unmenschlichkeit.

Friedrich Hahn meint: Egoisten sind wir alle, der eine mehr, der andere weniger. Der eine lässt seinen Egoismus nackend laufen, der andere hängt ihm ein Mäntelchen um.

Edward Bulwer sagt: Das Gewissen ist der elastischste Stoff der Welt. Heute kannst du es nicht über einen Maulwurfshügel spannen; morgen bedeckt es einen Berg.

Themenkreise

Gewissen, Miteinander, Rücksichtslosigkeit, Schadenfreude, Urteilen

Vorlesealter

ab 8 Jahre

127 Eine peinliche Panne

„Fahr bitte auf den Parkplatz“, sagt Bettina, „dann kann ich schnell die Apfelsinenschalen wegwerfen und mir die klebrigen Hände waschen.“

Die Großmutter lenkt den Wagen von der Autobahn. Auf dem Parkplatz steht nur ein Pkw, um den aufgeregt ein Mann läuft. Bettina rennt zum Abfallkorb, in den sie die Schalen wirft. Dann eilt sie zur Toilette.

Als sie wieder einsteigen will, meint ihre Großmutter: „Ich glaube, der Mann hat Probleme. Gehen wir mal hin!"
„Guten Tag!", grüßt Bettina freundlich.
„Guten Tag!", brummt der Mann.
„Fährt der Wagen nicht?", fragt Großmutter.
„Das sehen Sie doch!", schnauzt der Mann.
„Können wir Ihnen helfen?"
Der Mann schaut die Großmutter und das Mädchen von oben bis unten an. Dann lächelt er ironisch und antwortet: „Ja, Sie können, Sie brauchen nur dafür zu sorgen, dass ich weiterfahren kann."
„Wie", will die Großmutter wissen, „ist der Schaden aufgetreten, was ist passiert?"
Der Mann zuckt mit den Schultern: „Weiß ich nicht genau. Ich habe wie immer Gas gegeben, aber der Wagen ist immer langsamer geworden. Mit Mühe und Not konnte ich den Parkplatz erreichen."
„Benzin ist noch genug im Tank?"
„Halten Sie mich für einen Trottel?"
Die Großmutter antwortet nicht, sie sagt nur: „Öffnen Sie bitte die Motorhaube."
„Was soll das?", brummt der Mann.
„Nun machen Sie schon", fordert Großmutter energisch.
Der Mann steigt in den Wagen, es knackt, Großmutter öffnet die Haube. Bettina und Großmutter beugen sich über den Motor.
„Sieht anders aus als ein Nähkästchen", spottet der Mann.
„Haben Sie einen Zehner Maul?", fragt Großmutter.
„Werden Sie nicht frech!", zischt der Mann.
„Hol mir bitte unseren Werkzeugkasten", sagt die Großmutter.
Bettina rennt los und schleppt den Kasten heran.
„Hier, Großmutter, ist der Maulschlüssel."
„Gib mir auch noch die Knarre und das Verlängerungsstück mit einer Dreizehner Nuss!" Bettina reicht das komplett zusammengebaute Teil der Großmutter.
Großmutter schraubt.

„Wenn zwei Frauen an den Leitungen herumfummeln, soll der Motor anspringen?“, murrt der Mann. Die beiden lassen sich nicht stören.
Nach einer Weile sagt die Großmutter: „Drehen Sie jetzt einmal den Zündschlüssel herum und dann geben Sie Gas.“
Der Wagen springt an.
„Was haben Sie gemacht?“, fragt der Mann, sichtlich überrascht.
„Männer und Technik“, schmunzelt Großmutter und geht mit ihrem Handwerkskasten zu ihrem Auto.

Inhalt
Auf einem Autobahnparkplatz läuft ein Mann hilflos um sein Auto, das nicht mehr fährt. Bettina und ihre Großmutter bieten dem Fremden ihre Hilfe an.

Biblische Bezüge
Sir 40,24 Bruder und Helfer nützen in der Zeit der Not, doch mehr als beide eine rettende Liebesgabe.
1 Tim 5,21 Ich beschwöre dich bei Gott, bei Christus Jesus und bei den auserwählten Engeln: Befolge dies alles ohne Vorurteil.

Gesprächsanregungen
Dem Mann ist deutlich anzumerken, dass für ihn „Frauen und Technik“ wie „Feuer und Wasser“ sind. Doch sein Vorurteil bestätigt sich nicht, denn Großmutter und Enkelin reparieren das Auto. Eine Entschuldigung seinerseits wäre das mindeste, was man erwarten könnte.
Karl Heinrich Waggerl sagt: Das Vorurteil ist die hochnäsige Empfangsdame im Vorzimmer der Vernunft.
Von einem Unbekannten stammt diese Überlegung: Vorurteil: Eine Meinung, die einen Menschen hat.

Themenkreise
Hilfe, Technik, Vorurteil, Zweifel

Vorlesealter
ab 6 Jahre

128 Unwahrscheinlich

Rasend vor Wut packt Herr Werner Franks Schopf und zerrt ihn in die Höhe. „Wie kannst du so etwas tun?“, schreit er und schüttelt den Jungen heftig. „Wenn ich losgefahren wäre, hätte sich der Nagel unweigerlich in den Reifen gebohrt. Ich hätte einen Platten gehabt.“
Frank hält den Stift in der Hand und zittert vor Angst. Herr Werner hat beobachtet, wie er den Nagel, der mit der Spitze zum Reifen auf dem Boden stand, in den Fingern hielt.
„Was denkst du dir nur? Das ist doch kein Streich mehr! Das kann lebensgefährlich sein“, schnauzt er.
Frank stottert: „Ich habe ihn nicht dorthin gestellt. Ich wollte ihn wegnehmen.“ Herr Werner stößt den Jungen von sich, so dass er fast auf das Pflaster fällt.
„Du verdammter Lügner“, schreit er und setzt sich in seinen Wagen, immer noch zitternd vor Wut. Frank ist einer seiner schlimmsten Schüler und ständig in Unruhen und Streitereien verwickelt. „Es gibt Kinder“, denkt er, „deren kriminelle Laufbahn zeichnet sich schon in der Schule ab.“
Als er an der großen Kreuzung vor dem Rathaus hält, fällt ihm das schallende Gelächter seiner fünften Klasse wieder ein, als er behauptete, die meisten Eskimos benutzen Kühlschränke. Alle waren fest davon überzeugt, dass er ihnen einen Bären aufbinden wollte.
„Nein, nein!“, beteuerte Herr Werner, „in der Tat ist der Kühlschrank bei den Eskimos ein wichtiges Haushaltsgerät, aber nicht um die Waren zu kühlen, wie bei den meisten Menschen, sondern um sie vor dem Einfrieren zu schützen.“

Inhalt

Herr Werner beobachtet einen Schüler, der anscheinend einen Nagel vor seinen Reifen stellt. Der Lehrer glaubt nicht an die Unschuldsbeteuerungen des Jungen.

Biblische Bezüge
Mt 12,7 Wenn ihr begriffen hättet, was das heißt: Barmherzigkeit will ich, nicht Opfer, dann hättet ihr nicht Unschuldige verurteilt.
1 Kor 4,5 Richtet also nicht vor der Zeit; wartet, bis der Herr kommt, der das im Dunkeln Verborgene ans Licht bringen und die Absichten der Herzen aufdecken wird.

Gesprächsanregungen
Auch wenn der Augenschein gegen den Schüler spricht, sollte der Lehrer alle Möglichkeiten in Erwägung ziehen, das lehrt ihn sein eigenes Beispiel von den Kühlschränken der Eskimos.
Schon Sophokles sagt: Irren ist menschlich, doch wer - nachdem er einen Irrtum begangen hat - nicht daran festhält, sondern ihn bereut und Besserung sucht, ist kein Lump.
Ähnlich urteilt Cicero: Ein jeder Mensch kann irren; im Irrtum verharren nur ein Tor.
Vor allem ist Mahatma Gandhi zuzustimmen: Ein Bekennen des Irrtums ist einem Besen vergleichbar, der den Schmutz wegfegt und den Boden reiner zurücklässt, als er gewesen.

Themenkreise
Einsicht, Irrtum, Urteilen, Vorurteil

Vorlesealter
ab 9 Jahre

129 Behütet

Herr Wehmeier schlägt das Gebetbuch zu: „Wir sind doch hier nicht auf dem Bolzplatz“, flüstert er seiner Frau zu und deutet aufgebracht auf Mutter und Tochter, die soeben die Kirche betreten haben.
Das Mädchen trägt eine Kappe, dessen Schirm schräg nach hinten zeigt. Es nimmt die Kopfbedeckung im Gotteshaus nicht ab. So schreiten beide zum Hochaltar. Dort setzen sie sich in die erste Bank, direkt vor das Kreuz.

Herrn Wehmeiers Andacht ist gestört. Immer wieder starrt er auf die Göre mit der Kappe. Plötzlich steht diese auf, begibt sich zum Seitenaltar, holt von dort eine Kerze, zündet sie an und trägt sie zum Kreuz. Dort stellt sie, indem sie etwas Wachs auf den Sockel tropfen lässt, das Licht auf.
Nun wird die Sache Herrn Wehmeier zu bunt. Er geht nach vorn, um für ein angemessenes Benehmen im Gotteshaus zu sorgen.
In diesem Augenblick stehen Mutter und Tochter auf. Die Mutter rückt die Mütze ein wenig zurecht. Herr Wehmeier hört, wie sie zu ihrer Tochter sagt: „Wenn die Chemotherapien vorbei sind, wachsen auch die Haare wieder."

Inhalt

Ein Mädchen, das mit einer Kappe auf dem Kopf die Kirche betritt, stört Herrn Wehmeiers Andacht. Als er es zurechtweisen will, erfährt er den Grund für dieses Verhalten.

Biblische Bezüge

Sir 11,7 Tadle nicht, ehe du geprüft hast; zuerst untersuche, dann weise zurecht!
Mt 21,22 Und alles, was ihr im Gebet erbittet, werdet ihr erhalten, wenn ihr glaubt.
Joh 4,23 Aber die Stunde kommt, und sie ist schon da, zu der die wahren Beter den Vater anbeten werden im Geist und in der Wahrheit; denn so will der Vater angebetet werden.
Röm 2,1 Darum bist du unentschuldbar - wer du auch bist, Mensch -, wenn du richtest. Denn worin du den andern richtest, darin verurteilst du dich selber, da du, der Richtende, dasselbe tust.

Gesprächsanregungen

1. 1910 wurde erstmals die Chemotherapie von Paul Ehrlich zur Bekämpfung von Infektionskrankheiten angewandt. Durch die Infusion chemisch reiner, im Labor zusammengestellter Substanzen, die direkt ins Blut gelangen, werden Erreger abgetötet oder ihr Wachstum gehemmt. Jede Chemotherapie verursacht jedoch mehr oder weniger starke Nebenwirkungen, z.B. Magen-Darm-Störungen, Schädigung von Blutzellen, Haarausfall. Sie ist bisher eine der erfolgreichsten Methoden, um das Wachstum von Krebszellen einzudämmen.

2. Am Eingang fast aller großen Dome und Kathedralen wird um angemessenes Benehmen gebeten. Traurig eigentlich, weil es selbstverständlich sein sollte. Am Dom zu Limburg soll einmal gestanden haben:
‚Der Domdekan heißt die Touristen willkommen. Er möchte aber darauf hinweisen, dass in der Kirche keine Gelegenheit zum Schwimmen besteht. Es ist daher zwecklos, diese Kathedrale in Strandkleidung oder gar im Bikini zu betreten.' (Handbuch des nutzlosen Wissens Bd. 2, S. 61, im Weltbild Verlag)
3. Kinder sollten ihr eigenes Verhalten vor und während der Schulgottesdienste reflektieren.
4. Jesus Christus mahnt uns, in unserem Urteil vorsichtig zu sein. Er sagt: Richtet nicht, damit ihr nicht gerichtet werdet. Denn wie ihr richtet, so werdet ihr gerichtet werden. Und nach dem Maß, mit dem ihr messt und zuteilt, wird euch zugeteilt werden (Mt 7,1-2).
Jean Paul hat Recht, wenn er meint: Im Urteil über andere spricht der Mensch sich immer sein eigenes.

Themenkreise
Gebet, Gottesdienst, Gottvertrauen, Krankheit, Urteilen, Verhalten

Vorlesealter
ab 8 Jahre

130 Deutsche Lieblingsgerichte

„Überlegt euch ein Motto für unser Sommerfest und schreibt euer Lieblingsessen auf einen Zettel“, sagt Arno, der Gruppenleiter. „Das Gericht, das am häufigsten genannt wird, werden wir auf dem Fest zubereiten.“
Die Jungen und Mädchen nicken. Sie verstauen die Spiele im Schrank, stellen die Bücher ins Regal und legen die Malsachen ins Körbchen zurück. Das machen sie nach jeder Gruppenstunde.
„Tschüss, Arno!“, rufen sie an der Tür.
„Vergesst die Zettel nicht!“, mahnt der Gruppenleiter noch einmal.

Am nächsten Donnerstag bringt jeder seinen Wunsch mit. Keiner hat ihn vergessen. Nicht einmal Antonio, der sonst immer alles zu Hause liegen lässt.
Die Kinder bilden mit ihren Stühlen einen Kreis. Jede Gruppenstunde beginnt mit einem Lied. Arno gibt auf der Gitarre ein paar Takte vor. Dann singen sie alle zusammen: „Die Erde ist schön, es liebt sie der Herr ...“. Die Kinder schmettern das Lied durch den Raum, so als wollten sie den Menschen diese Botschaft mitteilen. Danach legt der Gruppenleiter seine Gitarre weg und liest, was die Kinder geschrieben haben. Er lächelt. Er grinst. Zum Schluss lacht er laut. Die Kinder schauen ihn verwundert an.
„Was gibt es beim Lieblingsgericht zu lachen?“, fragen sich einige.
Arno steht auf und verkündet feierlich: „Am häufigsten wurde Spagetti Bolognese genannt, gefolgt von Pizza Napoli. Auf Platz drei und vier landeten Ravioli und Tortellini. Zweimal wurden Pommes frites mit Wiener Schnitzel und Dänische Fischstäbchen mit Kartoffelpüree gewünscht. Und nur einer schreibt: Reibekuchen mit Apfelmus. - Wer war das?“
Antonio, der einzige Italiener in der Runde, meldet sich. Er ist nicht der einzige Ausländer in der Gruppe. Es gibt noch zwei Spanier und einen Portugiesen.
Arno sieht Antonio lange an, dann sagt er: „Ich glaube, ich weiß auch das Motto für unser Sommerfest, ein schönes Motto.“
„Und wie lautet es?“, fragt Antonio.
„Unsere Heimat ist Europa.“

Inhalt

Eine Jungschar in Deutschland will ihr Sommerfest feiern. Der Gruppenleiter bittet die Kinder, zum nächsten Mal einen Zettel mitzubringen, auf dem ihr Lieblingsgericht steht. Die Kinder nennen am häufigsten ausländische, vor allem italienische Gerichte.

Biblische Bezüge
Ps 67,5 Die Nationen sollen sich freuen und jubeln. Denn du richtest den Erdkreis gerecht.
Du richtest die Völker nach Recht und regierst die Nationen auf Erden.
Spr 15,17 Besser ein Gericht Gemüse, wo Liebe herrscht, als ein gemästeter Ochse und Hass dabei.
1 Joh 1,7 Wenn wir aber im Licht leben, wie er im Licht ist, haben wir Gemeinschaft miteinander.

Gesprächsanregungen
Europa muss und wird zusammenwachsen - politisch wie wirtschaftlich. Kulinarisch ist dieser Zusammenschluss längst vollzogen. Genauso beliebt wie die italienischen Gerichte sind griechische, türkische oder Speisen vom Balkan. Es gibt aber auch Fastfood-Ketten, die weltweit operieren, die ebenfalls bei Kindern und Jugendlichen sehr beliebt sind. Hinsichtlich dieser Unternehmen muss die Frage erlaubt sein, ob deren Gerichte noch etwas mit nationaler Esskultur zu tun haben oder ob sie nicht eher eine globale Gefahr für diese sind.

Themenkreise
Brauchtum, Gemeinschaft, Multikulturelle Gesellschaft, Nahrung

Vorlesealter
ab 6 Jahre

131 Klingende Münze

Viele Menschen glauben, Heilige sind Frömmlinge von einer anderen Welt. Dass dies nicht so ist, dass sie mit beiden Füßen auf der Erde stehen und oftmals mit allen Wassern gewaschen sind, beweist der hl. Yves, der berühmteste Heilige der Bretagne, jenem Land im Westen Frankreichs, wo die Menschen vorwiegend von den Früchten der Felder und den Tieren der Meere leben.
Darum zog es einen armen Mann immer wieder zu einem Restaurant, bei dem es nach Schweine- und Rindfleisch, aber auch

nach zartem Hammel roch. In den Mittags- wie in den Abendstunden genoss er den Duft, den er sich zu Hause nicht leisten konnte.
Der Wirt, der über einen längeren Zeitraum den Mann vor seinem Haus beobachtete, eilte eines Tages zum Richter.
„Diese Person“, so argumentierte er, „atmet den Duft meiner Speisen ein, ohne dafür auch nur einen Sou zu bezahlen.“
Am Tag der Verhandlung ließ St. Yves, der der Richter war, einen Beutel mit der geforderten Summe füllen. Dann nahm er den Sack und schüttelte ihn vor den Ohren des Klägers lange hin und her. Alle schauten Yves verwundert an, denn er gab das Geld nicht aus seiner Hand, ganz im Gegenteil!
Schmunzelnd legte er den Beutel auf seinen Tisch und verkündete das Urteil: „So wie der Klang dieser Münzen nicht deine Taschen füllt, so füllt auch der Duft der Speisen nicht den Bauch des armen Mannes.“
Damit war die Klage abgewiesen und der Arme konnte ohne Strafe nach Hause gehen oder zu dem Restaurant eilen, wo köstliche Gerüche seine Seele labten.

Inhalt

Ein Wirt verklagt einen armen Mann, der den Duft seiner Speisen genießt ohne dafür zu bezahlen. Der hl. Yves (Iwo), Priester und Richter zugleich, stellt sich wie immer auf die Seite des Schwächeren und spricht ein weises Urteil.

Biblische Bezüge

Sir 14,8 Schlimm ist ein Geizhals, der sein Gesicht abwendet und die Hungernden verachtet.
Jes 11,3-4 Er richtet nicht nach dem Augenschein und nicht nur nach dem Hörensagen entscheidet er,
sondern er richtet die Hilflosen gerecht und entscheidet für die Armen des Landes, wie es recht ist.

Gesprächsanregungen

Yves Helori wurde 1253 als Sohn eines Landedelmannes in dem heute zerstörten Herrenhaus Kermartin in Minihy-Tréguier geboren. Dreizehn Jahre

lebte er in Paris, wo er Rechtswissenschaft studierte. Danach kehrte er in die Bretagne zurück, in der er als Priester, Richter und Anwalt im Bistum Tréguier wirkte. Seine gerechten Urteile, seine versöhnliche Art, vor allem seine präzisen Plädoyers machten ihn bald weithin berühmt. Wegen seines Engagements für die Bedürftigen nannte man ihn „Anwalt der Armen".
Er starb 1303. Papst Clemens VI. sprach ihn 1347 heilig. Er wird heute noch sehr verehrt, denn er ist der Schutzpatron der Bretagne und der Juristen in Europa.

Themenkreise
Armut, Gerechtigkeit, Recht, Reichtum

Vorlesealter
ab 8 Jahre

132 Gastfreundschaft

Felix schüttelt sich das Salzwasser vom Körper und rennt zu seinem Badetuch. Er umkurvt geschickt die vielen Menschen, die am Strand liegen und sich sonnen. Plötzlich bleibt er stehen und schaut entgeistert. Auf seinem weiß-gelb-roten Badetuch liegt ein fremder Junge.
„Der kann etwas erleben", denkt Felix und geht entschlossen auf den Unbekannten zu. Als er näher kommt, bemerkt er, dass die Hautfarbe des Jungen dunkler und die Haare krauser sind als seine. Es ist ein Kind dieses Landes, in dem er nur Urlauber ist. Felix atmet schwer. Am liebsten würde er den Fremden von seinem Badetuch verscheuchen.
„Vielleicht", überlegt er, „ist es in seinem Land so Sitte, dass man alles miteinander teilt. Ich werde ihn auf meinem Badetuch liegen lassen, aber ein Stück muss er mir abgeben. Es ist groß genug, dass zwei darauf Platz finden."
Felix legt sich an den äußersten Rand. Der Junge schaut auf, lacht und rückt.

„Merkwürdige Sitten sind das", denkt Felix, „sich auf den Badetüchern anderer breit machen und noch grinsen." Der Junge sagt etwas, das Felix nicht versteht. Er ist froh, dass er es nicht versteht, denn er will jetzt keine Diskussion. Darum legt er sich auf den Rücken und sonnt sich. Der Fremde wendet sich auf den Bauch. Hin und wieder lächelt er Felix an. Auch der schaut nicht mehr so grimmig drein, schließlich hat er die Hälfte von seinem Badetuch abbekommen. Die Augen des Jungen sind freundlich und in den Wangen bilden sich bei jedem Lächeln kleine Grübchen. Es scheint ihm Freude zu bereiten, mit Felix auf einem Tuch zu liegen.

Die Sonne wärmt beide. Felix' Haut wird heiß. Er entschließt sich, dem Jungen das Badetuch wieder ganz zu überlassen und sich ins Meer zu stürzen. Das Wasser kühlt ihn ab. Felix schwimmt auf dem Bauch, auf dem Rücken, immer abwechselnd, bis er müde ist. Dann läuft er durch das seichte Wasser zurück zum Strand. Wieder kurvt er um die sich Sonnenden herum. Wieder bleibt er abrupt stehen. Diesmal wundert er sich noch mehr.

Der fremde Junge ist verschwunden. Das ist nicht schlimm. Schlimm ist, dass sein großes Badetuch auch weg ist. Felix ist entrüstet. Es war sein bestes. Er hat es dem Unbekannten anvertraut und der hat es gestohlen. Dabei sah er gar nicht wie ein Dieb aus. So kann man sich täuschen. Wütend stapft Felix zum Hotel, denn in den Sand kann er sich nicht legen, der ist zu heiß. Nach dreißig Metern steht er vor einem großen Badetuch, einem weiß-gelb-roten Badetuch, seinem weiß-gelb-roten Badetuch.

„Richtig", denkt er, „in diese Mulde habe ich meins gelegt, als ich heute Mittag zum Strand gekommen bin."

Inhalt

Felix verlebt einen Urlaubstag am Strand. Als er aus dem Wasser kommt, liegt ein Junge auf seinem Badetuch, ein Einheimischer. Felix beschließt, weil er Gast in diesem Land ist, diese Sitte zu akzeptieren und das Tuch mit dem

Fremden zu teilen. Nachdem er sich erneut im Meer abgekühlt hat, ist sein Gast samt Tuch verschwunden. Auf dem Weg zum Hotel findet Felix sein Badelaken. Er hat zwischendurch auf dem falschen gelegen.

Biblische Bezüge
Kol 3,15 In eurem Herzen herrsche der Friede Christi; dazu seid ihr berufen als Glieder des einen Leibes. Seid dankbar!
Hebr 13,16 Vergesst nicht, Gutes zu tun und mit anderen zu teilen; denn an solchen Opfern hat Gott Gefallen.

Gesprächsanregungen
Felix toleriert den Fremden widerwillig. Dieser akzeptiert ihn mit größerer Freundlichkeit. Vincent van Gogh sagte einmal: Die Umstände hindern die Menschen oft, etwas zu tun, sie sind Gefangene in ich weiß nicht was für einem schrecklichen, schrecklichen, sehr schrecklichen Käfig. ...
Weißt du, was einen aus dieser Gefangenschaft befreit? Das ist jede tiefe, ernste Zuneigung. Freund sein, Bruder sein, lieben, das öffnet das Gefängnis durch eine höhere Macht, durch eine magische Kraft. Ohne diese bleibt man im Gefängnis. Wo Sympathie erneuert wird, wird das Leben neu.

Themenkreise
Gastfreundschaft, Irrtum, Toleranz, Vorurteil

Vorlesealter
ab 9 Jahre

133 Anders

Die Wiese ist übersät mit Gänseblümchen. Ihre weißen Blütenblätter und gelben Staubgefäße leuchten in der Sonne, schaukeln im Sommerwind.
Zwischen all den weißen Blütenblättern mit den dünnen roten Rändern wächst ein Gänseblümchen mit roten Blütenblättern und dünnem weißen Rand. Es ist anders als die anderen und darum schämt es sich.

Es fühlt sich als Fremdling zwischen den Schwestern und Brüdern. Ein Geschwisterpaar betritt die Wiese. Es setzt sich ins Gras.
Der Junge sieht das Gänseblümchen, das anders ist als die anderen, pflückt es und reicht es seiner Schwester als Geschenk. Diese freut sich und bestaunt die besondere Blume.

Inhalt
Ein Gänseblümchen ist anders als die anderen und schämt sich deshalb. Es wird durch seine Einmaligkeit zu einem Geschenk.

Biblische Bezüge
Ps 118,22 Der Stein, den die Bauleute verwarfen, er ist zum Eckstein geworden.
Röm 12,3-5 Aufgrund der Gnade, die mir gegeben ist, sage ich einem jeden von euch: Strebt nicht über das hinaus, was euch zukommt, sondern strebt danach, besonnen zu sein, jeder nach dem Maß des Glaubens, das Gott ihm zugeteilt hat. Denn wie wir an dem einen Leib viele Glieder haben, aber nicht alle Glieder denselben Dienst leisten, so sind wir, die vielen, ein Leib in Christus, als Einzelne aber sind wir Glieder, die zueinander gehören.
Röm 15,7 Darum nehmt einander an, wie auch Christus uns angenommen hat.

Gesprächsanregungen
Als Geschenk erhält das kleine Gänseblümchen, das an seinem eigenen Wert zweifelt, den Vorzug vor allen anderen Blumen.
Der Sioux-Indianer Lame Derr sagte einmal: Wir müssen wieder lernen, wir selber zu sein, und die Vielfalt in uns zu fühlen und zu entdecken. ... Ich habe viele Pflanzen aufmerksam betrachtet. Von den Blättern einer Pflanze, die alle auf demselben Stängel wachsen, ist keines ganz wie das andere. ... Der Große Geist hat es so gewollt. Für alle Geschöpfe auf der Erde hat er den Lebenspfad nur im Großen vorgezeichnet; er zeigt ihnen die Richtung und das Ziel, lässt sie aber ihren eigenen Weg dorthin finden. Er will, dass sie selbstständig handeln, ihren Wesen gemäß und ihren inneren Kräften gehorchend.

Themenkreise
Außenseiter, Ich, Selbstbewusstsein, Toleranz

Vorlesealter
ab 7 Jahre

134 Prominentenpreis

Der Zweig wippt, als die dicke Amsel sich neben den zierlichen Spatzen setzt. „Wie sehr die ersten Sonnenstrahlen wärmen“, sagt die Amsel. „Das merken sogar die Menschen“, meint der Spatz, „selbst die Kinder haben sich an den kalten Tagen in der letzten Zeit in die Häuser zurückgezogen.“

„Sieh nur, welche Menschenmengen sich heute durch den Zoo drängeln“, staunt die Amsel. „Da haben wir es besser. Einem solchen Geschiebe und Geschubse sind wir nie ausgesetzt“, und sie fliegt einen Kreis durch die Luft. Dann setzt sie sich wieder neben den kleinen Spatz.

„Dort, wo die Menschentraube ist“, sagt dieser, „halten sie jetzt einen Paradiesvogel. Welch ein Tier!“ Nach einer Weile schwärmt er weiter: „Der hat nicht so ein schlichtes Gefieder wie wir, es ist nicht nur grau oder schwarz.“ Die beiden schauen hinunter auf den Paradiesvogel. Das Himmelblau des Kopfes und das Lindgrün der Brust, das Goldgelb des Nackens und das Purpurrot der Flügel leuchtet zu ihnen hinauf.

Nach einer Pause des Staunens sagt der kleine Spatz: „Uns bewundert keiner. Uns bringt keiner das Futter, uns verjagen die Menschen sogar mit Vogelscheuchen von den Beeten und Feldern.“ Vor Neid versagt ihm fast die Stimme, als er feststellt: „Die Tierprominenz hat es gut.“

„Dafür“, flötet die Amsel ganz laut, „zahlt sie einen hohen Preis“, und sie schwingt sich in die Lüfte, fliegt höher und höher und lässt sich vom Wind über die Käfige des Zoos tragen.

Inhalt

Eine Menschenmenge bewundert die Schönheit des Paradiesvogels. Neidisch stellt der Spatz fest, dass niemand sein graues Federkleid oder das schwarze der Amsel bewundert. Die Amsel missgönnt dem Paradiesvogel diese Anerkennung nicht. Sie meint, dass der Preis für seine Schönheit zu hoch sei; denn er zahlt mit dem Verlust seiner Freiheit.

Biblische Bezüge
Ps 146,7 Recht verschafft er den Unterdrückten, den Hungernden gibt er Brot; der Herr befreit die Gefangenen.
Röm 8,21 Auch die Schöpfung soll von der Sklaverei und Verlorenheit befreit werden zur Freiheit und Herrlichkeit der Kinder Gottes.
2 Kor 3,17 Der Herr aber ist der Geist und wo der Geist des Herrn wirkt, da ist Freiheit.
Gal 5,1 Zur Freiheit hat uns Christus befreit. Bleibt daher fest und lasst euch nicht von neuem das Joch der Knechtschaft auflegen!
1 Petr 2,16 Handelt als Freie, aber nicht als solche, die die Freiheit als Deckmantel für das Böse nehmen, sondern wie Knechte Gottes.
2 Petr 2,19 Freiheit versprechen sie ihnen und sind doch selbst Sklaven des Verderbens; denn von wem jemand überwältigt worden ist, dessen Sklave ist er.

Gesprächsanregungen
Viele Prominente leben in einem inneren Zwiespalt. Einerseits brauchen die Stars und Sternchen ihr Publikum, genießen es, im Rampenlicht zu stehen. Sie wären unglücklich, wenn man über sie nicht mehr berichten würde. Dann sind sie „out". Gleichzeitig bedauern sie den Verlust ihrer Privatsphäre. Ihr Ruhm ist ihr „goldener Käfig".
Marie von Ebner-Eschenbach sagt: Wer an die Öffentlichkeit tritt, hat keine Nachsicht zu erwarten und keine zu fordern.

Themenkreise
Medien, Neid, Öffentlichkeit, Prominenz, Star, Wünsche

Vorlesealter
ab 7 Jahre

135 Stiller Star

Eigentlich heißt sie Rosarita Rosenberg, aber alle nennen sie Rosi Rosen, das ist ihr Künstlername. Mit acht Jahren hat Rosi ihre erste Schallplatte besungen.
„Rosarita, du musst rechnen, schreiben und lesen lernen, mit

deinem Gesang wirst du es nicht weit bringen“, hatte ihr Klassenlehrer gesagt. Rosarita hat rechnen, schreiben und lesen gelernt, durch ihren Gesang aber ist sie zum Star geworden.
Jeder kennt das blonde Mädchen mit der hellen Stimme. Der Lehrer bekommt von Rosi sogar ein Autogramm. Ihr Lied „Alle Kinder dieser Welt brauchen Liebe“ steht in der Hitparade fast ein halbes Jahr an erster Stelle. In vielen Fernsehshows schreitet sie beleuchtete Treppen hinunter und singt sich in die Herzen der Menschen, so schreiben es die Zeitungen. Die Illustrierten zeigen Rosi Rosen in der Schule, auf dem Spielplatz und immer wieder im Aufnahmestudio.
Heute hat sie wieder einen Auftritt. Sie fährt mit ihrem Vater zu einem Liederabend. Einige Sänger und Sängerinnen haben vor Rosi ihren Auftritt. Darum kommen Vater und Tochter erst zur Konzerthalle, als das Publikum schon im Saal ist. Weil es regnet, hält der Vater vor dem Haupteingang und sagt: „Lauf schnell zu den Umkleideräumen, ich muss den Wagen noch parken!“
Der Pförtner begrüßt Rosi und weist ihr den Weg zur Garderobe. Sie läuft über den unteren Flur und öffnet dann eine Tür zum Seitenaufgang. Im Halbdunkel vernimmt sie ein seltsames Klacken. Sie steigt die Stufen hinauf und sieht vor sich ein etwa gleichaltriges Mädchen. Es stützt sich auf zwei Krücken. Erst setzt sie die Krücken auf die nächste Stufe, dann zieht sie die fast gelähmten Beine nach, Stufe für Stufe. Rosi folgt ihr. Auf der oberen Treppe dreht sich das Mädchen um und strahlt.
Rosi klatscht.

Inhalt

Rosi Rosen, ein Kinderstar, erlebt auf dem Weg in die Garderobe, wie ein behindertes Kind die Treppe hinaufsteigt.

Biblische Bezüge

Mk 2,17 Jesus hörte es und sagte zu ihnen: Nicht die Gesunden brauchen den Arzt, sondern die Kranken. Ich bin gekommen, um die Sünder zu rufen, nicht die Gerechten.

1 Kor 6,19-20 Oder wisst ihr nicht, dass euer Leib ein Tempel des Heiligen Geistes ist, der in euch wohnt und den ihr von Gott habt? Ihr gehört nicht euch selbst; denn um einen teuren Preis seid ihr erkauft worden. Verherrlicht also Gott in eurem Leib!

Gesprächsanregungen
Nicht nur die im Rampenlicht stehen, sind die großen Stars, oft vielmehr die stillen Stars, die vielen Schwierigkeiten zum Trotz ihren Alltag bewältigen. Ein solcher ist das behinderte Mädchen. Der Kinderstar erkennt dessen Leistung an.
Khalil Gibran schreibt: Es ist edler, standhaft auszuhalten in den Schwierigkeiten und Beschwerden des Lebens, als sich zurückzuziehen in Sicherheit und Geborgenheit. Der Schmetterling, der so lange um das Licht flattert, bis er verbrennt, ist bewundernswerter, als der Maulwurf, der, um Gefahren zu entgehen, seine Wohnung in unterirdischen Gängen baut. Und das Samenkorn, das die Kälte des Winters und die Stürme nicht ertragen kann, hat auch nicht die Kraft, die Erde aufzubrechen und sich an der Anmut und den Wundern des Frühlings zu erfreuen.

Themenkreise
Achtung, Behinderung, Künstler, Medien, Vorbild

Vorlesealter
ab 7 Jahre

136 Anders sehen

„Die Welt saust", schreit Kathi und hüpft vor dem Fenster auf und nieder. Die Bäume, die Wiesen, die Häuser fliegen am Fenster vorbei. Noch nie hat sie so etwas erlebt. Es ist ihre erste Zugfahrt - in ihre ersten Sommerferien. Mit ihrer Mutter macht sie Urlaub auf einem Bauernhof. Lange steht sie schon am Fenster und sieht die Welt vorüberfliegen. Kathi ist glücklich. Als der Zug hält, hastet sie hinaus, ihrem ersten Ferienabenteuer entgegen. Es beginnt mit der Hinfahrt.

Als Kathi und ihre Mutter auf den Leiterwagen zugehen, der mit zwei Ackergäulen bespannt ist, wartet auf sie nicht nur der Kutscher, sondern eine andere Familie, die mit einem früheren Zug angekommen ist. Die Tochter, etwa so alt wie Kathi, sitzt neben dem Kutscher. Kathi klettert zu ihnen hinauf.

„Guten Tag“, sagt sie, „ich bin Katharina, aber alle nennen mich Kathi.“

„Ich bin Melanie“, antwortet das Mädchen und lacht hinter der dunklen Sonnenbrille.

„Und ich bin Willi“, brummt der Kutscher. Die Fahrt beginnt. Die dicken Gäule trotten langsam. Schon bald biegen sie in einen Feldweg ein. „Das holpert mächtig auf dieser Autobahn“, quietscht Kathi, die auf und ab schaukelt.

„Oh, horch!“, flüstert Melanie. „Der Wendehals singt. Sein helles Gähgähgäh klingt wunderschön. Doch es ist nur selten in unseren Wäldern und Feldern zu hören.“

Kathi sperrt den Mund auf; sie staunt, sie kann nicht einmal einen Spatzen von einer Lerche unterscheiden, geschweige denn einen Wendehals erkennen.

„Wir wohnen direkt am Wald“, erklärt Melanie, „morgens schon lausche ich dem Konzert der Vögel, in der Frühe ist ihr Zwitschern am muntersten. Ihr Gesang macht mich fröhlich.“

„Wir sind gleich da“, sagt der Kutscher.

„Man riecht schon den Duft der Ställe“, strahlt Melanie.

„Ich rieche nichts“, sagt Kathi und fasst sich an die Nase. „Aber sehen kann ich jetzt die Gebäude.“

„Sind sie groß?“, fragt Melanie.

„Na, schau doch hin!“

„Ich sehe nicht wie du“, erklärt Melanie, „ich sehe mit den Ohren, der Nase, den Händen.“

Inhalt

Kathi will mit ihrer Mutter die Ferien auf dem Bauernhof verbringen. Auf der Hinfahrt trifft sie auf das Mädchen Melanie, das die Vogelstimmen genau erkennt, den Stall von weitem riecht - das die Welt anders wahrnimmt als sie.

Biblische Bezüge

Mt 5,8 Selig, die ein reines Herz haben; denn sie werden Gott schauen.

Eph 1,18-19 Er erleuchte die Augen eures Herzens, damit ihr versteht, zu welcher Hoffnung ihr durch ihn berufen seid, welchen Reichtum die Herrlichkeit seines Erbes den Heiligen schenkt und wie überragend groß seine Macht sich an uns, den Gläubigen, erweist durch das Wirken seiner Kraft und Stärke.

Phil 4,13 Alles vermag ich durch ihn, der mir Kraft gibt.

Gesprächsanregungen

Melanie erfährt ihre Umwelt mit den Ohren, der Nase und den Händen, und das sehr intensiv, weil sie in ständiger Dunkelheit lebt, denn sie ist blind. Darum sind ihre anderen Sinne überdurchschnittlich ausgeprägt. Sie scheint nicht mit ihrem Schicksal zu hadern, sondern freut sich an allem, was sie wahrnimmt. Für sie gilt Aristoteles' Wort: Freude - Gesundheit der Seele. Vauvenargues sagt: Das schönste Geschenk der Seele für den Menschen ist die Fähigkeit zur Freude.

Themenkreise

Begegnung, Behinderung, Erfüllung, Freude, Zufriedenheit

Vorlesealter

ab 6 Jahre

137 Das Recht aller Kinder

„Kinder der Welt" nennt sich die Fotoausstellung, die Jennifer mit ihrer Mutter besucht. An großen Stellwänden hängen viele Bilder.

Bilder von Kindern, die lustig oder traurig, hungrig oder satt, tapfer oder mutlos, lieb oder böse, gesund oder krank sind. Ein europäisches Mädchen steht in einem prallgefüllten Superladen und kauft ein, ein afrikanischer Junge sitzt vor einer Bambushütte und isst Hirse, ein Königssohn liegt in einem Luxusbett, Waisenkinder schlafen auf dem Fußboden, eine Ballerina übt Spagat, ein Behinderter fährt im Rollstuhl. Eine Mutter küsst

ihr Baby, ein Vater nimmt seinen Sohn in den Arm, eine Zehnjährige trägt ihr Schwesterchen auf dem Rücken. Auf einem Bild spielen Schulkinder friedlich zusammen, auf einem anderen prügeln sich Straßenrowdies. Ein Großvater liest seiner Enkelin aus einem Buch vor, ein Junge strickt einen Pullover, ein Mädchen boxt im Ring. Auf den Augen eines Negerkindes sammeln sich Fliegen, über die Wangen einer Inderin kullern Tränen. Am Ende der Ausstellung steht ein Spruch.
Jennifer liest ihn laut vor: „Das darf man keinem Kind nehmen: das Recht zu leben, das Recht zu lieben, das Recht zu lachen."
„Ist das das Wichtigste im Kinderleben?", fragt Jennifer.
„Bestimmt", sagt die Mutter, „das Recht zu leben, heißt, dass jeder satt und medizinisch versorgt wird. Das Recht zu lieben heißt, dass jeder jemanden hat, der ihn wärmt und den man gern hat."
„Das Recht zu lachen", sagt Jennifer, „heißt, glücklich und froh sein."
„Das heißt aber auch", ergänzt die Mutter, „sein Leben ohne Sorgen und Ängste führen zu dürfen. Man sagt, wer sich fürchtet, der lebt nur halb; und dafür ist die Kindheit zu kurz."

Inhalt

Jennifer besucht mit ihrer Mutter die Fotoausstellung „Kinder der Welt". Am Ende findet sie einen Spruch, der das Recht aller Kinder beschreibt.

Biblische Bezüge

Jes 25,4 Du bist die Zuflucht der Schwachen, die Zuflucht der Armen in ihrer Not;
du bietest ihnen ein Obdach bei Regen und Sturm und Schatten bei glühender Hitze.
Röm 15,5 Der Gott der Geduld und des Trostes schenke euch die Einmütigkeit, die Christus Jesus entspricht.

Gesprächsanregungen

Immer mehr Kinder der Dritten Welt sind medizinisch unterversorgt oder hungern. Seuchen und Krankheiten sind die Folge. Dass sich hier was ändern muss, verlangt nicht nur die Mutter.

Aber auch in unseren Breiten wachsen viele Kinder in einem Umfeld der eisigen Kälte und seelischer Misshandlungen auf. Die zahllosen Berichte in den Medien darüber sind ein trauriger Beleg. Kinder verlernen, sich zu freuen, schlimmer noch, sie lassen ihre Aggressionen an Spielkameraden und Mitschülern aus, Aggressionen, die sich im Elternhaus aufgestaut haben. Diese Entwicklung bereitet vielen Pädagogen und Psychologen große Sorge.

Themenkreise
Armut, Gemeinschaft, Gesundheit, Glück, Kindheit, Miteinander, Recht, Reichtum, Sozialisation

Vorlesealter
ab 8 Jahre

138 Lebenslange Liebe

Das macht sie jeden Tag. Erst legt sie ihr Windeln um. Dann kocht sie Wasser. Später stellt sie das Gläschen mit Kindernahrung dort hinein. So wärmt sie das Essen. Das Fläschchen füllt sie mit Milch. In einer Schüssel zerdrückt sie Obst, eine Banane oder eine Kiwi. Das zerkleinerte Obst verrührt sie mit Quark. Erst probiert sie die Kindernahrung, ob sie auch nicht zu heiß ist. Dann reicht sie ihr das Essen auf einem kleinen Löffel in winzigen Häppchen. Löffel für Löffel, das braucht Zeit. Dabei erzählt sie unaufhörlich, obwohl sie keine Antwort bekommt. Zwischendurch hält sie sich die Milchflasche an die Wange und misst so die Temperatur. Ist sie lauwarm, führt sie den Sauger zum Mund. Als Nachspeise gibt es Quark. Auch den füttert sie löffelweise.
Nach dem Essen zieht sie das Kopfkissen gerade, schiebt die Bettdecke unter das Kinn und streicht ihr durch die grauen Haare. Dann gibt sie ihrer Mutter einen Kuss.
Das macht sie schon seit zwei Jahren.

Inhalt
Eine Tochter sorgt liebevoll für ihre pflegebedürftige Mutter.

Biblische Bezüge
Ex 20,12 Ehre deinen Vater und deine Mutter, damit du lange lebst in dem Land, das der Herr, dein Gott, dir gibt.
Sir 7,27-28 Ehre deinen Vater von ganzem Herzen, vergiss niemals die Schmerzen deiner Mutter!
Denk daran, dass sie dir das Leben gaben. Wie kannst du ihnen vergelten, was sie für dich taten ?

Gesprächsanregungen
Albert Schweitzer sagt: Wie die Welle nicht für sich sein kann, sondern stetig an dem Wogen des Ozeans teilhat, also soll ich mein Leben nie für sich leben, sondern immer in dem Erleben, das um mich her stattfindet ... Was du an Gesundheit, an Gaben, an Leistungsfähigkeit, an Erfolg, an schöner Kindheit, an harmonischen häuslichen Verhältnissen mehr empfangen hast als andere, darfst du nicht als selbstverständlich hinnehmen. Du musst einen Preis dafür entrichten. Außergewöhnliche Hingabe von Leben an Leben musst du leisten. Die Frau, die ihre Mutter so liebevoll pflegt, handelt danach.

Themenkreise
Familie, Fürsorge, Liebe

Vorlesealter
ab 8 Jahre

Eins nicht verlieren: das Staunen

139 Weihnachten mitten im Sommer

Fragt man Whitney Cundey nach ihrem schönsten Weihnachtsfest, dann leuchten ihre Augen und sie sagt: „Weihnachten ereignete sich für mich mitten im Sommer."
„Kann man im Hochsommer Weihnachten erleben?"
Whitney Cundey nickt und ihr kleiner Pony wippt. Dann erzählt sie:
„Ich bin in den Keller gegangen, um ein Glas Kirschen zu holen, das Mutter für den Kuchen brauchte. Ich stellte mich auf die Zehenspitzen und griff nach dem Glas. Dann geschah es. Nicht was ihr denkt! Etwa, dass ich ausrutschte und auf den Boden fiel. Nein, ich wurde zu Boden geschleudert. Die Erde bebte. Die Kellerwände zitterten. Es krachte überall. Es war eines dieser kurzen und heftigen Beben, wie sie für Kalifornien typisch sind.
Was sich nun ereignete, klingt unglaublich.
Ich lag eingekeilt zwischen Geröll und Beton, aber ich lebte. Ja, ich war beinahe gänzlich unverletzt. Es glich einem Wunder. Denn ich spürte trotz völliger Dunkelheit meinen Atem, konnte meine Augenlider bewegen. Nicht aber die Hände! Die Betonklötze waren so über mir zusammengestürzt, dass sie mich nicht erdrückten. Aber meine Arme und meine Beine waren wie in einen Schraubstock gezwängt. Erst schien mir das nicht schlimm zu sein. Doch wenn die Stunden vergehen und man sich nicht rühren kann, denkt man anders darüber. Vor allem, wenn Nase oder Hals jucken.

Was aber viel schlimmer war, erdrückender als die Steine über mir, das war die Dunkelheit. Ich verlor jede Orientierung. Ich wusste nicht, ob es Tag oder Nacht war, Morgen oder Abend. Jedes Zeitgefühl ging verloren. Und die Dunkelheit drückte aufs Gemüt - stärker als das Geröll auf die Arme.
Anfangs hatte ich die Hoffnung, man würde mich bald finden, mein Martyrium würde nicht lange dauern. Aber das war ein Wunschtraum. Ich lag dort regungslos, ich weiß nicht wie lange; wie gesagt, ich hatte das Gefühl für die Zeit verloren. So finster wie die Welt um mich, so trübe wurden nun auch meine Gedanken. Angst breitete sich aus. Sie wuchs mit der Zeit ins Unermessliche. Die Hoffnung auf Rettung schwand.
Wer nie lebendig begraben war, weiß nicht, was in einem vorgeht, dem das widerfährt. Die Verzweiflung wächst, Todesangst macht sich breit. Man weint vor lauter Ohnmacht. Man lebt doch noch und ist doch schon fast tot!
Ich wimmerte. Ich horchte in die Stille, die nicht enden wollte. Zu der Angst kamen Hunger und Durst. Vor allem der Durst quälte mich. Ich weinte und konnte meine Tränen nicht abwischen.
Man gibt sich allmählich auf, glaubt nicht, dass die Geräusche in der Ferne echt sind. Aber ich hörte sie! Plötzlich waren sie wieder da! Mit ihnen die Hoffnung! Ich schrie! Ich schrie aus Leibeskräften. In diesem Augenblick wusste ich, sie würden mich finden. Es dauerte eine Ewigkeit, bis die Geräusche intensiver wurden, die Stimmen deutlicher.
Plötzlich fiel ein dünner, hauchdünner Lichtstrahl in meine Dunkelheit. Er war ein Bote der Hoffnung, ein Zeichen des Lebens.
In diesem Augenblick dachte ich an meinen Vater. Am ersten Adventssonntag verdunkelte er immer das Zimmer völlig. Wir verharrten stets schweigend einige Minuten in der Finsternis. Dann erst zündete er die erste Kerze auf dem Kranz an. Dazu sagte er immer: ‚Licht kommt in eine dunkle Welt, das Licht Gottes.' An diesen Brauch musste ich unwillkürlich denken, als der erste Lichtstrahl zu mir kam.

Wie gut verstand ich jetzt, dass Licht Leben bedeutet. Jeder Stein, der beiseite geräumt wurde, war wie jede weitere Kerze, die man ansteckte. Als das Sonnenlicht ungehindert zu mir strömte, überstrahlte es jeden Weihnachtsbaum."

Inhalt
Whitney Cundey wird von einem Erdbeben überrascht, als sie sich im Keller aufhält. Lebendig begraben liegt sie zwischen Geröllmassen. Die Dunkelheit entmutigt die Verunglückte, Whitneys Todesangst wächst. Der erste Lichtstrahl, der die Rettung ankündigt, wird für sie zum Boten des Lebens, erinnert sie an die erste Kerze auf dem Adventskranz.

Biblische Bezüge
Ps 36,10 Denn bei dir ist die Quelle des Lebens, in deinem Licht schauen wir das Licht.
Jes 40,31 Die aber, die dem Herrn vertrauen, schöpfen neue Kraft, sie bekommen Flügel wie Adler.
Joh 1,4 In ihm war das Leben und das Leben war das Licht der Menschen.
Apg 2,21 Jeder, der den Namen des Herrn anruft, wird gerettet.
Hebr 11,1 Glaube aber ist: Feststehen in dem, was man erhofft, Überzeugtsein von Dingen, die man nicht sieht.

Gesprächsanregungen
Whitney Cundey erfährt Advent und Weihnachten in mehrfacher Hinsicht: als die Zeit des Wartens und als die Zeit des Hoffens, als die Zeit des Lichtes und als die Zeit der Erlösung.
Immer wieder werden Menschen verschüttet und nach längerer Zeit lebend geborgen. Die wohl bekanntesten Beispiele sind die „Wunder" von Lengede und Lassing.
Der katholische Theologe Heinrich Fries meint: Das Symbol christlicher Hoffnung ist das Licht. Licht bedeutet nicht, dass es keine Nacht mehr gibt, sondern dass die Nacht erhellt und überwunden werden kann.
Ein Sprichwort sagt: Solange der Mensch atmet, hofft er.

Themenkreise
Advent, Angst, Freude, Hilfe, Hoffnung, Leben, Licht, Weihnachten

Vorlesealter
ab 8 Jahre

140 Versäumnis

Regen prasselt aus dunklen Gewitterwolken auf die Erde. Unter einem großen Fliegenpilz haben Ameise und Schnecke Unterschlupf gefunden.

„Ärgerlich, einfach ärgerlich“, zürnt die Ameise dem Regen, der sie von der Arbeit abhält.

„Schön, wunderschön“, denkt die Schnecke und beobachtet das Wasser, das vom Dach des Pilzes wie ein silberner Vorhang fließt.

„Ich muss noch so viel erledigen“, stöhnt die Ameise und schaut missmutig auf den Halm, den sie bis hierhin geschleppt hat.

„Deine Brüder und deine Schwestern werden dir helfen“, beruhigt die Schnecke die Ameise, „zusammen werdet ihr die Arbeit schon schaffen.“

„Nein, nein“, murrt die Ameise, „ich habe meine Aufgaben, ich muss suchen und sammeln.“ Unruhig läuft sie am Regenvorhang, der sie festhält, hin und her und ist mit sich und dem Wetter unzufrieden.

Die Schnecke schiebt sich gemächlich einige Zentimeter voran, sichtlich erfreut über das feuchte Gras.

„Dort“, tröstet sie die kleine Ameise, „reißt das Dunkel schon wieder auf.“

„Weh mir“, klagt die Ameise, „das kann noch dauern!“

Doch sie muss nicht lange warten. So plötzlich wie der Herbstschauer eingesetzt hat, so abrupt hört er auf. Ohne „Auf Wiedersehen“ zu sagen, fasst die Ameise den mitgebrachten Halm und flitzt davon.

Die Schnecke verweilt noch ein wenig unter dem Dach des Pilzes, beobachtet den aufsteigenden Dampf, der aus der warmen Erde strömt, und den Regenbogen, der sich in seinen Farben leuchtend und gewaltig über das Tal spannt.

„Arme Ameise“, denkt die Schnecke, „sie versäumt zu leben.“

Inhalt
Regen hält eine Ameise und eine Schnecke unter dem Hut eines Pilzes fest. Beide erleben die Zeit des Wartens konträr.

Biblische Bezüge
Spr 21,5 Die Pläne des Fleißigen bringen Gewinn, doch der hastige Mensch hat nur Mangel.
Mt 6,34 Sorgt euch also nicht um morgen; denn der morgige Tag wird für sich selbst sorgen. Jeder Tag hat genug eigene Plage.

Gesprächsanregungen
„Ora et labora! Bete und arbeite!" ist der Leitspruch der Benediktiner. Aus der Kontemplation erwächst die Kraft zum Handeln. Dies gilt sicher auch noch heute.
Phil Bosmans gibt uns folgenden Rat: Der Kalender voller Termine, Hetzjagd von einer Verabredung zur anderen? Lebensmüde und eingeschlossen in einer engen Welt von Dingen, die übertrieben oder überflüssig sind? Geh in den Wald! Da ist es Frühling. Da warten die Bäume auf dich. Herrliche Bäume, die schweigend von der Stille zehren und von dem Saft, der bis in die letzten Zweigspitzen steigt. Da singen die Vögel für dich.
Geh in den Wald! Leg dich unter einen Baum, steck einen Grashalm in den Mund und genieße seliges Nichtstun.

Themenkreise
Angst, Aufgabe, Muße, Sinn des Lebens, Sorge, Zeit

Vorlesealter
ab 9 Jahre

141 Der kleine Fisch

Tief unten in einem Waldsee lebt ein Schwarm Fische. Sie tummeln sich in ständiger Dunkelheit und Finsternis. Der älteste Fisch nämlich behauptet: „An die Oberfläche des Wassers zu schwimmen, ist gefährlich, zudem völlig unnötig; denn außerhalb des Wassers gibt es kein Leben."

„Das ist einleuchtend“, bestätigen die anderen Fische, „denn wie soll man auch außerhalb des Wassers atmen oder sich bewegen.“

Alle sehen das ein, nur ein kleiner Fisch nicht. Er ist jung und darum sehr neugierig. Zu gerne würde er einmal an die Oberfläche schwimmen und nachsehen, ob wirklich alles stimmt, was der alte Fisch sagt. Immer wieder denkt er darüber nach. Immer wieder überlegt er, ob es nicht doch eine Welt geben kann, die anders ist als diese, in der er lebt.

Einmal, er hat sich von dem großen Schwarm der Fische ein wenig abgesondert, schwimmt er aufwärts, ganz vorsichtig, denn vielleicht ist es doch gefährlich, sich nach oben zu wagen. Er schlägt zwar ängstlich seine Flossen, aber er bewegt sie und steigt höher und höher. Mit jedem Meter, den er nach oben treibt, wird das Wasser lichter und lichter. Helles Wasser ist ungewohnt für den kleinen Fisch, es verlässt ihn der Mut und er stürzt zurück in die Tiefe. Den anderen Fischen erzählt er nichts von seinem Wagnis, er befürchtet, sie würden mit ihm schimpfen. Aber das Licht, dem er entgegen geschwommen ist, lässt ihm keine Ruhe.

„Vielleicht“, überlegt er immer wieder, „gibt es doch eine andere Welt, die nicht nur dunkel und düster ist. Vielleicht kann ich, wenn ich ganz oben bin, hinausschauen und etwas erkennen.“

Lange plagen ihn diese Gedanken. Und da seine Neugierde größer ist als seine Angst, entfernt er sich ein zweites Mal von dem großen Schwarm und steuert auf die Oberfläche zu.

„Merkwürdig“, denkt der kleine Fisch; denn obwohl er kräftig mit den Flossen schlägt und schnell an Höhe gewinnt, bleibt es dunkel. Selbst als er fast die Oberfläche erreicht, weicht die Dunkelheit nicht.

„Hat der alte Fisch doch Recht?“, durchfährt es ihn und er taucht hinab zu den anderen.

Unten auf dem finsteren Grund schwimmt der kleine Fisch aufgeregt hin und her. Er ist ganz verwirrt. „Warum“, fragt er sich immer wieder, „wurde es einmal heller und blieb es einmal dunkel?“

„Ich werde einen weiteren Versuch unternehmen“, schwört er sich. Er wartet auf einen Augenblick, in dem er sich unbeobachtet fühlt. Dann treibt der kleine Fisch beherzt der Oberfläche zu.
Schon nach einiger Zeit bemerkt er, dass es wieder heller wird, wie beim ersten Mal. Er schwimmt und schwimmt, fest entschlossen, nicht eher zurückzukehren, bis er die Oberfläche erreicht hat. Die Helligkeit nimmt so zu, dass er geblendet wird. Dann endlich ist es so weit!
Der kleine Fisch erreicht die Oberfläche. Was er erblickt, ist für ihn unfassbar. Er erspäht Gebiete ohne Wasser. Große Dinge stehen dort auf dem Boden, die anders aussehen als alles, was er kennt. Eine geheimnisvolle Kraft bewegt sie.
Aber am meisten staunt er über ein Wesen, das direkt vor ihm sitzt. Es hat keine Flossen und keine Schuppen. Es trägt an seinem Leib etwas, das warm und weich aussieht, bunt ist und in allen Farben schillert. Derartiges hat der kleine Fisch noch nie gesehen. Als er vor Staunen das Maul nicht mehr zubekommt, geschieht für ihn etwas Unfassbares. Das Wesen breitet die bunten Dinger aus, bewegt sie und erhebt sich in die Höhe, steigt auf wie der kleine Fisch im Wasser.
„Ob dieses merkwürdige Tier genauso neugierig ist wie ich“, denkt der kleine Fisch, als er wieder nach unten treibt, „und auch sehen will, ob es über ihm noch eine andere Welt gibt?“

Inhalt
Ein alter Fisch behauptet, dass es außerhalb des Wassers kein Leben gibt. Er warnt davor, an die Oberfläche des Sees zu schwimmen, weil dort oben Gefahren lauern. Alle Fische halten sich daran und leben auf dem Grund in großer Dunkelheit. Nur der kleine Fisch ist neugierig und schwimmt nach oben. Was er sieht, lässt ihn staunen.

Biblische Bezüge
Ps 42,2-3 Wie der Hirsch lechzt nach frischem Wasser, so lechzt meine Seele, Gott, nach dir.
Meine Seele dürstet nach Gott, nach dem lebendigen Gott.

Ps 84,2-3 Wie liebenswert ist deine Wohnung, Herr der Heerscharen! Meine Seele verzehrt sich in Sehnsucht nach dem Tempel des Herrn.
1 Kor 13,9-10 Denn Stückwerk ist unser Erkennen, Stückwerk unser prophetisches Reden; wenn aber das Vollendete kommt, vergeht alles Stückwerk.

Gesprächsanregungen
Auch wenn es für die Fische des Waldsees nicht denkbar ist, dass es eine andere Welt als die des Wassers gibt, so existiert sie doch. Der kleine Fisch entdeckt sie, sieht sogar einen Vogel, der, wie er selbst, noch einmal aufsteigt. Für viele Menschen ist eine andere Welt als unsere auch nicht vorstellbar. Jesus gibt uns die Gewissheit, dass wir an sie glauben dürfen.
Rainer Maria Rilke schreibt in einem Brief: Aber nur, wer auf alles gefasst ist, wer nichts, auch das Rätselhafteste nicht, ausschließt, wird die Beziehung zu einem anderen als etwas Lebendiges leben und wird selbst sein eigenes Dasein ausschöpfen.

Themenkreise
Forschen, Fragen, Glaube, Licht, Staunen, Traum, Zweifel

Vorlesealter
ab 8 Jahre

142 An-sicht

Achim, Björn und Roman sitzen im Gruppenraum ihrer Schule und lesen in ihren Biologiebüchern. Dort steht:
Die Giraffe ist das größte Tier der Erde. Sie kann über fünf Meter werden. Trotz des langen Halses hat sie wie der Mensch nur sieben Nackenwirbel. Beim Trinken spreizt das Tier die Vorderbeine, um mit dem Kopf auf den Boden zu kommen. Lange hat man herumgerätselt, warum es dem Tier nicht schwindlig wird, wenn es den Kopf aus dieser Höhe senkt und das Blut ins Gehirn strömt. Heute weiß man, dass kleine Klappen in den Blutgefäßen beim Heben und Senken des Kopfes sich öffnen oder schließen und so einen Überdruck verhindern.

Franziska setzt sich zu ihren Klassenkameraden und fragt: „Was macht ihr?“
Achim sagt: „Ich erledige meine Hausaufgaben.“
Björn meint: „Ich lerne fürs Leben.“
Roman antwortet: „Ich staune.“

Inhalt
Drei Schüler lesen im Biologiebuch. Jeder bewertet sein Tun anders.

Biblische Bezüge
Ps 8,2.4.5 Herr, unser Herrscher, wie gewaltig ist dein Name auf der ganzen Erde; über den Himmel breitest du deine Hoheit aus.
Seh' ich den Himmel, das Werk deiner Finger, Mond und Sterne, die du befestigt:
Was ist der Mensch, dass du an ihn denkst, des Menschen Kind, dass du dich seiner annimmst.
Ps 148,1-5 Lobet den Herrn vom Himmel her, lobt ihn in den Höhen:
Lobt ihn, all seine Engel, lobt ihn, all seine Scharen;
Lobt ihn, Sonne und Mond, lobt ihn, all ihr leuchtenden Sterne;
lobt ihn, alle Himmel und ihr Wasser über dem Himmel!
Loben sollen sie den Namen des Herrn; denn er gebot und sie waren erschaffen.

Gesprächsanregungen
Wer lernt, muss sich weiterentwickeln wollen. Das geschieht bei den beiden, die zuletzt antworten, besonders bei dem, der sich das Staunen bewahrt hat. Seine Ehrfurcht vor Gottes Schöpfung vergrößert sich dabei ständig.
Er folgt mehr als die beiden anderen dem Rat Mark Aurels: Betrachte einmal die Dinge von einer anderen Seite, als du sie bisher sahst; denn das heißt ein neues Leben beginnen.

Themenkreise
Erkenntnis, Lebenseinstellung, Lernen, Schöpfung, Staunen, Tierwelt

Vorlesealter
ab 9 Jahre

143 Mein Freund, der Sonnenschein

Brunos große Leidenschaft sind seine kleinen Blumen. „Blumen-Bruno“ nennen ihn darum oft scherzhaft Freunde und Nachbarn. Wenn er sich mit seinen Pflanzen beschäftigt, vergisst er die Welt. Auch in seinem Kinderzimmer stehen viele Blumentöpfe. Bruno kennt sie mit Namen, weiß, wie er sie pflegen muss, hat sogar einmal eine eigene gezüchtet. Sie ist sein ganzer Stolz. Selbst die Lokalzeitung hat darüber berichtet und von Bruno und der Blume ein Bild gebracht. Seine Blume wächst im Garten, auf dem Teil, den er bearbeiten darf. Sie fällt auf durch das kräftige Gelb der Blütenblätter. Der Kelch leuchtet wie die Sonne. Darum gab Bruno ihr den Namen „Sonnenschein“.

„Sonntag fahren wir nach Dortmund zur Bundesgartenschau“, schlägt Vater vor. Er sagt das so nebenbei, als wäre es ein Ausflug zum nahegelegenen Bauernhof. Für Bruno bedeutet das: Ein Traum wird wahr!

Und was für ein Traum! So viele Blumen, so riesige Beete, solch eine Farbenpracht hat Bruno noch nie gesehen. Er hüpft durch die Gänge, kniet zwischen den Blüten, fühlt, riecht und staunt. Für Bimmelbahn und Schaubühne, für Fernsehturm und Bootsfahrt hat er heute weder Augen noch Sinn. Wie Sinfonien in Rot, Blau, Gelb erscheinen ihm manche Beete, wie Trommelwirbel die exotischen Gewächse.

Doch Brunos Begeisterung erfährt ein jähes Ende. Er starrt entsetzt auf Hunderte von Blumen. Sie gleichen seiner fast wie eine Margerite der anderen.

„Meine Blume“, durchfährt es ihn, „ist gar nicht einmalig auf der Welt.“ Brunos Herz ist traurig, seine Gedanken sind trübe. Es drängt ihn ins Café, er verlangt nach einem Eis, das ihm aber nicht schmeckt. Die Eltern sprechen nicht über die Blumen, bieten ihrem Sohn an, zurückzufahren. Zu Hause eilt Bruno in sein Zimmer.

Nach einiger Zeit aber läuft er zu seinem Blumenbeet und hockt sich vor seinen „Sonnenschein“.
„Diese Blume“, hört er den Vater sagen, „ist für dich einmalig auf der Welt, denn sie ist nicht ein, sondern dein ‚Sonnenschein‘.“

Inhalt
Bruno ist ein Blumennarr. Er kennt viele mit Namen, weiß, wie man sie pflegt, hat selbst schon eine gezüchtet. Über diese hat sogar die Lokalzeitung berichtet. Auf der Bundesgartenschau erlebt er eine große Enttäuschung, denn dort gibt es seine Blume massenweise.

Biblische Bezüge
Ps 96,2-3 Singt dem Herrn und preist seinen Namen, verkündet sein Heil von Tag zu Tag!
Erzählt bei den Völkern von seiner Herrlichkeit, bei allen Nationen von seinen Wundern!
Ps 146,6.8 Der Herr hat Himmel und Erde gemacht, das Meer und alle Geschöpfe; er hält ewig die Treue.
Der Herr öffnet den Blinden die Augen, er richtet die Gebeugten auf.
Jer 32,17 Ach, mein Herr und Gott! Du hast Himmel und Erde erschaffen durch deine große Kraft und deinen hoch erhobenen Arm. Nichts ist dir unmöglich.

Gesprächsanregungen
„Früher dachte ich, alle kleinen Kinder sehen gleich aus. Aber unseren Philipp würde ich mit keinem Baby verwechseln“, meinte ein 8-Jähriger über seinen Bruder. Der Vater spricht in diesem Sinne Trost aus. Seine Blume ist für Bruno einmalig.
Seine Liebe zu den Pflanzen ist im Sinne Vincent van Goghs ein Weg zu Gott. Er sagt: Ich denke immer, das beste Mittel, Gott zu erkennen, ist viel zu lieben. Liebe einen Freund, eine Frau, ein Ding - was immer du willst - dann bist du auf dem Weg, mehr über ihn zu erfahren.

Themenkreise
Begeisterung, Freundschaft, Individualität, Schöpfung, Trauer, Trost

Vorlesealter
ab 6 Jahre

144 Zauberblumen

Zauberblumen gibt es nicht auf der Erde. Oder doch? Simone wünscht sich welche; Blumen, die Steine in Tiere verwandeln, die kleine Dinge vergrößern, die Simone unsichtbar machen. „Solche Zauberblumen gibt es nicht“, denkt Simone. Aber ihr Vater meint: „Doch!“ Er schenkt ihr ein paar Samenkörner.
„Steck sie in die Erde!“, sagt er. „Und es werden Zauberblumen heranwachsen.“
Simone gräbt ein Loch und legt Körnchen für Körnchen in die Erde. Dann schaufelt sie das Loch wieder zu. Als es wärmer wird, wachsen im Garten Tausendschön und Vergissmeinnicht. Aber zwischen Tausendschön und Vergissmeinnicht, dort wo Simone ihre Samenkörner vergraben hat, schieben sich grüne Spitzen aus der Erde. Jeden Tag läuft sie in den Garten, begießt und pflegt die kleinen Triebe, fiebert ihnen entgegen. Oft hegt und umsorgt sie auch die Nachbarblumen. Eines Morgens blühen ihre Zauberblumen. Sie sehen aus wie Zwergsternchen, wie kleine Sterne auf Erden.
„Können sie wirklich zaubern?“, fragt Simone ihren Vater.
„Aber ja“, lacht der Vater, „dich haben sie verzaubert.“

Inhalt

Simone wünscht sich Zauberblumen. Aber sie bezweifelt, dass es sie gibt. Der Vater widerspricht ihr. Er schenkt seiner Tochter Samen, den sie aussät. Jeden Tag läuft Simone in den Garten und bewundert das Wachsen der Blumen.

Biblische Bezüge

Ijob 12,7-9 Doch frag nur die Tiere, sie lehren es dich, die Vögel des Himmels, sie künden es dir.
Rede zur Erde, sie wird dich lehren, die Fische des Meeres erzählen es dir.
Wer wüsste nicht bei alledem, dass die Hand des Herrn dies gemacht hat?
Ijob 36,24-25 Denk daran, hoch sein Werk zu preisen, von dem die Menschen Lieder singen.
Alle Welt schaut es voll Staunen, von ferne nur erblickt es der Mensch.

Lk 12,27 Seht euch die Lilien an: Sie arbeiten nicht und spinnen nicht. Doch ich sage euch: Selbst Salomo war in all seiner Pracht nicht gekleidet wie eine von ihnen.

Gesprächsanregungen
Die Blumen gefallen Simone, ja, sie ist fasziniert von ihnen. Sie hat ihr Herz für die Schönheit der Natur geöffnet, sie ist von Zwergsternchen wirklich „verzaubert" worden.
Norman Vincent Peale meint: Kinder wissen vom Lebensglück mehr als Erwachsene. Wer es versteht, auch in späteren Jahren kindliche Glückseligkeit in sich zu tragen, ist mit einer großen Gnade beschenkt, denn er wird den wahren, glückhaften Geist in sich tragen, den Gott der Jugend verliehen hat. Jesus gibt uns den Rat, im Leben ein kindliches Herz und Gemüt zu bewahren.

Themenkreise
Freude, Glück, Natur, Schöpfung, Staunen

Vorlesealter
ab 6 Jahre

145 Nur ein Schritt

„Nein", beharrt Onkel Tobias, „einen Zaubertrick verrät man nicht. Wenn du einen Trick durchschaust, verliert er seinen Zauber."
Wie sehr Manuel auch bittet und bettelt, Onkel Tobias bleibt hart, packt seinen Zylinder ein und schlägt den Kasten zu.
„Etwas aber werde ich dir zeigen", tröstet Onkel Tobias seinen kleinen Gast, „ich werde mit dir unseren Dom besuchen."
„Oh, ja", ruft Manuel begeistert und der Zauberkasten ist vergessen.
Den Dom hat sich Manuel ganz anders vorgestellt. Nicht so groß, nicht so hoch, nicht so mächtig! Das Sonnenlicht, das durch die riesigen Fenster fällt, malt einen wunderschönen Tep-

pich auf den Fußboden des Mittelganges. An den Seiten stehen Figuren, die größer sind als Manuel. Und der Hochaltar in der Mitte der Kirche überragt alles.
„Den Altarraum dürfen wir nicht betreten“, meint Onkel Tobias und wendet sich nach rechts zu einem Seitenaltar. Selbst der erscheint Manuel riesig. Hier darf er herangehen und er tritt so nah heran, dass er die kleinen Holzfiguren fast berühren kann. Er macht noch einen Schritt! Ein Schritt, der ihn hinter den Altar schauen lässt.
Was sieht er? Die Rückwand ist schmutzig, hat dicke Risse und in der Mitte hängen hässliche Kabel herab.

Inhalt

Manuel besucht mit seinem Onkel einen Dom. Hier ist alles größer und prächtiger, als er es sich vorgestellt hat. Als Manuel hinter den Seitenaltar blickt, sieht er eine schmutzige, rissige Rückwand.

Biblische Bezüge

Ijob 28,3 Es setzt der Mensch dem Finstern eine Grenze; er forscht hinein bis in das Letzte, ins düstere, dunkle Gestein.
Ijob 28,12-13 Die Weisheit aber, wo ist sie zu finden und wo ist der Ort der Einsicht?
Kein Mensch kennt die Schicht, in der sie liegt; sie findet sich nicht in der Lebenden Land.
Spr 2,1-6 Mein Sohn, wenn du meine Worte annimmst und meine Gebote beherzigst, der Weisheit Gehör schenkst, dein Herz der Einsicht zuneigst, wenn du nach Erkenntnis rufst, mit lauter Stimme um Einsicht bittest, wenn du sie suchst wie Silber, nach ihr forschst wie nach Schätzen, dann wirst du die Gottesfurcht begreifen und Gotteserkenntnis finden.
Denn der Herr gibt Weisheit, aus seinem Mund kommen Erkenntnis und Einsicht.

Gesprächsanregungen

Kinder müssen Fragen stellen, sie wollen so ihr Wissen erweitern. Neugierde ist dabei eine gute Triebfeder. Dabei müssen sie hinnehmen, dass sie manchmal keine Antwort bekommen; denn der Onkel hat Recht, jeder Zaubertrick verliert seine Faszination, wenn er aufgedeckt wird. Manch andere Dinge auch!

Ein Geheimnis sollte darum eins bleiben. Man muss aber auch damit rechnen, dass einige „Antworten“ unerfreulich, vielleicht sogar schockierend sein werden wie der Blick hinter eine schöne Altarfassade. Das entbindet keinen, weiter zu forschen, um mit der Wahrheit zu leben.

Themenkreise
Enttäuschung, Forschen, Fragen, Neugierde, Staunen

Vorlesealter
ab 6 Jahre

146 Im Kinderzimmer

Daniela und Nils schlafen in ihren Bettchen. Durch die halb geöffneten Rollläden dringt das Licht der Straßenlaterne. Es fällt auf das Spielzeug, das im Zimmer verstreut ist.
„Nun habt ihr es selber gesehen“, sagt das rote Rennauto, „am liebsten spielen die Kinder mit mir.“
„In die Ecke haben sie dich geworfen, als die Batterie leer war, und dich lahme Kiste genannt“, spottet der Fernseher.
„Du bist eine Kiste“, zischt das Auto.
„Ich“, lacht der Fernseher, „ich bin der viereckige Freund der Kinder. Mit großen Augen und offenem Mund betrachten sie mich, wenn ich ihnen Quaddelbick, das Riesenmonster, oder Picky, die lustige Ente, zeige.“
„Oller Flimmerkasten hat die Mutter zu dir gesagt und dich abgeschaltet“, brummt das Brettspiel aus der hintersten Ecke.
„Du hast keinen Grund, den Mund so voll zu nehmen“, mahnt das Puzzle. „Als die Kinder mit dir spielen sollten, haben sie lange Gesichter gezogen und gemurrt. Aber ärgere dich nicht, dieser gute Rat steht doch auf deinem Deckel. Beherzige ihn selbst!“
Wütend gibt das Brettspiel dem Puzzle einen Stoß, so dass es zu Boden fällt.

„Aua“, jammert die vornehme Barbiepuppe, „du bist auf meinen Zeh gestürzt.“
„Unser schönes Prinzesschen ist verletzt“, kichert mitleidslos das Puzzle.
Das Auto, der Fernseher und das Brettspiel lachen schadenfroh.
Die Barbiepuppe wirft nur hochnäsig ihren Kopf nach hinten.
„Du sitzt wie eine Märchenfee in der Ecke, willst immer nur bestaunt und bewundert werden“, tadelt der Farbkasten die Schönste in der ganzen Kinderstube. „Aber spielen können die Kinder mit dir nicht. Sieh mich an! Jeden Tag können sie meine Farben neu mischen.“
„Könnten sie“, meldet sich nun der Computer zu Wort, „aber nicht mit dir, nein, mit mir beschäftigen sich die Kinder am liebsten. In bunten Bildern zeige ich meine Spiele, piepse und musiziere dazu.“
Nun sprechen und schimpfen alle durcheinander und keiner hört dem anderen zu.
Nur der alte Teddy, verschmutzt und abgegriffen, sagt nichts. Er liegt in den Armen der kleinen Daniela. Sie drückt ihn im Schlaf fest an sich, so wie ihn auch schon die Mutter und Großmutter gedrückt haben.

Inhalt

Im Kinderzimmer streiten sich Rennauto und Puzzle, Brettspiel und Farbkasten, Fernseher und Computer, wer in Danielas Gunst am höchsten steht.

Biblische Bezüge

Ijob 22,29 Wer hochmütig redet, den duckt er, doch hilft er dem, der die Augen senkt.
Spr 25,6-7 Rühme dich nicht vor dem König und stell dich nicht an den Platz der Großen;
denn besser, man sagt zu dir: Rück hier herauf, als dass man dich nach unten setzt wegen eines Vornehmen.
Mt 19,30 Viele aber, die jetzt die Ersten sind, werden dann die Letzten sein und die Letzten werden die Ersten sein.
Mt 23,12 Denn wer sich selbst erhöht, wird erniedrigt und wer sich selbst erniedrigt, wird erhöht werden.

Gesprächsanregungen

Das Kind, um dessen Gunst sich das Spielzeug streitet, liegt im Bett und schläft. Im Arm hält es seinen Teddy, den Kuschelbär, der schon für andere Generationen wichtig war.

Phil Bosmans schreibt: Die einzelnen Dinge symbolisieren unterschiedliche menschliche Typen. Für sie gilt: Leben ist Leben mit anderen! Leben mit anderen heißt: Mit ihnen muss ich alles teilen. Ihnen darf kein Leid durch mich geschehen. Ich muss sie annehmen, ich muss sie anerkennen, ich muss sie lieben.

Ohne die anderen ist Leben, Lieben, Glücklichsein eine Utopie! Durch tausend Fäden sind wir miteinander verbunden. Ein Leben hängt am anderen, kein Leben entfaltet sich ohne die anderen.

Themenkreise

Gemeinschaft, Missgunst, Miteinander, Spielzeug, Streit, Überheblichkeit

Vorlesealter

ab 6 Jahre

147 Erlebt

Jesus lehrt: „Ich bin der Weinstock, und ihr seid die Reben.“ Frau Kaiser schaut von der Bibel auf und blickt in ihre Klasse. „Bei uns hier in Gelsenkirchen“, sagt Frau Kaiser, „gibt es keine Weinstöcke. Aber vielleicht hat einer von euch schon einmal einen gesehen?“ Die Großstadtkinder starren sie ahnungslos an. Bert meldet sich, ein Rotschopf mit pfiffigen Augen und einer hellen Stimme.

„Ich habe in den letzten Ferien einen Weinberg gesehen“, sagt er. „Wein wird an Hängen angebaut. Zumeist fließt ein Fluss im Tal. Dieser hat in Millionen Jahren das Tal ausgewaschen. An den Hängen ist die Sonneneinstrahlung stärker als in der Ebene. Das ist wichtig für die Reben, denn sie brauchen viel Sonne zum Reifen.“

„Richtig!“, sagt die Lehrerin.

„Der Winzer", erzählt Bert weiter, „ging mit seiner Familie und seinen Gehilfen in den Weinberg zur Weinlese. Auf dem Rücken trugen sie große Kiepen, auch die Kinder. Sie schnitten die Reben von den Weinstöcken und sammelten sie in den Kiepen. Waren diese voll, wurden die Trauben auf den Wagen geschüttet, der auf dem Weg stand. Der Wagen, den ich gesehen habe, war weintraubengrün."
„Und wo hast du das alles gesehen?", fragt die Lehrerin.
„Im Fernsehen", antwortet Bert.

Inhalt
Die Kinder einer Gelsenkirchener Schulklasse haben noch nie einen Weinberg gesehen, noch wissen sie etwas über die Arbeit des Winzers. Nur einer, Bert, kann darüber anschaulich erzählen. Er hat dazu einen Fernsehbericht gesehen.

Biblische Bezüge
Ex 32,19 Als Mose dem Lager näher kam und das Kalb und den Tanz sah, entbrannte sein Zorn.
Joh 15,1-2 Ich bin der wahre Weinstock und mein Vater ist der Winzer. Jede Rebe an mir, die keine Frucht bringt, schneidet er ab und jede Rebe, die Frucht bringt, reinigt er, damit sie mehr Frucht bringt.
Joh 18,37-38 Jesus antwortete: Du sagst es, ich bin ein König. Ich bin dazu geboren und dazu in die Welt gekommen, dass ich für die Wahrheit Zeugnis ablege. Jeder, der aus der Wahrheit ist, hört auf meine Stimme. Pilatus sagte zu ihm: Was ist Wahrheit?

Gesprächsanregungen
Für viele Kinder hat das Fernsehen Wirklichkeitscharakter. Darum laufen Kleinkinder auch zum Bildschirm, um die Figuren anzufassen.
Fernsehen aber ist immer nur gestaltete Wirklichkeit. Das darf jedoch nicht zur Verteufelung des Mediums führen. Es muss den Kindern nur bewusst gemacht werden. Dass es sehr lehrreich sein kann, beweist Berts Schilderung.

Themenkreise
Lernen, Medien, Wirklichkeit

Vorlesealter
ab 8 Jahre

148 Spiel-zeug

Wenn Ludwig Lohmann in der Weihnachtszeit durch die festlich geschmückten Straßen der Stadt geht und in den Schaufenstern der Spielwarengeschäfte das vielfältige Angebot sieht, dann fällt ihm oft die Weihnachtszeit seiner Kindheit wieder ein.
Es waren die Jahre des Wiederaufbaus nach dem Zweiten Weltkrieg. Längst gab es noch nicht alles zu kaufen und Spielsachen für die Kinder waren eine Seltenheit. Selbst für das Wenige, das es gab, hatten seine Eltern kein Geld.
Aber Weihnachten war auch für ihn das Fest der Feste. Einmal bekamen sein Bruder und er ein ganz besonderes Geschenk, eins, an dem die Kinder von heute auch noch ihren Spaß hätten.
So fing es an: Für zwanzig Pfennig kauften Ludwigs Eltern Gummibärchen, jene Süßigkeit, die es jetzt noch gibt. Nur damals bekam man für zwanzig Pfennig viel mehr als heute. Diese Bärchen wurden die Indianer in der Wunderwelt, die sein Bruder und er erstellten.
Am ersten Adventssonntag begann eine Zeit des eifrigen Schaffens. Aus Eierkartons trennten sie die Waben heraus, jenen Teil, der sich zwischen den Eiern befindet und diese aufrecht stehen lässt. Sauber herausgelöst glichen die Kartonstückchen kleinen Hütten. Für die Kinder aber waren es Wigwams, in die sie Eingänge schnitten. Dann wurden sie bemalt, damit sie wie Indianerzelte aussahen. Wenigstens dreißig schufen die Brüder. Eines schöner als das andere und alle gaben sie den Eltern.
Dann schnitzten sie aus Holz Boote, so wie die Indianer es machten, nur ihre waren viel, viel kleiner. Oft haben die Brüder sich dabei in die Finger geschnitten; aber die Boote wurden fertig. Es waren zierliche Kanus mit kleinen Sitzbänken. Den Wildbach bildete ein blau bemaltes Stück Tapete. Drei kleine Stöcke, oben zusammengebunden, ergaben die Feuerstelle. Dazwischen baumelte eine halbe Haselnussschale als Kochtopf.

Zwar hatten die Geschwister ihre Weihnachtsgeschenke schon vor dem Hl. Abend gesehen, denn sie hatten sie selbst gefertigt und alle immer den Eltern gegeben; und doch haben sich noch nie Kinder so sehr die Bescherung herbeigesehnt wie die beiden.

Der Aufbau der Geschenke war Sache des Christkindes. Und das Christkind - das wusste Ludwig Lohmann schon damals - waren sein Vater und seine Mutter und die hatten an diesem Hl. Abend alle Hände voll zu tun.

Die Kinder durften nichts mehr machen. Sie mussten warten, warten, warten. Als schon die ersten Sterne leuchteten, raschelte und polterte es noch immer im Wohnzimmer und keiner rief: „Hereinkommen!"

Ungeduldig zappelten die Kinder auf ihren Stühlen, bis sie endlich das Wohnzimmer betreten durften. Wie jedes Jahr wurde zunächst die Weihnachtsgeschichte aus dem Lukas-Evangelium vorgelesen. Aber Ludwig hörte nicht hin, zu sehr pochte sein Herz. Dann wurde noch ein Lied gesungen. Kein Ton kam aus seinem Mund.

Erst jetzt durften die Kinder zu ihrem Indianerdorf gehen, zu dem sie die ganze Zeit geschielt hatten. Auf einer großen Holzplatte stand es. Doch diese war nicht zu sehen. Überall war sie bedeckt mit grünem Moos, kleinen Wegen und bunten Wigwams. Einige zierten karierte Fähnchen. Eine große Fahne stand in der Mitte auf dem Dorfplatz. Am Rand des Dorfes floss der Fluss, auf dem bunte Boote schwammen. In den Kanus, vor den Zelten, neben der Feuerstelle standen, saßen, lagen die Indianerbärchen, rote, gelbe, grüne, weiße.

Die Kinder spielten. Die Boote schwammen auf dem Wasser, Indianer rannten um die Zelte. Die Dorfbewohner waren in ständiger Bewegung. An diesem Hl. Abend spielten selbst Mutter, Vater und die Schwestern stundenlang. Spät am Abend kamen noch die Nachbarskinder mit ihren Eltern und machten mit.

Inhalt
Ein Mann berichtet, wie er sich als Kind in der Nachkriegszeit aus einfachen Mitteln, aber mit viel Fantasie Spielzeug erstellt hat.

Biblische Bezüge
Ps 37,16 Besser das Wenige, das der Gerechte besitzt, als der Überfluss vieler Frevler.
Sir 18,25 Denk zur Zeit des Überflusses an die Zeit des Hungers, in den Tagen des Reichtums an Armut und Not!
Sir 30,22 Herzensfreude ist Leben für den Menschen, Frohsinn verlängert ihm die Tage.
Lk 12,15 Denn der Sinn des Lebens besteht nicht darin, dass ein Mensch aufgrund seines großen Vermögens im Überfluss lebt.

Gesprächsanregungen
In der Vorweihnachtszeit häufen sich in den Haushalten die Kataloge und die Zeitungsbeilagen, die Spielzeug offerieren. Das Angebot sollte einmal kritisch unter die Lupe genommen werden. Eine solche Analyse ist äußerst aufschlussreich.
Das beschriebene Weihnachtsgeschenk kann im Kunstunterricht erstellt werden. Eine Aufgabe, die den Schülern viel Freude bereitet und dem Thema „Spielzeug" wertvolle Impulse gibt.

Themenkreise
Armut, Fantasie, Fortschritt, Freizeit, Freude, Staunen

Vorlesealter
ab 8 Jahre

149 Werbele, Wünschele und Wollele

Kennst du Werbele und Wünschele? Nein?
Bestimmt! Werbele kommt täglich, zeigt viele Gesichter. Mal ist er braun wie Schokolade, mal rot wie Marmelade, mal süß wie Karamell. Er kommt als Weihnachtsmann, als Osterhase, als Pfingstrose. Er versteckt sich in einem neuen Spiel, hinter

bunten Luftschlangen und unter farbenfrohem Firlefanz. Tausend Träume hat er in dem dicken Sack, den er mit sich trägt. Auf diesem Sack sitzt Wünschele. Aber er ist unsichtbar. So siehst du nicht, wie er von dem Sack herunterkrabbelt und zu dir schleicht. Er wühlt und wühlt sich in dein Herz, so lange, bis es kribbelt. Vor dem Einschlafen hüpft Wünschele auf dein Kopfkissen und flüstert dir zu: „Das musst du haben und das und das."

Wenn du am nächsten Morgen die Augen aufmachst, sitzt Wünschele noch immer auf deinem Kopfkissen. Er hat Zeit. Er bleibt bei dir und gibt keine Ruhe.

Werbele und Wünschele sind unzertrennliche Freunde. Und doch hatten sie einmal einen heftigen Streit. Sie zankten sich um Wollele.

Wollele war ein kleiner Junge mit einem großen Kinderzimmer, in dem er kaum ein paar Schritte machen konnte. Zu sehr war alles vollgestopft. Wollele hatte sich nämlich alles gekauft, was Werbele ihm gezeigt und wozu Wünschele ihm geraten hatte. In seinem Zimmer stapelten sich viele Dinge: Autos, Eisenbahnen, Legos, Puppen, Flugzeuge, Raketen, Ritterburgen und vieles mehr. Da sagte Wünschele zu Werbele: „Wollele lass ich in Ruhe, in sein Zimmer bekommen wir nichts mehr hinein."

Da wurde Werbele sehr böse, hüpfte zornig in die Höhe, so dass der Sack mit den tausend Träumen wippte und schrie: „Wir sind Freunde und gehören zusammen. Wenn das Werbele kommt, muss das Wünschele schleichen. Das war immer so und das bleibt immer so."

Da saßen sie auf ihrer fliegenden Teppichwolke und zürnten miteinander. Doch Werbele besann sich schnell und sagte:

„Gut, Wünschele, wir gehen zu Wollele und fragen ihn, ob wir ihn nicht mehr besuchen sollen."

Aber sie brauchten ihn nicht zu fragen, denn Wollele saß auf seinem Sofa, ganz still, und wartete gespannt auf Werbele und Wünschele.

Und sie kamen mit dem Tausend-Träume-Sack.

Inhalt
Werbele und Wünschele streiten sich um Wollele, in dessen Kinderzimmer das Spielzeug sich bis zur Decke stapelt. Wünschele möchte Wollele eine Ruhepause gönnen. Aber Werbele kennt kein Pardon.

Biblische Bezüge
Ex 20,3 Du sollst neben mir keine anderen Götter haben.
Lk 9,25 Was nützt es einem Menschen, wenn er die ganze Welt gewinnt, dabei aber sich selbst verliert und Schaden nimmt?
1 Kor 6,12 „Alles ist mir erlaubt" - aber nicht alles nützt mir. Alles ist mir erlaubt, aber nichts soll Macht haben über mich.
Gal 4,8 Einst, als ihr Gott noch nicht kanntet, wart ihr Sklaven der Götter, die in Wirklichkeit keine sind.

Gesprächsanregungen
Durch die privaten Fernsehanbieter ist die Anzahl der Reklamesendungen sprunghaft angestiegen, denn diese TV-Sender finanzieren sich ausschließlich durch die Werbeeinnahmen. Nicht nur Erwachsene, auch Kinder sind Konsumenten. Die entsprechenden Sendungen enthalten zielgruppengerechte Spots. Die Werbung verkauft neben dem Produkt auch immer einen ideellen Wert. Sie weckt Wünsche. Eine Verteufelung der Werbung jedoch führt zu nichts. Erziehung muss Kritik- und Urteilsfähigkeit stärken, den jungen Menschen befähigen, die psychologischen Tricks der Werbeindustrie aufzudecken.

Themenkreise
Medien, Werbung, Wünsche

Vorlesealter
ab 7 Jahre

150 Wandel

Immer, wenn der Tankzug vor meinem Haus hält, um Öl zu liefern, und wenn der kleine quirlige Fahrer den langen Schlauch ausrollt, um den Brennstoff in die Behälter zu pumpen, denke ich an Großvater August. Er besaß keinen Tankzug und lieferte

kein Heizöl. Er fuhr ein Gespann. Mit Pferd und Wagen brachte er Kohle. Schaufel für Schaufel schippte er sie in den Keller. Das war schwerer, als einen Schlauch auszurollen.
Manchmal fuhr Großvater auch Steine und Holz zu den Neubauten oder Gemüse und Kartoffeln zum Markt. Bei Regen und Sonnenschein saß er auf seinem Kutschbock und rollte durch die Straßen. Die Leute kannten ihn in seiner verschlissenen Cordhose, der gestreiften Jacke und der Schirmmütze, die er stets tief ins Gesicht zog. Seine rote Nase leuchtete darunter. Sie verriet, dass er gern einen Schluck aus der Flasche nahm, manchmal gegen die Kälte, manchmal gegen die Hitze. Auch wenn es zwei Schlucke wurden, es war nicht gefährlich, sein Pferd Beppo brachte ihn sicher nach Hause.
Mit den Autos veränderte sich viel. Personenwagen fuhren nun mehr und mehr auf den Straßen und beförderten die Menschen, Lastwagen transportierten die Waren. Fuhrwerk für Fuhrwerk wurde abgeschafft und durch Maschinen ersetzt. Opa Augusts Gespann war das letzte, das durch die Straßen unserer Stadt rollte. Lange noch! Aber eines Tages war auch dies verschwunden.
Ob wegen der Abgase oder nur aus Altersgründen - Opas Gaul wurde krank und musste getötet werden. Ob aus Trauer um das Pferd oder aus Enttäuschung über den Anblick der vielen Lastwagen - Opa August wurde auch krank.
Auf meine Frage, ob der Großvater wieder gesund würde, sagte mein Vater: „Die Ärzte können ihm nicht helfen. Er ist krank in seinem Herzen."

Inhalt

In der Zeit nach dem Zweiten Weltkrieg verändert sich das Straßenbild gewaltig. Die Lastwagen ersetzen mehr und mehr die Pferdegespanne. Der Beruf des Fuhrmannes stirbt aus. Auch Opa August muss seinen Betrieb schließen.

Biblische Bezüge

Spr 18,14 Der Geist des Menschen überwindet die Krankheit, doch einen zerschlagenen Geist, wer kann den aufrichten?
1 Kor 3,22 Leben, Tod, Gegenwart und Zukunft: alles gehört euch.

Gesprächsanregungen
Als Opa August seinen Beruf als Fuhrmann aufgeben muss, weil für ihn zwischen Autolärm und Abgasen kein Platz mehr ist, wird er krank in seinem Gemüt, weint sein Herz.
Khalil Gibran schreibt: Eine einzige Träne, die auf dem gefurchten Gesicht eines alten Mannes glänzt, beeindruckt uns stärker als solche, die ein junger Mensch vergießt, denn die Tränen der Jugend sind zahllos und sie bedeuten das Überborden sensibler Seelen, die Tränen der Greise sind ein Rest des Lebens in ihren kraftlosen Körpern, der aus ihren Augen tropft. Die Tränen der Jugend sind wie Tautropfen auf den Blütenblättern der Rose, während die Tränen auf dem Greisengesicht gelben Herbstblättern gleichen, die der Wind zerstreut und davonträgt, wenn der Winter des Lebens naht.

Themenkreise
Fortschritt, Krankheit, Leid, Seele, Veränderung, Vergangenheit

Vorlesealter
ab 6 Jahre

151 Das alte Karussell

„Wir fahren Tempo, Tempo, Tempo, vorwärts und rückwärts", plärren die Stimmen aus dem Lautsprecher. Die Kinder kreischen und schreien. Die Teufelsschraube wirbelt sie in die Luft, die Totenkiste jagt sie auf und nieder, das Looping stellt sie auf den Kopf. Die Musikboxen übertönen alles.
„Bitte einsteigen, bitte zusteigen, erleben Sie das sensationelle Gefühl der Schwerelosigkeit", dröhnt es über den Rummelplatz und die Kinder drängeln zu den Kassen.
Meister Knackstett sitzt in einem kleinen Holzwägelchen und zieht an seiner Pfeife. Sie will nicht brennen. So raucht er sie kalt, wie er es so oft gemacht hat, früher, als er noch alle Hände voll zu tun hatte.
Da hat er die Großen auf die Pferdchen gehoben, die Kleinen in die Feuerwehrautos geschoben, die Ängstlichen auf die Schwä-

ne gesetzt und die Mutigen zu den Elefanten gebracht. Wenn alle Kinder Platz genommen hatten, drückte er vorsichtig und langsam den Hebel herab. Nicht ganz nach unten, sonst hätte sich sein Karussell zu schnell gedreht und seine kleinen Gäste wären hinausgepurzelt. Er fuhr also nur so schnell, dass die Eltern das Lachen der Kinder sehen konnten.
Während das Karussell sich drehte, zog Meister Knackstett an seiner Pfeife, an der Pfeife, die nie brannte. Er steckte sie auch erst gar nicht an. Denn schon bald mussten die Pferde, die Schwäne und alle anderen eine Pause einlegen, die alten Gäste aus- und neue Gäste einsteigen lassen und dann hatte Meister Knackstett wieder alle Hände voll zu tun.
So drehte sich das Karussell jahrzehntelang, bei Wind und Wetter, von Generation zu Generation.
Meister Knackstett steigt aus seinem Wägelchen, drückt den Hebel halb herunter, setzt sich auf das weiße Pferd und streichelt es. Dann steckt er seine Pfeife an und fährt die letzten Runden, seine Runden.
Danach steigt er ab, stellt den Hebel auf „Halt", für immer auf „Halt" und denkt: „Einmal drehten wir uns für die Kinder schnell genug!"

Inhalt

Meister Knackstetts Kinderkarussell ist nicht mehr gefragt. Tempo und Nervenkitzel sind angesagt. Darum stellt er es für immer ab.

Biblische Bezüge

Ex 33,14 Der Herr antwortete: Mein Angesicht wird mitgehen, bis ich dir Ruhe verschafft habe.

Ps 77,6 Ich sinne nach über die Tage von einst, ich will denken an längst vergangene Jahre.

Ps 102,26-28 Vorzeiten hast du der Erde Grund gelegt, die Himmel sind das Werk deiner Hände. Sie werden vergehen, du aber bleibst; sie alle zerfallen wie ein Gewand; du wechselst sie wie ein Kleid und sie schwinden dahin. Du aber bleibst, der du bist, und deine Jahre enden nie.

Koh 3,1 Alles hat seine Stunde. Für jedes Geschehen unter dem Himmel gibt es eine bestimmte Zeit.

Gesprächsanregungen

Tempo, Tempo, Tempo ist der Lockruf der Schausteller von heute. Das Motto der Kirmes: Je schneller, je höher, je atemberaubender, desto besser. Knackstetts Zeit ist vorbei, eine schöne Zeit, in der man das Lachen der Kinder noch sehen konnte und nicht nur ihr Kreischen hört. Dies darf man sagen, ohne sentimental zu werden.

Schon Johann Wolfgang von Goethe hat erkannt: Die Zeit ist in ewigem Fortschreiten begriffen und die menschlichen Dinge haben alle fünfzig Jahre eine andere Gestalt, so dass eine Einrichtung, die einst vielleicht eine Vollkommenheit war, schon ein halbes Jahrhundert später vielleicht ein Gebrechen ist.

Themenkreise

Abenteuer, Fortschritt, Freizeit, Technik, Vergangenheit, Zeitgeist

Vorlesealter

ab 7 Jahre

Über die Grenze: Sterben und Tod

152 Nie mehr!

So sehr hat sich Toni auf diesen Tag gefreut. Auf diesen Rosenmontag, an dem gleichzeitig sein sechster Geburtstag ist. Zu dieser Rosenmontagsgeburtstagsfeier sind alle Freunde gekommen, verkleidet als Cowboy und Prinzessin, Seemann und Fee, Indianer und Hexe.

Toni geht als Clown. Und er sieht aus wie ein richtiger Clown mit seinem schwarzen Hut, seiner rotkarierten Jacke und seiner geflickten Hose. Sein Mund reicht bis zu den Ohren und seine Nase leuchtet wie eine Tomate.

Auf diesen Tag hat sich also Toni sehr gefreut. Ein Tag, der ihm jedoch viel Leid bringen sollte. Leid, das ihm keiner zufügen wollte.

Unglücklich stolpert der Cowboy und stürzt auf Willi. Der ist sofort tot. Willi ist Tonis Hamster, den er über alles liebt. Nun liegt er da und regt sich nicht mehr.

Das Geburtstagskind will tapfer sein, denn es ist ja schon sechs Jahre alt. Als es aber auf den kleinen Kerl schaut, laufen Tränen über seine Wangen. Toni schluchzt. Er denkt an Willi, der jeden Abend über seine Bettdecke getippelt ist, den er gestreichelt und gefüttert hat. Nun liegt er da und bewegt sich nicht mehr.

„Wir kaufen dir morgen einen neuen“, tröstet ihn die Mutter. Aber Toni will keinen anderen. Denn der ist nicht sein Willi, und der wird ihn mit seinen großen, braunen Augen nie mehr ansehen.

Inhalt
Auf einer Rosenmontagsfeier wird Tonis Hamster aus Ungeschicklichkeit zu Tode getreten.

Biblische Bezüge
Ps 31,15-16 Ich aber, Herr, ich vertraue dir, ich sage: „Du bist mein Gott." In deiner Hand liegt mein Geschick; entreiß mich der Hand meiner Feinde und Verfolger!
Ps 94,19 Mehren sich die Sorgen des Herzens, so erquickt dein Trost meine Seele.
Ps 119,28 Meine Seele zerfließt vor Kummer. Richte mich auf durch dein Wort!
Mt 5,4 Selig die Trauernden; denn sie werden getröstet werden.

Gesprächsanregungen
Der Tod ist für den Überlebenden oft schmerzvoll, auch der Tod eines geliebten Tieres. Das muss Toni erfahren. Das Angebot der Mutter, einen neuen Hamster zu kaufen, hilft Toni über seine Trauer nicht hinweg.
Hugo von Hofmannsthal schreibt: Es gibt viel Trauriges in der Welt und viel Schönes. Manchmal scheint das Traurige mehr Gewalt zu haben, als man ertragen kann, dann stärkt sich indessen leise das Schöne und berührt wieder unsere Seele.

Themenkreise
Missgeschick, Tierliebe, Tod, Trauer, Unglück

Vorlesealter
ab 6 Jahre

153 Der kleine Tod

An diesem Morgen wartet Sandra vergebens. Ihre Freundin Moni kommt nicht. Sie kennt zwar Moni erst seit zwei Wochen, aber sie sind schon richtige Freundinnen. Heute aber wartet sie am Strand vergebens auf Moni. So oft sie auch in die Richtung schaut, aus der die Freundin kommen muss, sie taucht nicht auf.

Sandra ist enttäuscht, sie ist traurig. Moni hätte ihr wenigstens Bescheid geben können, wenn sie etwas anderes unternimmt. Eine Freundin lässt man nicht warten. Nicht eine, mit der man so viel Schönes erlebt hat. Sandra kann es nicht glauben, dass Moni nicht kommt. „Sie wird gleich um die Ecke biegen", sagt sie sich immer wieder und wartet.

Vergebens! Nach zwei Stunden steht sie auf und schlendert heim.

„Warum kommst du schon zurück?", fragt die Mutter, „und wo ist Moni?"

„Sie ist nicht gekommen!", schreit Sandra und wirft sich aufs Bett. Die Mutter streichelt ihre Tochter.

„Vielleicht", überlegt sie, „musste sie mit den Eltern weg oder sie ist krank geworden. Am besten wir gehen zu den Bungalows, wo sie wohnt, und erkundigen uns."

Mutter zieht ein leichtes Kleid über den Badeanzug. Sie fahren auf die andere Seite der Bucht.

„Wie sollen wir Moni finden?", denkt Sandra, sie hat ihre Freundin immer zu sich eingeladen, aber nie besucht. Sie weiß nur, Moni wohnt in der Ferienanlage „Soleil".

„Hallo!", ruft plötzlich ein Blondschopf, als die beiden durch die kleine Siedlung fahren. „Sucht ihr Moni?" Sandra kennt den Jungen, sie hat ihn öfter am Strand gesehen. Er eilt auf den Wagen zu.

„Moni ist weg!"

„Weg, was heißt das?", stottert Sandra.

„Sie ist heute Morgen in größter Eile abgereist. Ich habe gesehen, wie die Eltern die Koffer ins Taxi geladen haben und dann sind sie losgebraust, vermutlich zum Flughafen. Mehr weiß ich auch nicht!"

Damit dreht sich der Blondschopf um und will gehen. Plötzlich bleibt er noch einmal stehen. „Da ist mir noch etwas aufgefallen. Die Moni saß auf dem Rücksitz. Sie schaute aus dem hinteren Fenster und wollte mir irgendetwas zurufen, da fuhr das Taxi ab. Ich glaube, sie weinte."

Sandra wischt sich Tränen aus den Augen. „Ich werde sie nie

wiedersehen“, schluchzt sie und greift Mutters Hand, „ich kenne weder ihren Nachnamen noch ihre Anschrift. Wir wollten die Adressen am Ende des Urlaubs austauschen.“
Sie fahren heim. Schweigend! Sandra setzt sich zusammengekauert in den Lehnstuhl. Sie rührt sich nicht, starrt auf den Fußboden. Tränen fallen immer wieder in ihren Schoß. Nach einer Weile holt sie die ersten Urlaubsfotos aus dem Schrank, die Vater schon entwickeln ließ. Viele Bilder zeigen die beiden Freundinnen.
„Ach ja“, denkt Sandra, „das war am Anfang unserer Bekanntschaft, da haben wir zusammen am Strand eine Burg gebaut. Dort war unser täglicher Treffpunkt.
An diesem Morgen sind wir zu der alten Zitadelle gestiegen; es wurde mörderisch heiß in der Mittagszeit! Als wir zurückkamen, hat sich Moni mit ihrer Kleidung ins Meer gestürzt. Sie machte gern verrückte Dinge.
Bei dem Ritt auf einem Esel hat sie dem Tier immer Worte ins Ohr geflüstert, deutsche Worte. ‚Ich bringe einem französischen Esel Deutsch bei‘, hat sie gerufen und ist voll Übermut auf ihm herumgewippt.
Dieses Bild zeigt uns in der Eisdiele. War das ein Vergnügen! An Monis neuntem Geburtstag durften wir so viel Eis essen, wie wir wollten. Und wir haben gefuttert“, denkt Sandra und weint hemmungslos.

Inhalt

Sandra hat Moni im Frankreich-Urlaub kennen gelernt. Beide sind Freundinnen geworden. Sie haben wunderschöne Tage verlebt. Ohne die Anschriften austauschen zu können, muss Moni Hals über Kopf abreisen. Sandra ist todtraurig.

Biblische Bezüge

Gen 37,34-35 Jakob zerriss seine Kleider, legte Trauerkleider an und trauerte um seinen Sohn viele Tage. Alle seine Söhne und Töchter machten sich auf, um ihn zu trösten. Er aber ließ sich nicht trösten.
Joh 14,27 Frieden hinterlasse ich euch, meinen Frieden gebe ich euch; nicht

einen Frieden, wie die Welt ihn gibt, gebe ich euch. Euer Herz beunruhige sich nicht und verzage nicht.
Offb 21,4 Er (Gott) wird alle Tränen von ihren Augen abwischen: Der Tod wird nicht mehr sein, keine Trauer, keine Klage, keine Mühsal. Denn was früher war, ist vergangen.

Gesprächsanregungen
Die Franzosen sagen: Abschied ist ein kleiner Tod. So empfindet ihn Sandra auch. Für sie ist er besonders schlimm, weil es keine Hoffnung auf ein Wiedersehen gibt.
Samuel Taylor Coleridge schreibt: Sich kennen und lieben lernen - und dann sich trennen ist die traurige Geschichte vieler menschlicher Herzen.

Themenkreise
Abschied, Freundschaft, Tod, Trauer, Urlaub

Vorlesealter
ab 7 Jahre

154 Lebenslauf

Der Wind treibt schwere Regenwolken vom Meer her zum Festland, schiebt sie über Wiesen und Wälder, Dörfer und Städte. In einer schwarzen Wolke hängen viele kleine Tropfen. Einige freuen sich, auf die Erde zu kommen, andere haben Angst davor.
„Dort unten", haben sie gehört, „ist alles schmutzig. Man fällt in ölige Pfützen oder schlägt auf grauen Asphalt, von dem rollt man in tiefe, dunkle Gullys."
Andere haben vernommen: „Auf der Erde blühen bunte Blumen, die wir tränken, fließen klare Bäche, in denen wir schwimmen."
Ein kleiner Tropfen erhofft ein gutes Schicksal: „Vielleicht", denkt er, „habe ich eine lange Reise vor mir. Ich falle auf weichen Waldboden, reinige mich im dunklen Erdreich und kom-

me als klarer Tropfen ans helle Licht. Dann fließe ich vorbei an Bäumen und Feldern, trage Molche und Fische durch die Welt. Zusammen mit Millionen und Abermillionen Tropfen bilde ich irgendwann einen Fluss, auf dem Boote und Schiffe fahren."
Alle Flüsse strömen zum Meer.
„Dort", denkt der kleine Tropfen, „werde ich riesige Fische und bunte Korallen sehen. Hoffentlich!"
Der Wind bläst noch einmal kräftig. Die Wolken wirbeln durcheinander und der kleine Regentropfen fällt zur Erde.
Er landet samtweich auf einem großen, gelben Blütenblatt einer Sonnenblume. Dort schaukelt er eine Weile im Wind, das Blatt wiegt ihn wie eine Mutter ihr Kind. Sonnenstrahlen bahnen sich ihren Weg durch die dünner werdende Wolkendecke und wärmen den kleinen Regentropfen.
„Merkwürdig", denkt der Tropfen, der fühlt, dass er kleiner und kleiner wird, bis er der Sonne entgegenschwebt, die ihn mit ihrer Wärme ruft.

Inhalt

Ein Regentropfen fällt zur Erde. Er hofft auf ein langes Leben. Es ist ihm nicht vergönnt. Denn mit der Geburt endet auch schon das Leben des kleinen Tropfens. Die Wärme der Sonne saugt ihn auf.

Biblische Bezüge

Ps 39,5-6 Herr, tu mir mein Ende kund und die Zahl meiner Tage! Lass mich erkennen, wie sehr ich vergänglich bin!
Du machtest meine Tage nur eine Spanne lang, meine Lebenszeit ist vor dir wie ein Nichts. Ein Hauch nur ist jeder Mensch.
Ps 63,9 Meine Seele hängt an dir, deine rechte Hand hält mich fest.

Gesprächsanregungen

Der Kreislauf des Wassers symbolisiert hier den Kreislauf des Lebens. Wie lang der Lebenslauf des Einzelnen ist, liegt in Gotteshand. Auch wenn wir Menschen nicht verstehen können, dass ein Kind bei oder nach der Geburt stirbt, die Geschichte gibt eine positive Antwort, denn der Tropfen kehrt in die Wärme des Lichtes zurück.

Themenkreise
Geburt, Gottvertrauen, Hoffnung, Lebenslauf, Sterben, Tod

Vorlesealter
ab 8 Jahre

155 Lebt Großmutter?

„Nein“, jammert Pepe und reibt sich die Augen, „hättest du mich nicht noch fünf Minuten schlafen lassen können, nur fünf Minuten?“
„Warum?“, fragt der Vater und setzt sich auf die Bettkante.
„Ich habe so schön geträumt! Ein Traumeis hatte ich in der Hand und wollte es gerade verspeisen.“
„Da hätte ich dich wirklich noch ein Minütchen schlafen lassen sollen“, schmunzelt der Vater.
„Aber was das Schönste war, mein Teddy hat es mir gebracht. Er bewegte sich wie ein kleiner Koalabär. Einen einzigen Löffel habe ich davon gegessen, da hast du mich geweckt und weg waren Eis und Teddy.“
„Jetzt putz das Eis von den Zähnen“, lacht der Vater, „und dann gibt es eine Vollkornbrotschnitte zum Frühstück.“
Als Pepe aus dem Bett klettert, tröstet der Vater: „Vielleicht bekommst du heute Nachmittag Eis, wenn wir die Oma besuchen.“
Sonntags fahren sie immer zur Großmutter. Doch als sie bei ihr ankommen, fragt sie verdutzt: „Ist denn heute Sonntag?“
„Ja, Mutter!“, sagt Vater und setzt den Kaffee auf, während Pepe den Tisch deckt.
„Ich kann meine Brille nicht finden“, klagt Großmutter.
Da lacht Pepe: „Du hast sie doch auf der Nase!“
Großmutter schüttelt den Kopf: „Und ich habe sie den ganzen Vormittag gesucht.“

„Was ist mit Großmutter los?“, fragt Pepe, als sie im Auto sitzen und heimfahren.
„Sie ist alt“, meint Vater und nachdenklich fügt Mutter hinzu: „Ich glaube, sie lebt nicht mehr lange, das Gedächtnis lässt sehr nach. Das Herz ist schwach und die Beine schmerzen.“
Wenige Tage später muss Vater die Großmutter ins Krankenhaus bringen und als Pepe sie besuchen will, liegt sie schon aufgebahrt in der Leichenhalle.
„Leg deine Blumen in ihre Hände“, bittet Vater. Pepe schiebt den Strauß unter die gefalteten Finger. Lange schaut er auf die Großmutter, sie hat die Augen geschlossen und sieht aus, als schlafe sie.
„Sie ist kalt“, sagt Pepe, „gibt es sie nicht mehr?“
„Komm“, sagt Vater und legt den Arm um Pepe, als sie den halbdunklen Gang entlanggehen.
„Weißt du“, erklärt Vater, „als ich dich vor einigen Tagen geweckt habe, lagst du still in deinem Bett, hast nicht gehört, wie ich ins Zimmer kam, hast nicht gemerkt, dass ich das Licht anknipste, hast nicht gesehen, als ich mich an dein Bett stellte, und doch hast du Eis gegessen. Du hast gelebt. So ähnlich ist es auch mit Großmutter.“
Nach einer Pause ergänzt der Vater: „Ich kann meine Träume nicht bestimmen, sie sind mir bestimmt durch meinen Alltag - denn sie spiegeln ihn wider. So entscheidet auch mein Leben auf Erden über mein Leben im Himmel.“

Inhalt

Pepe besucht mit seinen Eltern die Großmutter. Er spürt, dass sie nicht mehr so ist wie früher. Mutter erklärt ihm, dass sie wohl bald sterben wird. Nach dem Tod der Großmutter fragt Pepe nach dem jenseitigen Leben. Dies vergleicht der Vater mit einem Traumzustand.

Biblische Bezüge

1 Kor 15,20-21 Nun aber ist Christus von den Toten auferweckt worden als der Erste der Entschlafenen. Da nämlich durch einen Menschen der Tod gekommen ist, kommt durch einen Menschen auch die Auferstehung der Toten.

1 Kor 15,43-44 Was gesät wird, ist armselig, was auferweckt wird, herrlich. Was gesät wird, ist schwach, was auferweckt wird, ist stark. Gesät wird ein irdischer Leib, auferweckt ein überirdischer Leib. Wenn es einen irdischen Leib gibt, gibt es auch einen überirdischen.
1 Kor 15,55 Tod, wo ist dein Sieg? Tod, wo ist dein Stachel?
Phil 1,21 Denn für mich ist Christus das Leben und Sterben Gewinn.

Gesprächsanregungen
Aufgabe der religiösen Erziehung muss es sein, auch den Tod zu bejahen, weil er das Tor zu Gott ist. So sieht ihn auch der Vater und vermittelt dies seinem Sohn.
Simone Weil schreibt: Der Tod ist die kostbarste Gabe, die der Mensch empfangen kann. Darum ist der ärgste Frevel, ihn schlecht zu gebrauchen.

Themenkreise
Familie, Tod, Traum

Vorlesealter
ab 9 Jahre

156 Zwei Welten

Der Sarg ist in der Mitte der Kapelle aufgebahrt. Blumen und Kränze umgeben ihn.
„Frau Gebhart ist für immer von uns gegangen, sie hat Ruhe und Frieden bei Gott gefunden“, sagt der Priester und die Angehörigen, Freunde und Bekannten weinen leise. Markus schaut sich um. Überall sieht er Tränen und Taschentücher bei den Trauernden. Markus ist nicht traurig. Er hat Großmutter selten gesehen und nicht besonders gemocht. Missmutig ist er ein wenig, weil er sieht, dass selbst Onkel Wolfgang in dunkler Kleidung, mit schwarzem Schlips und ernster Miene auf der Bank sitzt. Er ist nämlich sein Lieblingsonkel, weil er immer lustig, verschmitzt und stets bereit ist, über aufregende Dinge zu berichten.

Onkel Wolfgang hat viel zu erzählen, denn er hat schon die ganze Welt gesehen, so behauptet er wenigstens. Auf dem Nacken eines Elefanten ist er durch den Dschungel geritten, auf dem Rücken eines Pferdes hat er einen Vulkan bestiegen und auf dem Höcker eines Kamels ist er durch die Wüste getrabt. Heute, glaubt Markus, wird er nichts Spannendes erzählen, heute trauern alle um Großmutter.

Markus ist froh, als endlich der Sarg aus der Kapelle gebracht und zum Grab getragen wird. Der Trauerzug folgt. Markus hört, wie der Priester noch einmal sagt: „Gott hat sie zu sich genommen, sie ruht nun in Frieden." Angehörige treten ans Grab und schaufeln Erde auf den Sarg.

Als endlich alle im Gasthaus zur Totenfeier versammelt sind, setzt sich Onkel Wolfgang neben Markus. Seine Haare sind schon nicht mehr so streng nach hinten gekämmt und sein Schlips umschließt nicht mehr so fest den Hemdkragen.

„Weißt du", flüstert der Onkel und rührt nachdenklich in seiner Kaffeetasse, „vor vielen Jahren habe ich einmal eine Totenfeier auf Bali erlebt. Die Menschen waren festlich gekleidet. Männer, Frauen und Kinder trugen feinverzierte Sarongs und batikbunte Hemden und Blusen. Unter wildem Getöse wurden aus allen Himmelsrichtungen die geschmückten Verbrennungstürme zum Dorfplatz getragen."

Onkel Wolfgang rührt in der Tasse, schüttelt den Kopf und korrigiert: „Nicht getragen", murmelt er, „nein, unter Gebrüll und Geschrei wurden sie von den Männern ständig drehend, damit böse Geister sich nicht einnisten konnten, herangeschaukelt. Das war nicht leicht, denn diese Verbrennungstürme waren teilweise bis zu zehn Stockwerke hoch. Masken aus Blattgold und Figuren aus Krepppapier zierten sie. An den Stützen flatterten bunte Wattebäuschchen, seidene Tücher und leuchtende Bänder. Als die Türme auf dem Dorfplatz versammelt waren, setzten die Frauen auf ihre Köpfe Körbe, die gefüllt waren mit Blumen und Bambus, Obst und Gemüse, Reis und Kartoffeln und sie trugen alles zum Verbrennungsplatz mitten im Urwald. Auf diesem Platz war ein prachtvoller Zug aufgebaut.

Rabenschwarze Bambuspferde zogen hölzerne Wägelchen. Die Frauen stellten ihre Körbe dazu. Danach schleppten die Männer singend, musizierend und lachend die Verbrennungstürme, in denen die Toten ruhten, heran. Immer wieder umkreisten die Menschen den Zug, der in die Ewigkeit fuhr, und führten Freudentänze auf. Damit auf dieser letzten Reise die Toten sich wohlfühlten, legte man ihnen Gebinde, Gemüse und Geschenke in die Wagen."

Onkel Wolfgang schweigt, trinkt Kaffee, schaut Markus lange an. Der antwortet nicht, wartet geduldig.

Der Onkel fährt fort: „Nach einer Weile nahm der Dorfälteste eine Fackel und zündete die ganze Pracht an, alles ging in Flammen auf. Wertvolle Tücher, goldverzierte Masken, holzgeschnitzte Tiere, die Arbeit von Monaten verbrannte im Nu."

„Sinnlos", brummt Markus.

„Oh nein, Markus. Der verkohlte Rest erinnert die Zurückgebliebenen, dass alle Güter, alle Pracht, aller Reichtum mit dem Tod bedeutungslos werden."

Markus schaut sich um, fragt zögernd: „Hat wirklich kein Balinese geweint?"

„Nein, keiner, alle haben sich mit den Toten gefreut, weil sie endlich die Reise in eine bessere Welt antreten durften, in eine Welt voller Licht, die Balinesen glauben nämlich ganz fest an das Leben im Licht."

Inhalt

Markus nimmt an der Beisetzung seiner Großmutter teil. Die Angehörigen weinen am Grab. Beim anschließenden „Leichenschmaus" berichtet der Onkel von den Beerdigungsriten auf Bali. Dort ist eine Bestattung ein Freudenfest.

Biblische Bezüge

Ps 68,21 Gott ist ein Gott, der uns Rettung bringt, Gott, der Herr, führt uns heraus aus dem Tod.

Joh 5,24 Amen, amen, ich sage euch: Wer mein Wort hört und dem glaubt, der mich gesandt hat, hat das ewige Leben; er kommt nicht ins Gericht, sondern ist aus dem Tod ins Leben hinübergegangen.

Joh 10,27-28 Meine Schafe hören auf meine Stimme; ich kenne sie und sie folgen mir. Ich gebe ihnen ewiges Leben. Sie werden niemals zu Grunde gehen und niemand wird sie meiner Hand entreißen.

Gesprächsanregungen
Die Verbrennungszeremonien der Hindus auf Bali sind einmalig auf der Welt. Nicht in schlichten Särgen, sondern in bunten Zügen reisen die Toten in eine andere Welt. Durch die Verbrennung wird die Seele von dem Körper befreit, sie geht in eine höhere Welt ein und ist bereit, durch Reinkarnation ein besseres Leben zu beginnen. Darum ist die Verbrennungszeremonie für die Balinesen kein Anlass zur Trauer, sondern zu großer Freude. Wenn der Leichenzug sich mit seinen zahlreichen Türmen in Bewegung setzt, wird er begleitet von prunkvoll gekleideten Mädchen und Frauen, die auf dem Kopf Blumen und Früchte als Opfergaben tragen. Vorher haben einige Jungen die Türme erklommen, einige halten Vögel in der Hand, um die Seele das Fliegen zu lehren.

Themenkreise
Bestattung, Glaube, Hoffnung, Kulturkreise, Ritus, Tod

Vorlesealter
ab 7 Jahre

157 Meinem geliebten Großvater

„Du bist doch kein kleines Kind mehr“, schimpft Mutter und zieht Sascha zu sich. „Mit sechs Jahren sollte man wissen, dass ein Grab keine Müllhalde ist.“ Sascha steht betroffen neben seiner Mutter. Er schaut zu Boden. Viele Menschen in dunkler Kleidung treten ans Grab. Männer schaufeln Erde auf den Sarg, Frauen werfen Blumen in die Gruft. Zwischen Blumen und Erde liegt Saschas alte Schachtel.
Die Trauernden reichen Großmutter, Vater und Mutter die Hand. Es sind viele, denn Großvater war überall beliebt. Über alles hat ihn Sascha geliebt. Von ihm hat er gelernt, wie man

einen Drachen steigen lässt oder wie man einen Reifen flickt, wie man Reibekuchen brät oder wie man Pudding kocht. Heimlich hat Opa ihm sogar die Buchstaben beigebracht. Sascha kennt sie alle, obwohl er erst im Sommer in die Schule kommt. Jetzt aber weht ihm ein kalter Winterwind ins Gesicht. Noch schlimmer ist die Kälte, die er im Herzen spürt, denn seine Mutter ist zornig.
Am Ausgang des Friedhofes fährt sie ihn noch einmal an: „Wie konntest du nur eine Schachtel auf den Sarg werfen?"
„Aber alle haben doch etwas ins Grab geworfen", stottert Sascha.
„Ja, Blumen als Zeichen des Lebens, aber doch nicht leere Schachteln."
„Die war nicht leer!"
„Nicht leer?"
„Nein, da war ein Bild drin!"
„Was für ein Bild?", fragt die Mutter.
„Opas Lieblingsbild, das Bild von dem guten Hirten, das immer auf seinem Nachttisch stand."

Inhalt

Sascha wirft bei der Beerdigung seines Großvaters eine Schachtel ins Grab. Mutter ist zornig darüber. Sascha erklärt der Mutter, dass er dem geliebten Großvater ein Bild mitgegeben hat, das Bild vom guten Hirten, Großvaters Zuversicht.

Biblische Bezüge

Ps 23,1-4 Der Herr ist mein Hirte, nichts wird mir fehlen.
Er lässt mich lagern auf grünen Auen und führt mich zum Rastplatz am Wasser.
Es stillt mein Verlangen; er leitet mich auf rechten Pfaden, treu seinem Namen.
Muss ich auch wandern in finsterer Schlucht, ich fürchte kein Unheil;
denn du bist bei mir, dein Stock und dein Stab geben mir Zuversicht.
Jes 40,11 Wie ein Hirt führt er seine Herde zur Weide, er sammelt sie mit starker Hand.
Die Lämmer trägt er auf dem Arm, die Mutterschafe führt er behutsam.

Joh 3,16 Denn Gott hat die Welt so sehr geliebt, dass er seinen einzigen Sohn hingab, damit jeder, der an ihn glaubt, nicht zu Grunde geht, sondern das ewige Leben hat.

Gesprächsanregungen
Der guter Hirte schützt uns nicht nur auf den irdischen Wegen, sondern auch auf unserem letzten Gang. Daran glauben Großvater und Sascha, denn Jesus selbst gab ihnen diese Gewissheit.
Paul Ernst sagt: Heute weiß ich, dass Glauben nichts ist als das Hineinleben in die göttliche Welt.

Themenkreise
Abschied, Auferstehung, Bestattung, Glaube, Hoffnung, Tod, Trauer

Vorlesealter
ab 6 Jahre

158 Die Raupe stirbt nicht

„Es ist ein Wetter wie zu einer Beerdigung“, meint Marika, als sie aus dem Fenster schaut und den Regen beobachtet, der seit Tagen anhält. Wasser sammelt sich in Pfützen.
„Warum“, fragt sie plötzlich und wendet sich ihrer Mutter zu, „verbinden wir Menschen dunkle Wolken und starken Regen mit Tod und Trauer?“
Die Mutter schaut von der Schreibmaschine auf und meint: „Vielleicht erinnern uns die kalten Regentropfen an die stillen Tränen, die wir um einen geliebten Menschen weinen, wenn er gestorben ist, und die dunklen Wolken an die tiefe Trauer, die wir im Herzen empfinden.“
„Als Tante Katharina, deine Schwester, voriges Jahr gestorben ist, hast du da auch um sie geweint?“
„Natürlich, und der Kummer hielt lange an. Meist wird einem erst viel später bewusst, wie groß der Verlust ist, den man erlit-

ten hat. Erinnere dich, wie oft habe ich abends mit meiner Schwester telefoniert, manchmal um ihr Wichtiges mitzuteilen, manchmal um über Nichtigkeiten zu plaudern. Plötzlich starrst du auf das Telefon und du sagst dir: ‚Nie mehr wirst du sie anrufen, nie mehr!' Du kannst dir nicht vorstellen, wie weh das tut. Es ist ein dumpfer Schmerz."
Marika schaut ihre Mutter mitleidsvoll an. Darüber hatte sie noch nie nachgedacht. Tante Katharina war immer nett zu ihr gewesen. Aber eine große Bedeutung hatte sie nicht für sie gehabt. Doch in Mutters Augen sammeln sich Tränen bei der Erinnerung an die Schwester.
Mutter greift zu dem Foto der Verstorbenen, das auf ihrem Schreibtisch steht.
„Unwillkürlich", sagt sie, „kramt man alte Bilder hervor und erinnert sich an schöne Stunden, die man gemeinsam verlebt hat. Seltsamerweise macht man Aufnahmen meistens nur, wenn man sich freut, wenn es einem gut geht. So ist jedes Foto eine schöne Erinnerung, aber eine schmerzhafte zugleich, denn man weiß, nichts kann ich wiederholen, kein liebes Wort kann ich ihr mehr sagen. Die Blumen, die ich hin und wieder auf ihr Grab stelle, sind nur ein schwacher Trost für mich selbst. Es ist so, als wollte ich sagen, ich hätte dir zu Lebzeiten viel mehr Aufmerksamkeit zukommen lassen müssen, viel mehr Liebe geben können."
Die Mutter schweigt.
Nach einer Weile fragt Marika: „Was ist der Tod?"
„Irgendwo habe ich einmal einen Vergleich gehört oder gelesen, ein Bild in mir aufgenommen, das mir viel Trost gibt."
Die Mutter stellt die Fotografie wieder auf den Schreibtisch, dann sagt sie: „Eine Zeit lang kriecht die Raupe über die Erde. Langsam nur bewegt sie sich fort. Oft wird ihr Gewalt angetan. In der dunklen Erde verpuppt sie sich; sie stirbt quasi. Aus diesem leblosen Kokon schlüpft dann der Schmetterling, erhebt sich von der Erde, schwingt sich auf in den Himmel, flattert durch die Lüfte, bewegt sich im Sonnenlicht."

Inhalt
Eine Mutter beschreibt der Tochter die Trauer, die sie empfunden hat, als ihre Schwester starb. Die Frage nach dem Tod beantwortet sie mit einem Vergleich aus der Tierwelt, mit der Metamorphose der Raupe zum Schmetterling.

Biblische Bezüge
Joh 5,24 Amen, amen, ich sage euch: Wer mein Wort hört und dem glaubt, der mich gesandt hat, hat das ewige Leben; er kommt nicht ins Gericht, sondern ist aus dem Tod ins Leben hinübergegangen.
Joh 11,25 Jesus erwiderte ihr: Ich bin die Auferstehung und das Leben. Wer an mich glaubt, wird leben, auch wenn er stirbt.
1 Kor 15,51-52 Seht, ich enthülle euch ein Geheimnis: Wir werden nicht alle entschlafen, aber wir werden alle verwandelt werden - plötzlich, in einem Augenblick, beim letzten Posaunenschall. Die Posaune wird erschallen, die Toten werden zur Unvergänglichkeit auferweckt, wir aber werden verwandelt werden.

Gesprächsanregungen
Das Thema Tod beschäftigt alle, so auch Dichter und Denker:
Richard Bach: Was für die Raupe das Ende der Welt ist, nennt der Meister einen Schmetterling.
Platon: Lasst uns guten Mutes sein in Bezug auf den Tod, da das kein Übel für uns sein kann, was das natürliche Gesetz der Götter, die über das Wohl der Menschen walten, zu unserem Besten so eingesetzt hat.
Seneca: Der Tod versetzt uns wieder in den Zustand der Ruhe, in dem wir uns befanden, ehe wir geboren wurden. Bedauert jemand die Gestorbenen, so muss er auch die Ungeborenen bedauern.
Schiller: Nur ein heulender Sünder konnte den Tod ein Gerippe schelten. Es ist ein holder, niedlicher Knabe, blühend, wie sie den Liebesgott malen, aber so tückisch nicht - ein stiller, dienstbarer Genius, der der erschöpften Pilgerin Seele den Arm bietet über den Graben der Zeit, das Feenschloss der ewigen Herrlichkeit aufschließt, freundlich nickt und verschwindet.
Humboldt: Der Tod ist kein Abschnitt des Daseins, sondern nur ein Zwischenereignis, ein Übergang aus einer Form des endlichen Wesens in eine andere.

Themenkreise
Auferstehung, Hoffnung, Kirchliche Feiertage, Tod, Trauer, Trost

Vorlesealter
ab 9 Jahre

159 Frühling auf dem Friedhof

„Er wird immer so alt sein wie in diesem Augenblick", sagt Vater und zeigt auf den Jungen, der in der Sofaecke sitzt und liest. „Natürlich nur im Film, nur wenn dieser Film gezeigt wird."
Volker staunt. So hatte er sich das in einem Fernsehstudio nicht vorgestellt. Es ist das erste Mal, dass er seinen Vater, der hier als Kameramann arbeitet, begleiten darf. Heute hat Vater nur eine kleine Besprechung, darum darf Volker mit. Ansonsten sind Besucher im Studio nicht erwünscht. „Sie stören uns bei der Arbeit", sagt er.
Er zeigt auf eine Kamera. „Eine solche bediene ich auch."
„Aber da sind vier oder fünf Kameras", flüstert Volker.
„Sie alle liefern Bilder zum Mischpult. Dort sucht der Regisseur mit seinem Cutter das beste aus."
Volker wundert sich über die vielen Leute, die dort herumlaufen, die vielen Lampen, die von der Decke herabhängen, und die vielen Kabel, die auf dem Boden liegen. Hier herrscht scheinbar das totale Chaos. Sogar Besen und Eimer stehen herum.
„Das bekommt der Zuschauer nicht zu sehen", lacht der Vater und drängt Volker zum Weitergehen. Am Ende eines langen Ganges betreten sie einen Raum. An einem Tisch sitzen Vaters Arbeitskollegen und Kolleginnen. Sie lesen in einem Buch. Volker weiß: Das ist das Drehbuch. Vater hat ihm erklärt, dass oft bis zur letzten Minute daran gearbeitet wird. Volker setzt sich in eine Ecke und hört zu. Erst wird leise gemurmelt. Dann sagt der Regisseur: „Die Szene auf den Friedhof sollten wir noch einmal besprechen."
„Diese Szene drehen wir wie immer", sagt Volkers Vater. „Den Himmel bedecken dunkle Wolken und der Regen prasselt auf die Erde nieder. Der Regen ist wie die Tränen auf den Wangen und die Dunkelheit gleicht der Trauer im Herzen."
Alle nicken.

„Nein“, sagt der Regisseur, „unsere Szene spielt im Frühling. Überall ist zartes Grün zu sehen, das aus der kalten Erde drängt, Federwolken ziehen über den lichten Himmel und helles Vogelgezwitscher klingt in der Luft.“
Alle schauen den Regisseur an, als sei er von Sinnen. Noch nie hat man eine Szene am Grab so inszeniert.
„Ja“, sagt der Regisseur, „so drehen wir das, so, als würde neues Leben beginnen. Denn jeder Tod ist eine Geburt.“

Inhalt
Volker darf seinen Vater, der als Kameramann beim Fernsehen arbeitet, begleiten. In einer Besprechung wird eine Beerdigungsszene konzipiert. Volkers Vater will die Aufnahmen bei dunklem Himmel und prasselndem Regen machen. Der Regisseur aber denkt daran, bei hellem Licht und zartem Grün zu drehen, denn für ihn ist der Tod das Tor zu einem anderen Leben.

Biblische Bezüge
Ps 18,2-3 Ich will dich rühmen, Herr, meine Stärke, Herr, du mein Fels, meine Burg, mein Retter,
mein Gott, meine Feste, in der ich mich berge, mein Schild und sicheres Heil, meine Zuflucht.
Ps 49,16 Doch Gott wird mich loskaufen aus dem Reich des Todes, ja, er nimmt mich auf.
Joh 11,25 Jesus erwiderte ihr: Ich bin die Auferstehung und das Leben. Wer an mich glaubt, wird leben, auch wenn er stirbt.

Gesprächsanregungen
Eine Beerdigungsszene, wie Volkers Vater sie beschreibt, gibt es zuhauf. Fast in jedem Film werden solche Aufnahmen gezeigt. Der Regisseur geht neue Wege. Er inszeniert die Szene aus einem festen Glauben heraus. Für ihn ist der Tod die Tür, durch die der Einzelne geht, um zu Gott zu gelangen. Die Darstellung seiner Überlegungen in irgendeiner bildhaften Weise ist lohnend.

Themenkreise
Auferstehung, Bestattung, Glaube, Medien, Tod

Vorlesealter
ab 9 Jahre

160 Wunder der Wüste

„Noch fünf Kilometer", sagt Abdullah und es klingt wie eine Erlösung, „noch fünf Kilometer und wir erreichen ein Haus, in dem wir nächtigen werden."
Seit Stunden fährt unser Jeep durch die Wüste, die Zone des Todes, wie die Menschen sie hier nennen. Die Sonne hat mit ihren todbringenden Strahlen alles ausgetrocknet.
Jemand, der bei dreißig Grad stöhnt, wenn er im Schatten eines Apfelbaumes sitzt und seine Füße im Wassereimer kühlt, kann sich die Sonne der Wüste nicht vorstellen. Hier, wo kein Baum, kein Strauch, kein Felsen Schatten spendet, wird die Sonne, Ursprung des Lebens, zum Gevatter Tod. Kein Leben weit und breit, nur Sand und Steine. Dazu die Spiegelungen, die Wasserstellen vortäuschen. Stumpf hocken wir auf den Sitzen, die Kleider kleben am Körper, die Zunge ist geschwollen. Um uns Land des Todes!
„Heute Nacht wird es regnen", sagt Abdullah. Wir glauben ihm, obwohl keine Wolke am Himmel zu sehen ist. Keiner fragt. Was Abdullah sagt, geschieht. So erreichen wir auch das Haus, das er ankündigte. Es ist verfallen. „Warum", denke ich, „wurde es je gebaut, wurde es hier erbaut mitten in der Wüste? Hier, wo alles Leben verloschen ist, wo nur der Tod regiert."
In der Nacht prasselt der Regen auf das Dach. Was wir in der Morgensonne sehen, wird keiner glauben, der das nie erlebt hat. Begreifen können es wir nicht.
Dort, wo nur Sand und Steine lagen, kein Pflänzchen sich zeigte, blühen Blumen, bunte Blumen, farbenprächtige Gewächse. Das Leben hat den Tod überwunden.

Inhalt

Für einen Reisenden, der stundenlang durch die Einöde der Wüste fährt, ist sie die Zone des Todes. Nach einem Regen erlebt er ein blühendes Land, eine Welt voller Leben. Der Tod ist überwunden.

Biblische Bezüge

Mt 28,1-6 Nach dem Sabbat kamen in der Morgendämmerung des ersten Tages der Woche Maria aus Magdala und die andere Maria, um nach dem Grab zu sehen. Plötzlich entstand ein gewaltiges Erdbeben; denn ein Engel des Herrn kam vom Himmel herab, trat an das Grab, wälzte den Stein weg und setzte sich darauf. Seine Gestalt leuchtete wie ein Blitz und sein Gewand war weiß wie Schnee. Die Wächter begannen vor Angst zu zittern und fielen wie tot zu Boden. Der Engel aber sagte zu den Frauen: Fürchtet euch nicht! Ich weiß, ihr sucht Jesus, den Gekreuzigten. Er ist nicht hier; denn er ist auferstanden, wie er gesagt hat. Kommt her und seht euch die Stelle an, wo er lag.

Gesprächsanregungen

Ja, die Wüste lebt! Das, was der Reisende beschreibt, gibt es wirklich, geschieht so, wenn Regen fällt. Ein gutes Beispiel dafür ist die „Rose von Jericho". Sie sieht aus wie ein heuähnliches Kügelchen. Einige Pflanzen können durchaus ein paar tausend Jahre so überleben. In Pharaonengräbern hat man „funktionsfähige" Rosen als Grabbeigabe gefunden, die eine Trockenphase von 4 000 Jahren überstanden hatten. Wenn man sie ins Wasser legt, kann man zusehen, wie sich Stängel für Stängel nach außen faltet, wie die Blätter Farbe annehmen und sie sich in ihrer ganzen Pracht als Christrose entfaltet. Bei uns wird sie darum auch Auferstehungsblume genannt.

Themenkreise

Auferstehung, Leben, Tod

Vorlesealter

ab 6 Jahre

161 Dem Licht entgegen

Seit Wochen ist keiner seiner Freunde mehr gekommen. Anfangs haben ihn alle besucht, die Klassenkameraden, die Kinder vom Spielplatz und die Freunde von der Jugendgruppe. Aber das ist lange her. Das war, als er ins Krankenhaus eingeliefert wurde. Damals hat Tommy noch zum Arzt gesagt: „Sie machen mich doch wieder gesund, Doktor."

Aber der Arzt hat nicht geantwortet, hat ihn nur gestreichelt und ist gegangen. Die Verwandten haben ihn immer wieder getröstet: „Es wird schon, Tommy!"
Doch bald hat er ihnen nicht mehr geglaubt, denn die Schmerzen wurden größer, die Haare fielen aus und bald konnte er sich nur noch im Rollstuhl fortbewegen. Oft lag er tagelang still im Bett.
Seit Tagen hat er nur noch zwei Besucher, die täglich kommen. Die Mutter, die ihn streichelt, und die Sonne, die ihn wärmt. Die Sonne kommt schon morgens, die Mutter nachmittags. Dafür bleibt sie länger als die Sonne, oft bis spät am Abend. Denn in den Nächten findet Tommy wenig Schlaf. Die Schmerzen wecken ihn immer wieder auf. Heute ist er schon sehr früh wach. Mit seinem Rollstuhl fährt er den finsteren Flur hinunter in die Krankenhauskapelle. Im Halbdunkel liegt der Altar. Tommy sitzt in seinem Stuhl und drückt die Hände auf seinen Bauch, der schmerzt. So wartet er eine Weile.
Plötzlich fallen Sonnenstrahlen durch das Kirchenfenster, durch das Fenster mit dem Bild des Erlösers. Tommy strömt zu hellem Licht.

Inhalt

Tommy liegt im Krankenhaus. Er ist schwer krank. Eines Morgens fährt er mit seinem Rollstuhl in die Krankenhauskapelle; hier stirbt er.

Biblische Bezüge

Ps 27,1 Der Herr ist mein Licht und mein Heil: Vor wem sollte ich mich fürchten?
Der Herr ist die Kraft meines Lebens: Vor wem sollte ich bangen?
Jes 60,19 Bei Tag wird nicht mehr die Sonne dein Licht sein und um die Nacht zu erhellen, scheint dir nicht mehr der Mond,
sondern der Herr ist dein ewiges Licht, dein Gott dein strahlender Glanz.
Joh 5,21 Denn wie der Vater die Toten auferweckt und lebendig macht, so macht auch der Sohn lebendig, wen er will.
Joh 14,19 Nur noch kurze Zeit und die Welt sieht mich nicht mehr; ihr aber seht mich, weil ich lebe und weil auch ihr leben werdet.

Gesprächsanregungen

Tommy wird durch den Tod von seinen Leiden erlöst. Für ihn beginnt nun ein Leben im Licht, ein Dasein in der Liebe Gottes.

Gebhard sagt: Ein frühes Abgerufenwerden ist nicht immer beklagenswert. Es kann auch etwas ganz anderes sein. Es kann das letzte Geschenk einer Gnade sein, die im sinnvollsten Augenblick das zurückruft zu sich, was sie in der Stunde der größten Liebe geschaffen hat.

Themenkreise

Auferstehung, Erlösung, Leid, Tod

Vorlesealter

ab 8 Jahre

Stichwortregister